suhrkamp taschenbuch 3872

Welch ein Glücksfall: Innenminister Schäuble ruft den Dialog mit den deutschen Muslimen aus. Hier ist ein Buch, das den Weg weist. Während auf der Ebene der Politik sich allmählich die Einsicht durchzusetzen beginnt, daß Deutschland ein Einwanderungsland ist, steht in der öffentlichen Wahrnehmung ein vergleichbarer Bewußtseinswandel aus.

Beck-Gernsheims Buch handelt von der Folklore des Halbwissens, das in Medien und Alltag über Migranten und ethnische Minderheiten kursiert.

Elisabeth Beck-Gernsheim ist Professorin für Soziologie an der Universität Erlangen-Nürnberg.

Elisabeth Beck-Gernsheim
Wir und die Anderen

*Kopftuch, Zwangsheirat und
andere Mißverständnisse*

Suhrkamp

suhrkamp taschenbuch 3872
Erweiterte Neuausgabe 2007
Erste Auflage
© Suhrkamp Verlag Frankfurt am Main 2004
Satz: Hümmer GmbH, Waldbüttelbrunn
Druck: Druckhaus Nomos, Sinzheim
Umschlag: Göllner, Michels, Zegarzewski
Printed in Germany
ISBN 978-3-518-45872-3

1 2 3 4 5 6 – 12 11 10 09 08 07

Inhalt

Einleitung
Das Bild, das wir uns machen

Eine junge Frau erzählt von dem Erstaunen, das ihr in ihrem Umfeld immer wieder begegnet: »Die Leute … schieben dich ja …, wenn sie dich sehen, sofort in 'ne Schublade, ja unterdrückt, versteht nix, kann nix, Dummchen, vielleicht kann sie gut kochen und putzen, aber das war's dann auch schon. Und sobald man dann ganz normal mit den Leuten redet und sicher auftritt, sind die Leute … irritiert.«[1] Die junge Frau ist türkischer Herkunft – und sie trägt Kopftuch. Die Mißverständnisse, die ihr Auftreten auslöst, sind durchaus nicht untypisch, im Gegenteil: Viele junge Frauen in ähnlicher Lage berichten von ähnlichen Erfahrungen.[2] Sie irritieren, sie verblüffen, sie passen nicht in das Bild, das die meisten Deutschen von den Türken und insbesondere von den türkischen Frauen sich machen (wobei viele aus dieser Gruppe inzwischen einen deutschen Paß haben, aber dennoch – auch das ist bezeichnend – in der öffentlichen Wahrnehmung weiter als Türken bzw. Türkinnen gelten).

Dieses Buch handelt von den Bildern, die in Deutschland über Migranten und ethnische Minderheiten kursieren. Es handelt von den Bildern, die in Medien und Öffentlichkeit, in Politik und Wissenschaft hierzulande präsent sind, wo immer es um »Fremde«, »Ausländer«, »Andere« geht. Es handelt nicht zuletzt von Mißverständnissen und Mythen, von vertrauten Symbolen und festen Gewohnheiten, von Traditionen im Kopf und Schubladen im Denken.

Neue Politik, alte Bilder

In den letzten Jahrzehnten hat die geographische Mobilität rapide zugenommen, und zwar weltweit. Immer mehr Menschen bewegen sich über immer größere Distanzen, über die Grenzen ihrer Herkunftsregion und oft auch über nationale Grenzen hinweg. Zu den direkten Ursachen solcher Bewegungen zählen vor allem

Flucht und Vertreibung, ausgelöst durch ethnische und nationale Konflikte, die sich gewalttätig entladen; und ebenso Armut und Hunger, nicht zuletzt das Wirtschaftsgefälle zwischen Erster und Dritter Welt.

Die Folgen können wir an den Migrationsstatistiken ablesen. Die Welt ist in Bewegung geraten, die Bevölkerung vieler Länder wird demographisch bunter gemischt. Dies gilt auch für Deutschland: Hier machen, so die offiziellen Statistiken, die sogenannten »Ausländer« inzwischen rund 9 Prozent der Bevölkerung aus;[3] wobei, das kommt noch hinzu, die grobe Gegenüberstellung zwischen einerseits Inländern, andererseits Ausländern längst nicht mehr stimmt, statt dessen vielerlei Zwischengruppen entstehen.[4]

Auf der Ebene der Politik wird dieses Faktum inzwischen anerkannt. Nach langen Jahren des Zauderns, nach vielen Parolen der Art »Wir sind kein Einwanderungsland« hat ein Kurswechsel eingesetzt, und die erklärte politische Absicht der Regierung ist nun, für die neue Realität einer heterogener werdenden Bevölkerung angemessene Rahmenbedingungen zu schaffen. So trat am 1. Januar 2001 ein neues Staatsangehörigkeitsrecht in kraft, welches das Prinzip des »ius sanguinis« (Staatsangehörigkeit nach Herkunft) mit dem des »ius soli« (Staatsangehörigkeit nach Geburt) verbindet und damit Zuwanderern die Einbürgerung erleichtert. Darüber hinaus wird seit Jahren an einem Zuwanderungsgesetz gearbeitet, welches Migration nicht mehr negiert, sondern die Migrationsströme zu steuern versucht.

Was aber wissen wir von den Menschen, die als Zuwanderer nach Deutschland gekommen sind und nun als »ausländische Mitbürgerinnen und Mitbürger« hier leben? Welche Bilder finden wir im öffentlichen Diskurs, zum Beispiel in Wissenschaft, Medien, Alltag?

Die Antwort, die dieses Buch entwickelt, läßt sich aus einem einzigen Satz ableiten. Mein Ausgangspunkt lautet: Im Unterschied zur politischen Ebene steht auf der Ebene der öffentlichen Wahrnehmung ein vergleichbarer Bewußtseinswandel noch aus. Was sich in den Köpfen festgesetzt hat, ist das Bild über »die« Ausländer, das in Medien, öffentlichen Diskussionen, auch vielen wissenschaftlichen Publikationen über Jahrzehnte hinweg transportiert wurde. Da finden wir, in der krasseren Version der Medienberichte, Massen von Armen und fremdländisch »Anderen« hereinströmen, die Einheimischen bedrängend, den Wohlstand bedrohend.[5] Selbstverständlich gibt es auch andere Darstellungen, moderater gestimmt, nicht von der Absicht der Dramatisierung gelenkt. Aber auch sie stellen vorzugsweise das Exotische und Fremde heraus. Besonders beliebt ist zum Beispiel das Bild der türkischen Frau, möglichst mit Kopftuch, das zum Grundrepertoire aller Diskussionen über Ausländerinnen gehört, ja geradezu zum Symbol für »die« Ausländerin überhaupt wird.[6] In den Sozialwissenschaften wiederum werden die Migranten, obwohl sie zahlenmäßig inzwischen eine beachtliche Gruppe der Bevölkerung ausmachen, in allgemeineren Darstellungen kaum erwähnt. Nicht als Teil der Aufnahmegesellschaft werden sie betrachtet, sondern vorzugsweise als Spezialgruppe, in die Spezialschublade »Ausländerthema« sortiert. Von den zahlreichen Studien, die diesem Thema sich widmen, sind viele stark praxisbezogen und problemorientiert. Entsprechend einseitig ist auch hier wieder das Bild, das im Mittelpunkt steht: Immer wieder geht es um das »Ausländerproblem« bzw. die »Integrationsproblematik«.[7]

Im Ergebnis ist das in der Öffentlichkeit vorherrschende Bild sehr schlicht und vereinfachend, auf ein Grundmuster weniger Stereotypen bezogen. Was in die geschilderte Optik nicht paßt, findet wenig Beachtung. Insbesondere gerät meist aus dem Blickfeld, daß die ausländische Bevölkerung in sich alles andere als homogen ist, vielmehr die unterschiedlichsten Gruppen umfaßt. Im Vordergrund der öffentlichen Wahrnehmung stehen einseitig die klassischen Arbeitsmigranten, aus ärmeren Ländern nach Deutschland gekommen, und hier wiederum diejenigen, die am unteren Ende der Sozialhierarchie stehenbleiben.[8] Über die daraus resultierenden Verzerrungen heißt es im *Sechsten Familienbericht* der Bundesregierung, der die Literaturgrundlage kritisch sichtet: Der öffentliche Diskurs über Migranten und ihre Familien ist durch »extreme Vereinfachungen geprägt«. Viele Darstellungen folgen dem Grundmuster einer »Rhetorik, die die Unterschiede akzentuiert, ihr Augenmerk auf das Ungewöhnliche und Exotische richtet«. Damit erzeugen sie eine »Folklore des Halbwissens«, die sich immer wieder fortschreibt und selbst bestätigt.[9]

Bilder sind mehr als nur Bilder: Sie entfalten eminent politische

Folgen. Wer vorwiegend auf Darstellungen trifft, in denen die Migranten sehr fremd, sehr exotisch, sehr anders erscheinen, der wird um so eher ein Gefühl der Bedrohung entwickeln. »Die« sollen hereinkommen zu »uns«? Wenn solche Gruppen ihre Sitten, Gewohnheiten, Bräuche nach Deutschland hereintragen, werden dann unsere eigenen Lebensformen allmählich verschwinden? Was wird dann aus dem, was uns selber vertraut ist, was uns Heimat bedeutet? Wer solche Bilder und Fragen im Kopf hat, fühlt sich bedrängt. Er wird den Parolen derjenigen glauben, die die deutsche Leitkultur in Gefahr sehen. Also wird er Zuwanderung und Zuwanderer ablehnen. Wenn fortwährend ein Kontrast der Kulturen ausgemalt, der Kulturbegriff starr und ahistorisch gebraucht wird, da dient »Kultur als Kampfbegriff«, schreibt Mark Siemons in der *Frankfurter Allgemeinen Zeitung*. Ein solcher Kulturbegriff »wird zur Legitimation von politischen Positionen gebraucht, und er hat insofern seinerseits politische Folgen. Er behauptet, fixiert und zementiert mit den Identitäten auch die Differenzen. Als politisches Instrument ist er daher nicht einfach eine Zustandsbeschreibung, sondern eine Art *selffulfilling prophecy*.«[10]

Wissenschaft und die »Folklore des Halbwissens«

Weil Bilder also alles andere als bedeutungslos sind, vielmehr unser politisches Denken und Handeln anleiten, will ich in diesem Buch die Bilder zum Gegenstand machen, die in Deutschland über Migranten und ethnische Minderheiten kursieren. Meine Materialbasis dafür bilden zum einen Medientexte, zum anderen Texte aus sozialwissenschaftlichen Untersuchungen und die typischen Botschaften, die sie je transportieren. Im ersten Teil des Buchs frage ich nach dem inhaltlichen Gehalt solcher Texte, also: Was finden wir an typischen Aussagen über Migranten bzw. Minderheiten? Und ich frage erst recht: Welche Vorannahmen, welche Vorurteile sind darin enthalten? Im zweiten Teil des Buchs betrachte ich dann speziell die Rolle der Sozialwissenschaften bei der Produktion solcher Bilder, also: Wie sieht das methodische Handwerkszeug aus, das Migrationsforscher in Deutschland benutzen? Und wo weist dieses Handwerkszeug Mängel auf, wo sind im methodischen Zugang blinde Flecken enthalten, die den Zugang zum Thema an entscheidenden Punkten versperren?

Von daher ergibt sich eine Gliederung folgender Art. In den ersten vier Kapiteln greife ich aus der Fülle der Materialien exemplarisch drei Bilder heraus, die sich in der Migrationsdebatte hierzulande besonderer Beliebtheit erfreuen. In Kapitel 1 geht es um die enge »Traditionsbindung«, auch die starke Religionsbindung und Familienbindung, die für Migranten allgemein charakteristisch sein soll. Kapitel 2 rückt speziell die Migrantinnen ins Blickfeld, genauer das Bild von der »armen Ausländerfrau«, stets unfrei und unterdrückt. Kapitel 3 betrachtet die aktuelle Diskussion um Zwangsheirat, Necla Keleks Buch »Die fremde Braut« und die enorme Resonanz, die es in Politik, Medien und Öffentlichkeit findet. Kapitel 4 handelt von der zweiten Generation, sprich den Kindern aus Migrantenfamilien bzw. binationalen Familien, und die Frage heißt dann: Sind sie, wie so oft unterstellt, »zwischen den Kulturen verloren«?

In den darauffolgenden drei Kapiteln befasse ich mich, wie gesagt, mit der Rolle der Sozialwissenschaften bei der Produktion solcher Bilder. Auch wenn es verschiedenste Ebenen gibt, auf denen derartige Bilder erzeugt, verbreitet, verstärkt werden, so ist doch der Einfluß der Wissenschaft nicht zu unterschätzen: Es sind ja wissenschaftlich erstellte Tabellen und Statistiken, die Medienberichte und politische Empfehlungen immer wieder heranziehen; es sind wissenschaftliche Befunde und Analysen, auf die sie sich als Grundlage und zu Legitimationszwecken berufen. Deshalb ist es so wichtig, systematisch die Frage zu stellen: Welchen Beitrag leisten die Sozialwissenschaften zur Produktion jener »Folklore des Halbwissens«, also zur Produktion der Mythen, Klischees, Stereotype, die über Migranten und Minderheiten hierzulande kursieren? Was blenden viele der Studien aus, wo vereinfachen sie? Wo sind die Forscher gar in ihren eigenen Vorurteilen befangen? Genau davon handeln die folgenden Kapitel. In Kapitel 5 werden die Schwierigkeiten, Unschärfen und Irrwege der deutschen Ausländerstatistik zum Thema. Kapitel 6 analysiert, wo sich in das Verhältnis zwischen Migrationsforschern und Migranten interkulturelle Mißverständnisse einschleichen. Kapitel 7 schließlich handelt von der Machthierarchie, die zwischen Migrationsforschern und

Migranten besteht, und vom Repertoire der Ausweichmanöver, die Migranten deshalb vielfach benutzen, um sich vor dem allzu neugierigen Zugriff von außen zu schützen.

Grundlagen der Kritik

Mein kritischer Blick auf die Migrationsdebatte in Deutschland kommt nicht von ungefähr, sondern hat seine eigene Geschichte. Als ich über Migranten und ethnische Minderheiten zu forschen begann, habe ich mich zunächst vorwiegend mit der angelsächsischen Literatur zu diesem Thema befaßt. Dies aus einem ganz einfachen Grund: In den USA wie in Großbritannien gibt es hierzu eine viel längere und viel weiter entwickelte Forschungstradition (was wahrscheinlich mit der jeweiligen Geschichte zu tun hat – als Einwanderungsland bzw. ehemalige Kolonialmacht). Ebenso habe ich mich bei der Ethnologie umgeschaut, die – wesentlich aus der Erforschung sogenannter »primitiver« Gesellschaften entstanden – auf eine lange Erfahrung in der Auseinandersetzung mit dem »Fremden« zurückblicken kann und daraus gelernt hat; sie lehrt heute insbesondere Skepsis gegenüber jenem starren, ahistorisch gebrauchten Kulturbegriff, der sich in weiten Bereichen der deutschen Soziologie und Pädagogik immer noch großer Beliebtheit erfreut.

Derart inspiriert – von den »Transnationalismus«-Konzepten, die in den USA ihren Ausgangspunkt nahmen, bis zu den »cultural studies«, die insbesondere in Großbritannien Bedeutung gewannen –, begann ich erst später, mich mit einschlägigen deutschen Untersuchungen zu befassen. Und, um es kurz zu machen, um so größer war dann mein Erstaunen, mein Unbehagen, ja mein Erschrecken. Wie naiv, wie inhaltlich schlicht, wie methodisch unzulänglich erschienen und erscheinen mir immer noch im Vergleich viele der deutschen Studien zum »Gastarbeiter«- bzw. »Ausländer«thema.

Aber das ist nicht mein Eindruck allein. Die Migrationsforschung in Deutschland sei in eine »lähmende Sackgasse« geraten, schrieb der Ethnologe Christian Giordano schon Ende der achtziger Jahre.[11] Ähnliche Urteile finden wir heute. Der Soziologe

Ludger Pries, der selbst länger in den USA geforscht hat, konstatiert einen »enormen Nachholbedarf« für die migrationswissenschaftliche Forschung und Debatte in Deutschland.[12] Und der deutsch-kanadische Soziologe Y. Michal Bodemann spricht gar von der »Unbedarftheit« der deutschen Soziologie in bezug auf dies Thema: »Während hier einige Fachspezialisten (oft diejenigen, die Erfahrungen in Nordamerika sammeln konnten) den Stand der internationalen Diskussion zu Migration und Ethnizität genau kennen, hat das Gros ihrer Kollegen zu diesem Thema keinen Zugang gefunden. In der soziologischen Standardliteratur wird die Präsenz von Ausländern noch immer als Ausnahmeerscheinung behandelt oder völlig ignoriert.«[13]

Das sind deutliche Urteile. Aber immerhin finden sich in der neueren deutschen Forschung inzwischen auch einige Autoren, die gegen die bislang vorherrschenden Konzepte sich wenden und sie als vordergründig, lückenhaft, ja historisch überholt kritisieren.[14] Es beginnt, wenn auch allmählich und zögernd, ein Perspektivwechsel sich anzubahnen, in dessen Verlauf zum Beispiel der in der öffentlichen Diskussion vorherrschende »Ausländer«begriff – der auf einer polaren Gegenüberstellung zwischen hier »Einheimischen«, dort »Anderen« basiert – zunehmend in Frage gestellt wird. Zu diesem Perspektivwechsel trägt nicht zuletzt bei, daß die Gruppe der Wissenschaftler, die sich mit dem Thema von Migranten und Minderheiten befassen, demographisch bunter gemischt wird. Was in den USA und Großbritannien schon weit länger der Fall ist, setzt allmählich auch hier ein: In der jüngeren Generation der Sozialwissenschaftler finden sich inzwischen auch ein paar Forscher »anderer« Herkunft, mit Migrationshintergrund in der eigenen Lebens- und Familiengeschichte. Sie bringen ihre eigenen Erfahrungen ein – und sie beginnen, herkömmliche Annahmen in Zweifel zu ziehen, vom »Ghetto«-Begriff, der in der Diskussion um die türkischen Gemeinden in Deutschland so gerne gebraucht wird, bis zur »Kopftuch«-Debatte und den Vorstellungen, die die meisten Deutschen damit verknüpfen.

Die angelsächsische Literatur, die Einsichten der Ethnologie, die in der deutschen Forschung sich anbahnenden Ansätze der Umorientierung, die Beiträge jüngerer Forscher mit Migrationshintergrund – von all diesen Richtungen habe ich gelernt. Sie bilden die Grundlage der folgenden Arbeit, die sich mit der »Folklore des Halbwissens« befaßt, also die gängigen Bilder über Migranten und Minderheiten kritisch sichtet und in ihren Bestandteilen prüft.

In einer Artikelserie zum Thema »Fremd und deutsch« wendet sich der deutsch-türkische Schriftsteller Feridun Zaimoglu gegen die bei Deutschen beliebten Klischeebilder, wonach alle Türken, egal welcher Generation sie angehören und welche Sozialisation sie erfahren haben, durchgängig immer eines sind, nämlich »Verlierer auf fremdem Boden«. Ironisch setzt er dagegen: »Schluß mit diesem Unsinn [mit den alten Klischees]! Es sind Zeiten eingeläutet, in denen jede Abstammung an den persönlichen Lebensentwürfen zerschellt. Jenseits der Zuschreibungsmodelle der Ausländerbetreuungsindustrie … sind die Deutschländer, die eingewanderten und die hier geborenen Türken, … längst in der bundesdeutschen Gesellschaft angekommen. Sie kämpfen um eigene Spielräume und … verweigern die Stereotype mit Wiedererkennungswert.«[15]

Feridun Zaimoglu will provozieren, deshalb malt er grell aus. Seine Aussage ist, streng wissenschaftlich betrachtet, viel zu allgemein und zu grobschlächtig. Aber dennoch enthält sie eine wichtige Botschaft: Es ist an der Zeit, daß die Deutschen ihre alten Bilder über Migranten und Minderheiten aufgeben, die immer schon vereinfachend waren – und die erst recht der gewandelten Wirklichkeit heute nicht mehr entsprechen.

Vom mononationalen Blick und seinen Beschränkungen

Wie aber sieht diese gewandelte Wirklichkeit aus? Um das greifbar zu machen, will ich eine Unterscheidung einführen, die für die folgenden Kapitel ein Leitmotiv wird. Ich spreche von einem mononationalen, monokulturellen Blick einerseits, einem transnationalen Blick andererseits.[16] Damit ist, vorweg kurz zusammengefaßt, folgende Gegenüberstellung gemeint:

In Deutschland wie in vielen anderen westlichen Ländern existieren heute, grob gesagt, zwei Bevölkerungsgruppen nebeneinander. Die einen, die Angehörigen der Mehrheitsgesellschaft, sind in *einem* Land geboren, aufgewachsen und leben darin, sie sind selbstverständlich verwachsen mit *einer* Sprache und *einem* Kulturraum, eben dem, was man gemeinhin als »Muttersprache« und »Heimat« bezeichnet. Von dieser Kontinuität, Linearität der Erfahrung ist ihr Bewußtsein bis in die inneren Schichten geprägt, daraus bestimmt sich ein wesentlicher Teil ihrer Identität, und daraus bestimmt sich erst recht, was in Alltag, Politik, Öffentlichkeit als normal gilt: Sie leben, mit anderen Worten, in einer Lebenswelt, deren Koordinatensystem mononational, monokulturell ist.

Aber auch wenn diese Gruppe die Mehrheit ausmacht, so gibt es daneben und gleichzeitig immer mehr und schnell wachsende Gruppen, deren grundlegende Erfahrungen anders aufgebaut sind, nämlich zwischen *mehreren* Ländern, Kulturen und Zentren aufgespannt sind – weil diese Personen selbst oder weil ihre Eltern eine Migration durchgemacht haben, weil sie einer binationalen Familie entstammen oder weil sie einer Minderheitengruppe angehören.

Deshalb ist ihre Lebensgeschichte nicht in einem, sondern in mehreren Zentren verortet, sie bewegt sich dazwischen, sie ist geprägt vom Nebeneinander mehrerer Sprachen, Heimaten, Weltbilder – oder zumindest von der Erinnerung an mehrere Sprachen, Heimaten, Weltbilder. Weil derart das Koordinatensystem dieser Gruppen ein transnationales ist, gewinnen viele Symbole bzw. Begriffe für sie eine besondere, eine von der Mehrheitsgesellschaft abweichende Bedeutung: zum Beispiel, wie ich im ersten Kapitel aufzeigen will, Familie und Religion, Heimat und Rückkehrabsicht.

In den gängigen Migrationsdebatten sind es nun typischerweise Vertreter der Mehrheitsgesellschaft, die die »Anderen«, die Migranten und Minderheiten, betrachten und beschreiben, sortieren und klassifizieren – und zwar immer wieder aus ihrem eigenen Blickwinkel, sprich dem der Mehrheitsgesellschaft. Sie betrachten das, was transnational angelegt ist, aus dem Horizont eines mononationalen, monokulturellen Blickwinkels. Dort transnational, hier mononational – die Diskrepanz dieser Blickwinkel will ich im folgenden vorführen, und nicht zuletzt will ich die Beschränktheit des mononationalen Blickwinkels vorführen. Der Grundgedanke lautet ganz schlicht: Nur wer bereit ist, einen bewußt transnationalen Blick zu entwickeln, kann die Lebenswelt jener Gruppen verstehen, die sich außerhalb der Mehrheitsgesellschaft befinden. Nur wer aus den Gewohnheiten und Gewißheiten des mononationalen, monokulturellen Blicks sich herauslöst, kann den Mißverständnissen und Mythen entkommen, die die Migrationsdebatten in Deutschland kennzeichnen.

Danksagung

Die Universität ist ein seltsamer Ort geworden, bestimmt von labyrinthartig wachsenden Selbstverwaltungsaufgaben, schnell wechselnden Reformmoden und bürokratischen Vorgaben. Eigenes Denken, eigene Forschung? Dafür bleibt immer weniger Raum. Um so glücklicher war ich, als Jan Philipp Reemtsma und das Hamburger Institut für Sozialforschung (HIS) mir die Möglichkeit boten, ein Jahr in Hamburg zu forschen. Dort konnte ich die Ideen, die zuvor in einem Forschungs-Freisemester erste Form angenommen hatten, weiterentwickeln und zu diesem Buch ausarbeiten.

Für die großzügige Unterstützung am HIS möchte ich mich deshalb herzlich bedanken. Am HIS gehörte ich der von Uli Bielefeld geleiteten Abteilung »Nation, Ethnizität, Fremdenfeindlichkeit« an, wo ich während unserer gemeinsamen Diskussionen viele Anregungen und Literaturhinweise bekam. Sehr hilfreich waren auch die Bibliotheks-Mitarbeiter am HIS, die meine Literatur-Nachforschungen ebenso professionell wie freundlich unterstützten und auf meine nicht endenden Literaturwünsche hin immer wieder neue Bücherstapel heranschafften.

Danken möchte ich auch meinen Kollegen an der Universität Erlangen. Weil sie meiner Beurlaubung zustimmten, gaben sie mir die Zeit und den Freiraum, die ich für dieses Buch brauchte.

Und wieder einmal danke ich Ulrich Beck, dem Lebensgefährten, Kollegen, Gesprächspartner. Er hat dieses Buch durch alle Phasen begleitet, hat zugehört, in Krisen weitergeholfen, immer wieder Anstöße gegeben. Multiethnische Gesellschaft, transnationale Lebensformen, Globalisierung – all dies sind unsere gemeinsamen Themen, und so ist dieses Buch auch unser gemeinsames Buch.

Kapitel 1
Wie traditionsorientiert sind Migranten?

Im Bewußtsein der Deutschen, schreibt der Anthropologe Levent Soysal, wird den Migranten ein ganz bestimmter Ort zugewiesen.[17] Auf einer Achse, deren einer Pol die Tradition ist und deren anderer Pol die Moderne, werden die Migranten bei der Tradition angesiedelt, die Deutschen klar der Moderne zugeordnet. Zwar haben die Migranten ihre Heimat verlassen, sind geographisch weit vom Land ihrer Herkunft entfernt, aber das bleibt für sie offensichtlich ohne weitere Folgen. Nach der Vorstellung der Deutschen bringen sie ihre Heimatkultur in das Aufnahmeland mit. Sie nehmen ihre Tradition nach Deutschland mit und leben hier ihre Kultur, ihre Lebensweise, eben ihr Anderssein. Sie befinden sich im Zentrum der Moderne und doch außerhalb der Moderne.

So Soysals Beschreibung vom Bewußtsein der Deutschen. Und in der Tat, man muß nur einmal in die Medien schauen, was findet man da? Männer mit Turban und Schnauzbart; Frauen, die Kopftuch tragen und in lange Gewänder gehüllt sind; kinderreiche Familien, Moscheen und religiöse Symbole, fremde Bräuche und exotische Riten … Das Bild der Migranten, das in der öffentlichen Wahrnehmung vorherrscht, ist von einem deutlichen Kontrast zu den Deutschen bestimmt.[18] Die Migranten, so heißt es, sind viel stärker gemeinschaftsverbunden, eng familienverbunden, traditionsorientiert und stark religiös orientiert, kurz: sie haben sich die Werte der Heimat bewahrt.

Deutlich anders gefärbte Bilder dagegen finden wir, wenn wir in die angelsächsische Literatur schauen. Die Annahme, daß es homogene, abgeschlossene, starre Kulturräume gäbe, ist dort seit langem fraglich geworden. Statt dessen wird der Blick immer wieder auf die sich ständig vollziehenden Wechsel- und Austauschbeziehungen zwischen den Gruppen gelenkt, auf die zwischen sich verschiebenden Kulturzentren sich immer wieder neu formierenden Überlappungen, Verbindungen, Kombinationen – und die damit zugleich erzeugten Spannungen und Diskontinuitäten.

Durchgängig sind in der angelsächsischen Migrations- und Ethni-
zitätsliteratur Begriffe im Umlauf, die die Verbindungslinien zwischen Nationen, Kulturen und Regionen betonen – Begriffe wie
»travel«, »border«, »creolization«, »hybridity« oder »diaspora«.
Daß zu Migration immer auch kultureller Wandel gehört, gilt als
selbstverständlich. So schreibt zum Beispiel Winston James (in
einem Band, der sich mit karibischen Einwanderern in Großbritannien befaßt): »Wer immer von Migration spricht, spricht gleichzeitig und ganz zentral von kulturellem Wandel.«[19] Kultur, so
James, ist immer dynamisch, und dies gilt um so mehr unter Bedingungen der Migration:

»Kultur, hier allgemein als Lebensweise verstanden, ist stets dynamisch. Das Tempo des kulturellen Wandels mag rapide sein oder
kaum wahrnehmbar, aber stets ist Kultur im Wandel begriffen …
Migration beschleunigt das Tempo des kulturellen Wandels, weil
sie eine Loslösung von der Herkunftskultur mit sich bringt. Dieser
Wandel verstärkt sich noch durch den Einstieg in eine neue Umgebung, der immer – manchmal mehr, manchmal minder ausgeprägt –
Anpassung beinhaltet.«[20]

Es lohnt sich also, die in Deutschland immer wieder beschwo-
rene Traditionsbindung, Religionsbindung, Familienbindung der
Migranten genau zu betrachten. Die Leitfrage meiner folgenden
Überlegungen heißt: Wo stimmt das in der öffentlichen Wahrneh-
mung vorherrschende Bild, das ganz die traditionellen Elemente im
Leben der Migranten betont? Wo dagegen ist dieses Bild irrefüh-
rend, wo greift es zu kurz, was blendet es aus? Wo lassen sich im
Wechselspiel zwischen deutschen und ausländischen Studien neue
Einsichten und Perspektiven gewinnen?

1. Was heißt hier Tradition?

Loyalitätsbekenntnis

Kein Bericht über Türken ohne Kopftuch, Moscheen und Döner
Kebap, kein Film über Juden ohne Davidstern und Klezmermusik:
In der massenmedialen Aufbereitung dominiert, was »Fremdlän-
disches« signalisiert. Damit wird aufgenommen und bestätigt, was

auch in der Alltagswahrnehmung den Blick auf sich zieht, nämlich exotische Melodien, Farben und Stoffe, nämlich Essensgewohnheiten, Kleidungsformen, religiöse und kulturelle Riten, die auf ferne Länder verweisen. Und also heißt es: Die Migranten sind traditionsorientiert. Sie bewahren die Sitten von Herkunft und Heimat.

Das entspricht durchaus dem Befund vieler Studien – aus Deutschland wie aus anderen Ländern –, die in der Tat bei Migranten oft eine starke Traditionsbindung feststellen. Doch gewinnt das Bild neue Konturen, wenn man genauer nachfragt, wie diese Traditionsbindung ausschaut, woraus sie sich nährt. Dann nämlich zeigt sich, daß diese Art der Tradition nicht nur zurück auf das Herkunftsland weist, sondern ebensosehr, ja vielleicht manchmal noch mehr auf die aktuelle Migrationssituation und deren Bedingungen.

Zum Beispiel die Rückkehrabsicht: In Politik wie in Öffentlichkeit ist in Deutschland immer wieder gefragt worden, wie die aus den Anwerbeländern gekommenen Arbeitsmigranten sich ihre Zukunft vorstellen, ob sie dauerhaft hierbleiben oder eines Tages zurückkehren wollen. Sozialwissenschaftler, die an die Arbeitsmigranten selber sich wandten und diese nach ihren entsprechenden Wünschen befragten, kamen oft zu dem Ergebnis, daß die meisten später in die Heimat zurückkehren wollten; und auch in neueren Studien äußert ein recht beträchtlicher Teil der Befragten solche Absichten. Wenn man aber in die Statistiken schaut, die den tatsächlichen Verlauf der Einwanderungs- und Auswanderungsströme dokumentieren, kommt man zu einem anderen Ergebnis.[21] Demnach sind beträchtliche Gruppen nach einiger Zeit wieder in die Heimat gegangen. Aber viele wurden aufgehalten durch Schwierigkeiten verschiedenster Art, schoben deshalb die Rückkehr immer weiter hinaus und sind inzwischen in Deutschland faktisch ansässig geworden. Dennoch sprechen auch diese oft noch von einer Rückkehrabsicht – obwohl sie sich, und das ist ein offensichtliches Paradox, immer mehr eingerichtet haben auf das Leben in Deutschland.

Mit genau diesem Paradox, mit dem ambivalenten Charakter der Rückkehrorientierung bei den Arbeitsmigranten, befaßt sich eine Studie von Pagenstecher. Ihre Grundthese lautet: »Auch wenn die

Rückkehrorientierung nicht realisiert wird, hat sie wichtige soziale, kulturelle und psychische Funktionen.«[22] Welches sind diese anderen Funktionen? Worum sonst, wenn nicht um Rückkehr, geht es bei der Rückkehrorientierung? Welche anderen Erfahrungen, Absichten, Motive verbinden sich damit? An erster Stelle nennt Pagenstecher: »Abwehrstrategie gegen Ausgrenzung und Unsicherheit«. Demnach ist das Lebensgefühl der meisten Migranten in Deutschland von Diskriminierung und Existenzunsicherheit geprägt. Indem sie im eigenen Bewußtsein an der Rückkehr weiterhin festhalten, die ferne Heimat zum Anker der Identität machen, können die Migranten die alltäglichen Widrigkeiten des Lebens in Deutschland eher negieren (nach dem Motto: »was hier passiert, ist gar nicht so wichtig«). Indem sie auf einen anderen Bezugsrahmen verweisen, daran festhalten, können die Migranten auch an sich selber festhalten: ein Stück Würde und Selbstachtung bewahren.[23]

Das verbale Festhalten an der Rückkehrabsicht bedeutet nach Pagenstecher darüber hinaus auch »Loyalitätsbekundung zur Minderheit und zum Herkunftsland«.[24] Demnach ist die Rückkehrorientierung der Migranten wesentlich im symbolischen Sinn zu verstehen, als Metapher für Gruppenbewußtsein, als Abgrenzung von der etablierten Mehrheitsgesellschaft. Zeigt sich hierin nun Tradition, die Bindekraft einer ursprünglichen Gemeinschaft? Vielleicht auch, aber sicher nicht nur. Denn das Gemeinschaftsgefühl, schaut man genauer hin, speist sich offensichtlich nicht nur aus gemeinsamer Vergangenheit und gemeinsamen Wurzeln – sondern mindestens ebenso, wenn nicht mehr aus den Erfahrungen der Gegenwart, aus der Minderheitssituation mit ihren Bedrängnissen. In diesem Kontext gewinnt die Aussage »Ich will zurückkehren« ihre besondere Bedeutung. Sie meint übersetzt: Ich bin einer von euch, ich gehöre zu derselben Minderheit, ich werde nicht abtrünnig, wir halten zusammen. Betont und bekräftigt wird in der Tat ein Gruppenbekenntnis – doch hat dieses eine spezifisch moderne Bedeutung. Nicht nur zu Vorfahren und Heimat bekennt man sich hier, sondern mindestens ebenso zur Minderheitsgruppe, zu der in der Fremde sich bildenden Diaspora-Gemeinschaft.[25]

Während man sich einerseits immer mehr in Deutschland einrichtet, bleibt andererseits im Bewußtsein die Rückkehr allgegenwärtig. Das mag den Einheimischen äußerst seltsam erscheinen, für die Migranten dagegen ist es selbstverständlich. Rückkehr ist zur Metapher geworden, ein Symbol für Sehnsucht, kein Gebot für praktisches Handeln. Wie Ayhan Kaya schreibt, in einer Studie über türkische Jugendliche in Berlin: »Es ist der ewige Traum einer Rückkehr, aber nicht die tatsächliche Rückkehr, die die kulturelle Identität in der modernen Diaspora prägt.«[26]

Re-Traditionalisierung, Re-Ethnisierung

Migration beinhaltet immer einen tiefgreifenden biographischen Einschnitt, ja Bruch. Ob Menschen und Landschaften, ob Gerüche, Farben und Klänge: man verläßt, freiwillig oder gezwungenermaßen, womit man aufgewachsen ist und im Innern verwachsen. Wie sehr man all dies vermißt, beginnt man oft erst in der Ferne zu spüren. Und man spürt es um so mehr dann, wenn man dort dauerhaft fremd bleibt, nicht neue Verwurzelung findet. Zumindest im Innern mag man sich dann verstärkt der verlorenen Heimat zuwenden.

Von daher erklärt sich, wovon Migrationsstudien – aus Deutschland wie aus anderen Ländern – immer wieder berichten und was zunächst paradox erscheinen mag: In der Fremde beginnen viele Migranten einen Weg der Re-Traditionalisierung, Re-Ethnisierung. Hier entstehen eigentümliche Formen der »Exil-Religion« bzw. des »Exil-Nationalismus«.[27] Hier kann auch die Traditionsbindung »defensive« Bedeutung[28] gewinnen, zur »Identitätssicherung«[29] werden. Je ungastlicher und abweisender die neue Umgebung sich zeigt, je mehr sie an Diskriminierung bereithält, desto eher kann ein Rückzug auf die Herkunftsgruppe und deren Symbole einsetzen. Man wird russischer, türkischer, spanischer, als man es in der Heimat je war. Ein »imaginary homeland«[30] entsteht, ein Heimatland im Kopf, in der Phantasie, in den Träumen, das mit den tatsächlichen Lebensbedingungen in der Heimat oft nur noch entfernte Ähnlichkeit aufweist. »Im Exil wird die Heimat wichtiger und wertvoller als jemals zuvor.«[31] Und sie wird nicht selten romantisch verklärt.

Beginnen wir mit einem Blick nach Großbritannien. Dort lebt

inzwischen eine beträchtliche Gruppe farbiger Briten.[32] Die meisten sind Nachkommen jener, die in den fünfziger und sechziger Jahren, als in Großbritannien Arbeitskräfte dringend gesucht wurden, in schnell wachsender Zahl aus der Karibik einzuwandern begannen. Sie kamen aus Trinidad, aus Jamaika oder von einer der vielen weiteren westindischen Inseln, wohin ihre Vorfahren einst aus Afrika verschleppt worden waren. Sie kamen, weil sie Arbeit und eine Existenzgrundlage zu finden hofften. Und sie kamen, weil sie einen britischen Paß hatten und sich als britische Staatsbürger verstanden. Ihr Bewußtsein und Selbstbewußtsein war damals zu guten Teilen britisch geprägt: Sie sahen Großbritannien als ihr Heimatland an, sprachen Englisch als Muttersprache, gehörten der christlichen Religion an, waren in einem britisch geprägten Schulsystem erzogen worden und mit vielen Elementen der britischen Kulturtradition aufgewachsen. So hofften sie auf Anerkennung von seiten der Einheimischen und auf deren Unterstützung, um sich ganz in die britische Gesellschaft zu integrieren.

Doch diese Hoffnung wurde enttäuscht. Die schwarzen Zuwanderer wurden wenig freundlich empfangen. Sie bekamen auf vielen Ebenen zu spüren, daß sie in den Augen der Einheimischen »nicht britisch genug« waren, vielmehr als Fremde und Andere galten.

Angesichts solcher Bedingungen begann unter den schwarzen Zuwanderern eine Neuorientierung. Sie suchten nach Gemeinschaft, nach einer neuen Identität – wenn schon nicht als gleichberechtigte Briten und Bürger, dann wenigstens als eigene Gruppe, als schwarze Briten mit schwarzer Identität. So kam schließlich zustande, was zu den ursprünglichen Einstellungen und Absichten in krassem Gegensatz stand: Die Nachkommen der Zuwanderer begannen, sich eine eigene »Kultur der Karibik« zu schaffen, mit eigenen Festen und Feiern, mit Masken, Musikformen und Tänzen. Das Afrika, das in solchen Darstellungen entstand, ist, so Patricia Alleyne-Dettmers, »kein Kontinent. Es ist eine Vorstellung, eine Idee«[33] – eine Vision, eine Inspiration. Über die nicht traditionelle, sondern neu entstandene Identität der karibischen Zuwanderer schreibt Winston James:

»The harsh and perennial winter of British racism has helped to create an identity among Afro-Caribbeans … The whole experience of living in a white racist society has helped to forge a black identity where in many cases such an identity did not exist previously or was not consciously thought about«.[34]

Durchaus ähnlich sind die Erfahrungen vieler farbiger Einwanderer in den USA. In einer großangelegten Studie über die zweite Generation, also die Kinder und Jugendlichen aus Einwandererfamilien, beobachten die Soziologen Alejandro Portes und Rubén G. Rumbaut das Entstehen einer »reaktiven Ethnizität«. Diese verweist weniger auf das Herkunftsland als auf die Bedingungen im Ankunftsland.

»This process of forging a reactive ethnicity in the face of perceived threats, persecution, and exclusion is not uncommon. On the contrary, it is one mode of ethnic identity formation, highlighting the role of a hostile context of reception in accounting for the rise rather than the erosion of ethnicity … Reactive ethnicity is a ›made-in-America‹ product. The discourses and self-images that it creates develop as a situational response to present realities. Even when the process involves embracing the parents' original national identities, this is less a sign of continuing loyalty to the home country than a reaction to hostile conditions in the receiving society«.[35]

In deutschen Untersuchungen können wir ähnliche Entwicklungen finden. Zum Beispiel Aussiedler aus Rußland: Viele erwarten, wenn sie in Deutschland ankommen, Nähe, Verbundenheit, Zugehörigkeit zu den einheimischen Deutschen. Aber was sie statt dessen erleben, ist eher das Gegenteil. Was sie in Rußland schon waren, nämlich Außenseiter vor allem, das sind sie auch im Alltag der Bundesrepublik wieder. Als Fremde werden sie wahrgenommen, als »Russen« identifiziert.[36] Im Gegenzug reagieren manche mit einer inneren Absetzbewegung, indem sie die Erinnerung an die alte Heimat nostalgisch verklären.[37] Und bei manchen beginnt sogar eine äußere Absetzbewegung. So wird von einigen Aussiedlern berichtet, daß sie nach der Ankunft im Westen eine tiefe Desillusionierung erlebten und dann eine abrupte Kehrtwende vollzogen: Sie ließen »demonstrativ ihren zunächst eingedeutschten Namen wieder russifizieren, hielten am russischen Paß fest, beantragten ihn sogar neu oder kehrten mitunter, nun mit zwei Pässen bewaffnet, wieder auf Zeit oder auf Dauer zurück«.[38]

Auf enttäuschte Erwartungen stoßen wir auch bei Familien einer neu entstehenden deutsch-türkischen Mittelschicht, die ökonomisch den Aufstieg geschafft haben – und die dann feststellen müssen, daß die deutsche Mehrheitsgesellschaft ihre Lebensleistung nicht honoriert.[39] In ihren Erzählungen ist dies eine durchgängige Klage: daß ihnen die soziale Anerkennung von seiten der Deutschen verwehrt bleibt. Auch wenn sie noch so hart gearbeitet und gespart haben, in den Augen der Einheimischen bleiben sie dennoch weiter die »Türken«. Und das ist ein Wort, das – wie sie immer wieder zu spüren bekommen – pauschal mit arm/ungebildet/rückständig gleichgesetzt wird und entsprechende Widerstände hervorruft. Auf dem Wohnungsmarkt etwa oder beim Einlaß in Diskos: Obwohl sie bereit sind, für eine gute Wohnung auch eine hohe Miete zu zahlen, wollen viele Vermieter keine Türken im Haus haben. Obwohl ihre Kinder gute Schulen besuchen und in den richtigen modischen Kleidern daherkommen, wird ihnen in der Disko der Eintritt häufig verwehrt. Aus solchen Geschichten speist sich ein anhaltendes Gefühl des Mangels, weil der Erfolg und die eigene Leistung, auf die man so stolz ist, durch die verweigerte Anerkennung von seiten der Mehrheitsgesellschaft immer wieder in Frage gestellt wird. Hieraus vor allem erklärt sich, warum diese Familien der Türkei eng verbunden bleiben. Wie Ayşe Çağlar schreibt, eine Sozialwissenschaftlerin türkischer Herkunft, die über das türkische Milieu in Deutschland geforscht hat: »Die hartnäckige Präsenz der Türkei im Leben der Migranten hat mehr mit ihrem Streben nach sozialer Mobilität als mit ihrem ›Traditionalismus‹ zu tun oder mit ihrer unabänderlichen Zugehörigkeit zur Türkei oder mit der Frage, ob sie je wirklich in die Türkei zurückkehren werden.«[40]

Symbolische Ethnizität

Also Betonung von Heimat und Herkunft als Reaktion auf die Diskriminierung durch die Mehrheitsgesellschaft? Das ist offensichtlich ein wichtiges Motiv. Aber es muß nicht das einzige sein, vielleicht gibt es daneben noch andere. Herbert J. Gans und Mary Waters haben sich mit den Nachkommen europäischer Einwanderer in den USA befaßt.[41] Sie haben gezeigt, wie in der dritten oder vierten Generation eine Sehnsucht aufkommen kann, die entfernten ethnischen Wurzeln zu spüren – und dies selbst dann, wenn Ablehnung und Diskriminierung nur noch Teil der Vergangenheit sind, wenn Einstieg und Aufstieg also geschafft sind und man selbst »angekommen« ist in der Mehrheitsgesellschaft. Warum aber dann? Warum dann gerade wieder? Weil dann, so Gans und Waters, der Wunsch wachsen kann, etwas Besonderes und Eigenes zu finden, was den einzelnen abhebt von der Masse der vielen, wo er oder sie eine kleine persönliche Nische sich zurechtbasteln kann. Nein, natürlich wollen die Nachkommen nicht mehr die starren Regeln und Pflichten, die Gruppenzwänge und Gruppenkontrollen, die für die Vorfahren zur Einbindung in die ethnische Gruppe gehörten. Nein, die Jungen wollen eher einen Hauch Nostalgie, eine Prise Exotik, ein paar bunte Symbole und Zutaten, mit denen sie ausgewählte Stunden des Lebens garnieren und die ansonsten den Alltag nicht weiter stören. Ethnizität also als Freizeitartikel, Hobby, Lebens-Dekor: Das ist es, was Gans und Waters »symbolische Ethnizität« nennen.

Zum Beispiel Lila Moscowitz, als Lila Morse geboren. Sie ist eine junge amerikanische Jüdin, die Protagonistin und Ich-Erzählerin in einem Roman von Binnie Kirshenbaum. Auf den Assimilationsdrang ihrer neureichen Familie blickt sie mit Verachtung herab. Während die anderen ihr Judentum in eine hintere Schrankecke stecken, holt sie es wieder hervor. Während die Vorfahren den Familiennamen abkürzten und in eine englische Form brachten, weil die alte zu sehr den Geruch des *shtetls* enthielt, geht Lila wieder zum alten Namen zurück. »Als ich achtzehn wurde, änderte ich meinen Namen zu der Form zurück, die er die ganze Zeit hätte haben sollen. Ich verzichtete auf das kurze und leicht zu buchstabierende Morse, weil ich mein Erbe antreten wollte. Ich wurde Lila Moscowitz, damit es etwas bedeutete, wenn ich ›meine Leute‹ sagte. Weil ich zu einer Großfamilie gehören wollte. Um auch ohne den ganzen zeremoniellen Kram als Jüdin identifizierbar zu sein, denn die religiösen Gebote konnte ich nun wirklich nicht einhalten.«[42]

Könnte es sein – die Frage liegt auf der Hand –, daß es auch unter den jungen Türken in Deutschland, genauer unter den jungen Männern und Frauen türkischer Herkunft, deren Familien es zu einem gewissen Wohlstand gebracht haben, daß es also unter ihnen auch einige gibt, die im beschriebenen Sinn »ihr Erbe« antreten wollen, oder was immer sie als ihr Erbe verstehen? Könnte es sein, daß sich einige die Ausdrucksformen einer symbolischen Ethnizität zulegen, weil die alte, alltagsverankerte, alltagsgebundene Ethnizität ihnen abhanden zu kommen beginnt? Fangen sie vielleicht an, ihren Platz neu zu erfinden, mit Symbolen der verschiedensten Art? Und wenn ja, was sind die Symbole, die sie sich wählen, vielleicht eine Vorliebe für besondere Kleidung oder besondere Musik, für bestimmte Szenen und Treffpunkte?

Immerhin gibt es – das könnte man als erste Signale in dieser Richtung verstehen – in Berlin schon zahlreiche Orte, geprägt von einem diskret türkischen Ambiente, in dem vorzugsweise die jüngere Generation türkischer Herkunft sich trifft. Die Ausstattung entspricht, wie Ayşe Ş. Çağlar beschreibt, dem Geschmack und dem Lebensstil einer unter »modernisiert türkischen« Bedingungen heranwachsenden Gruppe:

»Seit dem Beginn der 90er Jahre hat Berlin eine schnelle Zunahme ›türkischer‹ Kaffee-Bars, Clubs und Discos erlebt, die bei den türkischen Jugendlichen enorm beliebt sind. Nach Lage, Ambiente, Musik und Aufmachung unterscheiden sich diese Treffpunkte deutlich von den ›türkischen‹ Lokalen, die in Berlins ›Türkenvierteln‹ angesiedelt waren und sind. Obwohl die neuen Szene-Zentren hauptsächlich eine türkische Klientel bedienen (ungefähr zu 90 Prozent, so die Angaben der Besitzer), sind sie in ›nicht-ethnischen‹ Nachbarschaften angesiedelt … In den neuen Kaffee-Bars sind viele Hinweise auf die Türkei und auf Türkisches vorhanden, allerdings in eher leiser Form. Nicht nur, daß die meisten Besucher türkisch sind, es wird auch türkisch gesprochen und türkische Popmusik gespielt. Doch die Präsenz der Türkei ist hier sehr vielschichtig und ganz anders als die folkloristische Version des ›Türkischseins‹, die man in den Restaurants, Clubs und Cafés der Viertel mit hohem Einwandereranteil findet … Die türkischen Elemente haben hier besondere Akzente, sie beziehen sich alle auf die Großstädte und die städtischen Räume in der Türkei.«[43]

Über solche Fragen ist, bezeichnenderweise, in der deutschen Soziologie noch kaum nachgedacht worden. Vielleicht ist, zumindest was die Türken angeht, heute die Stigmatisierung noch zu stark und die Anerkennung zu wenig, deshalb der Bedarf nach symbolischer Ethnizität noch kaum ausgeprägt.[44] Das mag durchaus sein.

Aber vielleicht ist es schon anders bei den Kindern der italienischen, griechischen, sonstigen Zuwanderer. Möglicherweise sind sie mehr akzeptiert, deshalb eher geneigt, sich mit einem italienischen oder griechischen Flair zu umgeben. Vielleicht finden wir da einen bewußt gepflegten südlichen Charme, frei nach dem Motto: Mein Opa kommt aus Palermo. Der deutschen Soziologie jedenfalls täte es gut, wenn sie den Mut hätte, mehr nach vorne zu schauen und nach möglichen Pfaden der Zukunft, statt – zum wievielten Mal? – die sogenannten Ausländer nach ihren sogenannten Traditionen zu fragen.

2. Was heißt hier Religion?

Die Migranten, die in den letzten Jahrzehnten in wachsender Zahl nach Europa gekommen sind aus einer Vielzahl nicht-europäischer Länder – aus Asien, aus Fernost, aus Afrika und der Karibik –, haben von dort nicht nur ihre jeweilige »Ethnizität« mitgebracht, was immer das ist. Sie haben auch eine Vielzahl religiöser Glaubensrichtungen mitgebracht: Sie sind Muslime, Hindus, Buddhisten, sie sind Sikhs, Konfuzianer oder Anhänger verschiedener christlicher Konfessionen. So hat sich, schreibt Martin Baumann, innerhalb einer kurzen Zeitspanne, im Lauf von nur drei oder vier Jahrzehnten, die religiöse Landkarte Europas erheblich erweitert. Wo jahrhundertelang die Bevölkerung fast nur aus Christen bestand – mit ein paar mehr bis minder tolerierten Juden und ein paar versteckten nicht-christlichen Kulten daneben –, finden wir heute einen Patchwork-Teppich aus vielfältigen Glaubensrichtungen und -formen.[45]

Und entgegen allen Trends in Richtung Säkularisierung und Modernisierung: Die Religion spielt im Leben vieler Migranten eine wichtige Rolle. Ob türkische Muslime in Frankreich oder russische Juden in Deutschland, ob afrikanische Muslime in New York City oder Hindus in London, im Exil verschwinden die religiösen Bindungen nicht, sondern gewinnen nicht selten sogar neues Gewicht. Zusammenfassend schreibt Martin Baumann: »Ein beträchtlicher Teil der Einwanderer – wenn auch sicher nicht alle – gewinnen zu ihrem religiösen Erbe einen neuen Bezug und beteiligen sich aktiv am Aufbau des religiösen Gemeindelebens im neuen Land.«[46]

So gesehen wird das Bild, das im öffentlichen Bewußtsein in Deutschland vorherrscht – Migranten sind religiös orientiert –, durchaus bestätigt. Die Frage ist nur, was diese Religionsbindung eigentlich meint: Meint sie den Glauben an Gott, eine spirituelle Existenz, ein höheres Walten? Oder was sonst könnte sie meinen?

In Studien, die die Religionsbindung nicht nur feststellen, sondern genauer beleuchten, stößt man auf verschiedene Motive. Ganz offensichtlich erfährt auch die Religion unter Bedingungen der Migration einen spürbaren Bedeutungswandel. Ob Kirche, Synagoge oder Moschee, durchgängig gilt: Im Diaspora-Leben ist der Gottesdienst nicht nur ein religiöses, sondern zugleich auch ein soziales Ereignis. Er ist Treffpunkt, Begegnungsort, Sammelplatz derer, die in der Fremde sich durchschlagen müssen. Hier kann man Menschen treffen mit ähnlicher Geschichte und ähnlichem Schicksal; hier kann man Erinnerungen an früher austauschen und aktuelle Informationen erhalten; hier kann man mit Gleichgesinnten über Hoffnungen und Enttäuschungen sprechen, über Entbehrungen und Zukunftsvisionen. Hier sucht man Hilfe, Unterstützung, Gemeinschaft – und dies nicht nur im spirituellen Sinn, in der Beziehung zu Gott, sondern auch in einem sehr irdisch gewendeten Sinn, in der Beziehung zu Menschen, vor allem zu anderen Migranten. Ob Berlin, Mailand, New Orleans, die Beschreibungen lesen sich auffallend ähnlich.

Zum Beispiel Polen in Berlin: In verschiedenen Kirchen Berlins werden Messen in polnischer Sprache gefeiert, und diese sind sehr gut besucht. »Die Messen und die Zeit vor und nach den Messen, in der sich die Gemeinde vor der Kirche versammelt, erfüllen … wichtige soziale Funktionen. So werden einerseits Nachrichten über Veranstaltungen in der polnischen Community und andererseits für Neu-BerlinerInnen grundlegende Informationen, zum Beispiel Wohnungsangebote, vermittelt. Für diejenigen MigrantInnen, die … kaum soziale Kontakte in Berlin haben, ist der Besuch der Messe auch eine Form der Freizeitgestaltung. Schließlich ist die Kirche ein Ort, wo die Einzelnen sich ihres Erfolges und ihrer Stellung verglichen mit anderen MigrantInnen vergewissern können. Hier gilt es, durch Statussymbole, zum Beispiel teure Kleidung oder Autos, den eigenen Erfolg zu demonstrieren. Vermutlich ist dieser Aspekt gerade dann von besonderer Relevanz, wenn die Anerkennung in der Gesellschaft außerhalb der polnischen Netzwerke gering ist«.[47]

Zum Beispiel philippinische Hausarbeitsmigrantinnen in Mailand: »Der Besuch der Messe war für fast die Hälfte der befragten Philippinas neben der Erholung und der Erledigung der zu Hause anfallenden Hausarbeiten das wichtigste Ereignis am Wochenende. Zuhause bleiben, manchmal mit den anderen ausgehen, ansonsten der Kirchgang: das waren die wichtigsten Aktivitäten in der freien Zeit. Der Besuch der Messe war schon deshalb von Bedeutung, weil hier auch Informationen über eventuelle Arbeitsmöglichkeiten vermittelt wurden. Die Vermittlung wurde oftmals von den Ordensschwestern übernommen. Teilweise kamen die potentiellen Arbeitgeber auch persönlich zu den Treffpunkten und nahmen dort direkt Kontakt mit der zukünftigen Arbeitskraft auf. Die Ordensschwestern galten allgemein als Vertrauenspersonen, und an sie wendeten sich viele Philippinas bei Problemen jeder Art«.[48]

Zum Beispiel vietnamesisch-amerikanische Familien in New Orleans: »More than 80 percent of Vietnamese in the community are Catholics and the Mary Queen of Vietnam Church has served not only as place of worship but also as the focal point of secular community activities. After-school-classes for young people take place in a building behind the church. Community meetings to discuss problems and goals are held at the church at irregular intervals. Every Saturday morning, the church grounds are turned into an open-air market, where all Vietnamese in the … neighborhood can sell their goods«.[49]

Vor diesem Hintergrund erklärt sich, was zunächst paradox scheinen mag: warum nicht selten auch wenig religiöse Personen, wenn sie die Heimat verlassen und in der Ferne zu leben beginnen, mit einem Mal Religionsgemeinschaften sich anschließen. Freilich nicht Religionsgemeinschaften beliebiger Art, sondern fast immer solchen, die eine Verbindung zu Herkunft und Heimat herstellen. »Italiener, die in ihrer Heimat nie in die Kirche gehen, kommen regelmäßig«, so lautete eine Schlagzeile über katholische Gastarbeiter in München,[50] und dasselbe Verhaltensmuster läßt sich auch in Exilgemeinden anderer Konfessionen und Nationen entdecken.

31

Unter den Polen, die im Westen als Pendelmigranten arbeiten, gibt es manche, die nur in der Ferne – in Berlin oder Brüssel – zum Gottesdienst gehen.[51] Den christlichen Gottesdienst der koreanischen Gemeinde in New York besuchen auch Koreaner nichtchristlicher Religion.[52] Und in manchen arabischen Ländern geben sich buddhistische Hausarbeitsmigrantinnen aus Sri Lanka als katholisch aus, weil die Arbeitgeber lieber Katholikinnen einstellen; sonntags gehen diese Frauen zur katholischen Messe und treffen dort mit Frauen aus der Heimat zusammen, die genausowenig katholisch sind wie sie selbst.[53]

Sehr gemischte Motive – manchmal religiös, mehrheitlich eher säkularer Natur – kennzeichnen auch die russisch-jüdischen Zuwanderer, die bei den jüdischen Gemeinden in Deutschland sich anmelden. Eine großangelegte empirische Studie kommt zu folgendem Schluß: »Die Motive der Juden aus der ehemaligen Sowjetunion, Gemeindemitglieder zu werden, fallen sehr unterschiedlich aus. Für einen kleineren Teil hat diese Entscheidung große Bedeutung, weil sie in den Gemeinden erstmals die Möglichkeit haben, einen Zugang zur jüdischen Religion und Kultur zu erlangen. Für die Mehrheit sind die Gemeinden aber in erster Linie soziale Kontaktstellen … Demnach sehen die Zuwanderer in den jüdischen Gemeinden vorrangig einen geeigneten Treffpunkt unter ihresgleichen, vor allem aber eine hilfreiche Institution zur Information und Beratung, zur sozialen und moralischen Unterstützung«.[54]

Anker der Identität

Im Herkunftsland ist die Religion zumeist etwas selbstverständlich Gegebenes, was zum normalen Alltag gehört und den einzelnen mit seiner Umgebung verbindet. Wenn die Menschen aber ihre Heimat verlassen und anderswo zu leben beginnen, ändert sich das. Im Aufnahmeland, so zeigt Martin Baumann,[55] werden die Migranten zum einen mit anderen Glaubensrichtungen konfrontiert, zum anderen mit den Freiheiten und Freizügigkeiten der säkularisierten Gesellschaft. Weil damit zum ersten die Möglichkeit eines drohenden Verlusts sichtbar wird, beginnt bei vielen jetzt ein neues Interesse an den kulturellen Bräuchen und Glaubenssätzen, Riten und

Werten der eigenen Religion. Für die Migranten wird sie nun zu etwas Besonderem, was sie von den Menschen der umgebenden Gesellschaft abhebt. So rückt die Religion stärker ins Bewußtsein. Sie wird zum Merkmal der eigenen Gruppe, ja der eigenen Gruppenzugehörigkeit und Identität. Sie bietet Halt, Schutz und einen sichernden Hafen, gerade auch angesichts der Turbulenzen in einer ungewohnten und fremden Umgebung. So heißt es zum Beispiel über westafrikanische Migranten, die in New York als Straßenhändler ihr Brot verdienen:

»Many West African traders in New York City seem to derive their greatest sense of fellowship and social support from Islam. The religion of Muhammad unquestionably structures their everyday lives and keeps alive their sense of identity in what, for most, remains an alien and strange place.« Die Religion schafft »a spiritual bond, provides a source of social support, and constructs a buffer against the stresses of city life in New York«.[56]

Religion als Anker der Identität: das gilt um so mehr dann, wenn den Migranten im Aufnahmeland Rassismus und Diskriminierung begegnen. Gerade dann wird die Religionsgemeinschaft auch zum symbolischen Ort, um die eigene kulturelle Besonderheit zu betonen, sich als Gruppe zu sammeln und Kraft zu gewinnen. Dieser Zusammenhang zeigt sich bei verschiedenen Zuwanderergruppen – nicht zuletzt bei den türkischen Zuwanderern in Deutschland. Einen wesentlichen Einschnitt brachten hier die frühen neunziger Jahre, als die Angriffe auf Türken sich häuften. In der Folgezeit vollzog sich ein deutlicher Wandel, in dessen Verlauf viele der Gläubigen unter den Migranten begannen, den religiösen Verhaltensgeboten des Islam wieder größeres Gewicht beizumessen. Von der Einhaltung der Gebetzeiten bis zu äußeren Zeichen wie Barttracht und Kopftuch – all solche Praktiken wurden symbolisch neu aufgeladen, ja zum »Aushängeschild der kulturellen Differenz«.[57] Was ein junger Mann im Interview äußert, ist dafür bezeichnend: Er wünscht sich, so sagt er, daß seine Schwester und seine zukünftige Ehefrau Kopftuch tragen. Und warum wünscht er das? »Weil sie wie er ›Türken‹ sein sollen.« Seine Form islamischer Identität ist stark von Diskriminierung geprägt, und entsprechend sieht er das Kopftuch: nicht als religiöses Symbol, sondern vorrangig als soziales Signal. Für ihn wird es zum Kennzeichen der

Gruppe, die von den Deutschen abgelehnt wird und zu der man sich deshalb stolz und trotzig bekennt.[58] Was hier entsteht, ist eine Form der »kulturellen islamischen Identität«, die die Negativ-Zuschreibungen von seiten der deutschen Mehrheitsgesellschaft aufnimmt und ins Positive umwendet. So Ayhan Kaya über türkische Jugendliche in Kreuzberg:

»Religion is a particularly influential cultural source of identity for the diasporic Turkish youth. The celebration of Islam among the diasporic Turkish youth springs, in part, from the German society's perception of them. The majority society tends to employ Islam as a symbolic instrument to define the Turkish youth; and it is used in turn by the youngsters themselves. For instance, one of the rap groups ... calls itself *Islamic Force*, although they have nothing to do with radical Islam. This kind of identity manifestation seems to indicate a growing kind of ... ›cultural Muslim identity‹ among young Turks«.[59]

Neue Interpretationen und Ausdrucksformen

Daß die Migranten ihre religiösen Traditionen hochhalten, daß sie festhalten an der Religion ihrer Väter, wird oft gesagt. Dies ist nicht ganz falsch, aber auch nicht ganz richtig, es ist insgesamt zu einfach und zu schlicht. Vergessen, verdrängt, ausgeblendet wird nämlich, welche Entwicklungen die Religion in der Diaspora durchmacht. Sobald man sich in einschlägige Studien einliest, wird schnell erkennbar: Wie die Migranten Religion praktizieren und wie das religiöse Leben im Herkunftsland ausschaut, das ist oft deutlich voneinander unterschieden. Religiöse Riten und Rituale bleiben im Lauf der Geschichte nie starr, und sie verändern sich um so mehr, wenn sie in eine andere Umgebung, ja in eine ganz andere Welt transportiert werden. Ausdrucksformen und Inhalte, Gebote und Regeln, Feiern und Zeremonien – vieles verschiebt sich, meist in leisen und allmählichen Schritten, manchmal auch schneller. Manches wird ergänzt und erweitert, betont und neu interpretiert, anderes verschwindet, gerät ins Vergessen.

So zum Beispiel bei den Juden aus der ehemaligen Sowjetunion, die heute in New York leben. Mit großem Aufwand und Glitter begehen sie die Bar Mizwa- und Bat Mizwa-Feiern, mit denen die Söhne und Töchter jüdischer Familien für religiös volljährig erklärt und in die Gemeinde aufgenommen werden. Aber wie feiern die sowjetischen Migranten? Mit einem Kulturmix eigener Art, in dem sich die unterschiedlichsten Zutaten bunt miteinander verbinden, eine sehr freizügige Mischung aus traditionell religiösen und unbekümmert areligiösen Elementen. Da werden Shrimps angeboten, obwohl nach den jüdischen Speisegesetzen strengstens verboten, und gleich daneben stehen die Platten mit gefillte Fisch, einem traditionell jüdischen Gericht, das aus Karpfen, Weißfisch und Zwiebeln besteht. Während der Sohn die vorgeschriebenen Gebete vorträgt, begleitet ihn Musik aus elektrischen Gitarren. Die Violin- und Klarinettentöne, die zur untergegangenen Welt des jüdischen Osteuropa gehörten, werden mit Synthesizern gespielt, und unter all dem ist auch noch das Hämmern eines Disko-Basses zu hören.[60]

Um genauer zu begreifen, wie Religion unter Bedingungen von Migration in Bewegung gerät, hat Martin Baumann ein Phasenmodell des religiösen Diaspora-Lebens entworfen. Wenn ethno-religiöse Gruppen sich ihr Leben im neuen Land allmählich einrichten, wenn sie auch als Religionsgemeinschaften sich einrichten, dann lassen sich, so Martin Baumann, charakteristische Phasen mit chronologischer Abfolge erkennen. Am Anfang stehen Anstrengungen, ganz gewidmet dem Aufbau und Bewahren des kulturell-religiösen Erbes. Ist das geschafft, kommt meist ein Umschwung, durch den das Herkunftsland mehr in den Hintergrund rückt und das Aufnahmeland stärker ins Zentrum sich schiebt. Jetzt beginnt die Zeit der Umbrüche, Veränderungen, Neu-Interpretationen.[61] Diese Phase erzeugt Risiken eigener Art, bis hin zu Kämpfen und Spaltungstendenzen, die den Zusammenhalt der Gruppe gefährden. Vor allem wird die Gruppe jetzt mit dem konfrontiert, was Baumann das »Dilemma der Diaspora« nennt und das er folgendermaßen charakterisiert:

»On the one hand the diaspora members aim to stay true and faithful to the former, traditional way of life and its cultural-religious heritage ... On the other hand members wish to sociopolitically integrate into the society in which they have opted to live permanently ... It is in this phase that splits and schisms mirror the ambiguous situation, especially if the group is large. Some aim to perpetuate rituals and doctrinal education in a rather conservative way, others opt to foster adaptations and innovations.«[62]

Betrachten wir nun die Formen islamischer Religiosität bei türkischen Zuwanderern in Deutschland. In einer ethnologischen Studie hat Schiffauer schon früh aufgezeigt, wie die Befolgung der religiösen Vorschriften, die im Herkunftsdorf ein zentrales Element der sozialen Ordnung darstellte, unter den Bedingungen der Migration aus diesem Kontext herausgelöst wird und dabei den mechanischen Charakter verliert, der für den traditionellen Islam in den Dörfern der Türkei kennzeichnend war. Statt dessen gewinnt der Islam nun eine neue und vom dörflichen Zusammenhang grundsätzlich verschiedene Bedeutung, wird mehr zu einer Sache des individuellen Gewissens, der Sinn- und Wertstiftung dienend.[63] Eine aktuelle Studie von Tietze, mit Formen muslimischer Religiosität junger Männer in Deutschland und Frankreich befaßt, stellt erst recht ein diskontinuierliches und innovatives Verhältnis zur islamischen Tradition fest.[64] Wo die jungen Männer etwa von der Einhaltung der Fastenvorschriften während des Ramadan berichten, ist offensichtlich die »Identifikation mit einer sozialen Gruppe, die Zugehörigkeit zu einer Minderheit die ausschlaggebende Motivation«: Es geht darum, sich durch gemeinsame soziale Erfahrungen von der Mehrheitsgesellschaft zu unterscheiden. Weil nun das Bekräftigen der sozialen Gemeinschaft im Vordergrund steht, kann die Praxis des täglichen Fastens ein Stück weit aus den strengen religiösen Vorschriften gelöst und freier gestaltet werden. »Man fastet nicht unbedingt einen ganzen Monat lang, sondern nur am Wochenende oder nach der Schule bis zur Abendmahlzeit. Manche trinken, essen aber nichts. Andere essen heimlich, während sie den Eltern oder der sozialen Umgebung versichern, daß sie das Fasten einhalten. Somit wird der Ramadan … individuell umgestaltet und den eigenen Bedürfnissen angepaßt«.[65] Und nicht nur beim Ramadan, sondern auch bei allen anderen religiösen Riten und Dogmen finden sich neue Formen. Durchgängig zeigt sich Flexibilität, und diese kann ein Ausmaß annehmen, das »die religiöse Tradition zuweilen bis ins Unkenntliche in einzelne Elemente zerlegt, mit ihr fremden Aspekten kombiniert oder neu interpretiert«.[66]

Zusammenfassend läßt sich die Entwicklung hierzulande etwa folgendermaßen beschreiben: Nur in der ersten Migrantengeneration stimmte der praktizierte Islam noch weitgehend mit der rituellen Glaubenspraxis im Herkunftsland überein. Seitdem verwandelte sich die Glaubenspraxis und entfernte sich immer mehr von derjenigen in der Türkei, und heute zeichnet sich bei den Jüngeren eine Umgangsform ab, die man als »Individualisierung der religiösen Praxis« bezeichnen könnte.[67] Das heißt, hier löst sich die Ausübung der Religion zunehmend aus vorgegebenen Glaubenssätzen und Dogmen. Es gewinnen die handelnden Personen jetzt mehr an Gewicht, indem sie die sogenannte »Tradition ihrer Väter« nicht einfach übernehmen und wahren, sondern – und das macht den Unterschied aus – selbständig deuten, gestalten und formen. Dies tun sie zum einen nach ihren individuellen Bedürfnissen und Lebensumständen, zum anderen im Rahmen der Bedingungen der Diasporaexistenz – kurzum nach den Vorgaben und Möglichkeiten, den Chancen und Zwängen des Lebens in Deutschland.

Ähnliches ist bei muslimischen Zuwanderern in anderen Ländern zu beobachten, zum Beispiel bei türkischen Migranten in Frankreich. Eine »Pluralität von moslemischen Identifikationen und Handlungsstrategien« hat sich entwickelt, jeweils zurückverweisend auf die soziale, wirtschaftliche und kulturelle Situation, in der sich die jungen Moslems in Frankreich und Deutschland befinden, so schreibt Tietze, die unterschiedlichen Ausrichtungen in diesen beiden Ländern vergleichend.[68] Nicht eine einheitliche islamische Identität findet sie, sondern *Islamische Identitäten*, bewußt im Plural gesetzt, und genau so lautet auch der programmatische Titel ihres Buches. An solchen Befunden wird deutlich, warum das verbreitete Bild eines statischen, monolithischen Islam so nicht stimmt. Es läßt nämlich die Transformationen muslimischer Identität völlig unbeachtet, welche sich in der Generation der im Westen aufgewachsenen Muslime vollzogen haben.

3. Was heißt hier Familie?

In den letzten Jahrzehnten sind in schnell wachsender Zahl immer mehr asiatische Familien in die USA eingewandert, und nicht wenige haben es bald zu beträchtlichem Wohlstand gebracht. Das »Wirtschaftswunder« dieser Zuwanderer hat in den amerikanischen Medien für einiges Aufsehen gesorgt, und viele unter den Journalisten hatten eine schnelle Erklärung parat. Als Erfolgsgeheimnis entdeckten sie den engen Zusammenhalt in asiatischen Familien, ihre Verbindung zur Tradition, die besondere Solidarität im Generationenverhältnis. Weil diese Bild verbreitete Stimmungen und Sehnsüchte in der Mehrheitsgesellschaft aufnahm, wurde es alsbald populär. Aber die Soziologin Nazli Kibria, die solche Familien eingehend untersucht hat, warnt vor zu einfachen Erklärungen. In ihrem Buch – dessen Untertitel bezeichnend heißt: *The Changing Lives of Vietnamese Americans* – betont sie die Elemente des Wandels, der auch die asiatischen Familien erfaßt hat und eine vielfach verwobene und verschlungene Mischung aus Tradition und Moderne erzeugt. Kibria schreibt:

»Inwieweit spiegelt sich im Bild von Stabilität, kultureller Kontinuität, innerem Konsens die Wirklichkeit der amerikanisch-vietnamesischen Familien wider? Entgegen den in den Medien kursierenden Beschreibungen … sind die Familien, die ich untersucht habe, nicht die unveränderten, kompromißlos traditionellen, ganz konfuzianisch geprägten Gebilde, als die sie dargestellt werden. Statt dessen, so fand ich, war das Familienleben eine Arena von beträchtlichen Konflikten und nicht wenig Dynamik. Ich sah und hörte Frauen, Männer und Kinder, die große Anstrengungen unternahmen, um die innere Struktur und Bedeutung des Familienlebens neu zu entwerfen und neu zu füllen«.[69]

Auch hierzulande existieren die emotional aufgeladenen Bilder, die in den Migrantenfamilien vorzugsweise Elemente von Stabilität, Tradition, hierarchischer Ordnung entdecken, Elemente einer Vergangenheit also, die die Mehrheitsgesellschaft – je nach Blickwinkel des Betrachters – seit langem überwunden oder seit langem verloren hat. Deshalb lohnt es sich, Kibrias Sätze als Mahnung auch hier ernst zu nehmen. Es lohnt sich, genauer zu prüfen: Wie schauen Migrantenfamilien in Deutschland im Inneren aus?

Daß die Familienbindung bei Migranten stark ausgeprägt ist, ist ein Befund, der zum Grundrepertoire sozialwissenschaftlicher Migrationsstudien in Deutschland gehört. Aber dies Bild gewinnt neue Konturen, überraschende Facetten, wenn man nicht nur das Faktum der Familienbindung als solches feststellt, sondern auch seine Hintergründe und Entstehungsbedingungen betrachtet. Diese Familienbindung ist nämlich, so zeigt sich, nicht einfach ein Relikt aus der Heimat, aus dem Herkunftsland mittransportiert – es ist im Gegenteil ganz wesentlich ein Produkt der Migrationssituation, eine Reaktion auf das Leben in einem fremden und nicht selten feindlichen Land. Zusammengefaßt läßt sich dieser Kontext folgendermaßen beschreiben:

Die Hoffnung auf ein besseres Leben, ohne Armut und Hunger, ohne Gewalt und Verfolgung – dieser Wunsch ist es, der viele Migranten bewegt, wenn sie ihre Heimat verlassen. Für viele mag sich diese Hoffnung auch einlösen lassen. Und dennoch ist das Leben im neuen Land oft ganz anders als erwartet, ersehnt: Eine Grunderfahrung ist nämlich, daß von seiten der Mehrheitsgesellschaft die Migranten häufig nicht freundlich aufgenommen werden (vor allem wenn sie durch ihr Äußeres auffallen, aus ärmeren oder ferneren Ländern stammen). Sie stoßen auf Zurückweisung, Ablehnung, Diskriminierung. Und genau hier liegt ein entscheidender Punkt – so das Fazit vieler einschlägiger Studien –, weshalb die Familie nun um so mehr Gewicht und Bedeutung gewinnt: Der Binnenraum der Familie wird aufgewertet als Zufluchtsort und schützender Raum.

Zum Beispiel Studien über Aussiedlerfamilien: Angesichts der Widerstände in der äußeren Welt wird die Familie zu einem »zentralen Ort der Identitätsfindung und -sicherung«,[70] für viele auch unfreiwillig zur »einzigen Bezugsgruppe«, die eine »bedeutsame Rolle [gewinnt] für die alltägliche und emotionale Bewältigung« dessen, was das Leben als Minderheit an Anstrengungen und Demütigungen enthält.[71] Oder eine Studie über italienische Einwandererfamilien: Im Rahmen der Migration »gewinnt die Familie – als unkündbarer Raum des Schutzes und der Sicherung von Stabilität – vermehrt an Bedeutung«,[72] wird hier doch ein Ausgleich gesucht zur ablehnenden Haltung der Mehrheitsgesellschaft. Oder eine Untersuchung über türkische Familien in Deutschland: »Die Isolierung von der weiteren Gesellschaft ... führt dazu, daß die Ehegatten in einer Weise aufeinander angewiesen sind, wie es in der Türkei nur ausnahmsweise der Fall ist ... Die Partner brauchen sich in einer ganz anderen Weise, um sich in der fremden und oft feindlichen Gesellschaft behaupten zu können.«[73]

Flexibilität und innere Dynamik

Nach dem in der Öffentlichkeit vorherrschenden Bild ist auch die inhaltliche Form des Familienlebens bei Migranten anders als bei »uns«, bei den Deutschen. Es ist, weil von den Sitten und Normen ihrer Heimat geprägt, mehr patriarchalisch und hierarchisch; je nach Perspektive des Betrachters deshalb mehr »vormodern«, rückständig, altmodisch – oder noch mehr »in Ordnung«, stabil und gefestigt.

Läßt man die schnellen Werturteile beiseite, enthält auch dieses Bild einen richtigen Kern. Zwar ist die Gegenüberstellung zu grob, wird der Vielfalt der Migrantengruppen und der Verschiedenheit ihrer nationalen, ethnischen und kulturellen Herkunft nicht gerecht. Aber wenn man den Vergleich einschränkt, nur diejenigen Migranten einbezieht, die die Hauptgruppe der in Deutschland lebenden ausländischen Bevölkerung ausmachen; wenn man also die Arbeitsmigranten aus den ehemaligen Anwerbeländern nimmt und deren Nachkommen; wenn man hier wiederum, weil sie zahlenmäßig tatsächlich dominieren, vor allem die türkischen Familien in den Blick nimmt: dann wird man in der Tat einige recht deutliche Unterschiede zur deutschen Bevölkerung feststellen können.[74] So ist zum Beispiel das Familienleben der Deutschen vor allem an der Kernfamilie ausgerichtet, die Beziehungen zwischen Mann und Frau, Eltern und Kindern stehen im Zentrum; und in diesem Beziehungsgefüge sind persönliches Glück, Partnerschaft, Selbstbestimmung und Selbständigkeit vorrangige Werte. Bei den Migranten dagegen hat der weitere Familienverband mehr Gewicht, Autorität und Seniorität spielen eine größere Rolle, auch die Erwartung bzw. Verpflichtung zu wechselseitiger Unterstützung ist stärker ausgeprägt.[75]

Wer auf solche Unterschiede das Augenmerk richtet, folgert häufig: Die Migranten haben, man sieht es ja deutlich, die Sitten und Normen der Heimat bewahrt. Doch ein solches Urteil ist vorschnell, ist irreführend, ja falsch. Denn was dabei allein ins Blickfeld gerät, sind die für den deutschen Betrachter auffälligen Momente, die die Kontinuität des »Fremden« und »Anderen« repräsentieren. Systematisch ausgeblendet bleibt aber die andere Seite, eben jene, welche den deutschen Normalbetrachter *nicht* irritiert, *nicht* stört, *nicht* aufmerken läßt. Unsichtbar bleibt, mit anderen Worten, was die Migranten an Anpassungsleistungen tagtäglich erbringen und wie viele sich bemühen, die Anforderungen der neuen Umwelt mit ihren Gewohnheiten und Erwartungen zusammenzubringen; wie sie oft Elemente des einen mit Elementen des anderen zu verknüpfen versuchen, dabei ihre eigenen Formen des »Kulturmix« entwerfen, vielerlei Zwischenformen, Mischformen, Übergangsformen. Das mag vielfach gelingen, manchmal auch seltsame Mosaikmuster und schwer auszuhaltende Spannungen erzeugen. Aber für ein ausgewogenes Bild ist es in jedem Fall unerläßlich, auch diese Seite zur Kenntnis zu nehmen, nämlich all die Wandlungen, die biographischen Brüche und Sprünge, die das Leben der Migranten kennzeichnen. Und dies gilt nicht nur für kleinere, eher nebensächliche Fragen, sondern auch und gerade für zentrale Dimensionen des Lebens in der Familie: Vor dem Horizont der Interessen, Erwartungen, Wünsche, die durch das Leben im neuen Land entstehen und wachsen, wird auch neu ausgehandelt, was Familie ist und sein soll.[76]

Mann und Frau, Eltern und Kinder, was sind ihre jeweiligen Aufgaben und Pflichten? Wer bestimmt, was und wieviel, wer hat zu folgen, und was soll im Konfliktfall geschehen? Solche Themen, bekanntlich auch in der deutschen Mehrheitsbevölkerung verbreitet, führen in Migrantenfamilien in besonderer Weise zu Kontroversen, weil sie einem starken Modernisierungsdruck ausgesetzt sind. In der Folge kommt eine innere Dynamik in Gang, doch ist diese oft anderer Art, als der deutsche Betrachter vermutet. Nehmen wir das Beispiel, das in der Öffentlichkeit auf so viel Aufmerksamkeit stößt, nämlich die türkischen Familien und ihre Söhne und Töchter. Nach dem gängigen Vorstellungsbild regieren die Väter mit Strenge, ja kompromißloser Härte, fordern Gehorsam, unter-

drücken Frauen und Kinder, zwingen die Töchter in alte Rollen-
muster und arrangierte Ehen hinein. Weitaus differenzierter lesen
sich dagegen die Befunde aus aktuellen empirischen Studien: Demnach ist auch in den türkischen Familien viel in Bewegung geraten,
es zeigen sich deutliche Umbruchprozesse[77]. So unterstehen die
Lebenswege der Töchter nicht einfach dem Diktat und Willen des
Vaters, sondern werden eher zu einem Verhandlungsterrain, zum
Begegnungsort, vielleicht bisweilen auch Kampfplatz der Erzie-
hungsstile und Generationenbeziehungen, der verschiedenen Personen und ihrer jeweiligen Wünsche. Söhne wie Töchter berichten
von Offenheit und Toleranz im Verhältnis zu den Eltern; wo sie
von elterlicher Kontrolle berichten, werten sie diese durchaus positiv, als Ausdruck der Sorge und des Schutzes von seiten der Eltern;
insgesamt schildern sie die Familie nicht als Ort der Unterdrük-
kung, sondern als erlebte und lebendige Gemeinschaft, als »Ort der
Verhandlung und Unterstützung«.

Besonders deutlich wird der Wandel bei der Partnerwahl, wo
sich neue Mischformen der Entscheidungsfindung herausbilden.
Zum Beispiel sind es oft nicht mehr so sehr die Eltern, die als
Beziehungsstifter auftreten, sondern es sind junge Männer und
Frauen aus der deutsch-türkischen *peer group*, aus der Gruppe der
in Deutschland aufgewachsenen jungen Migranten, die untereinan-
der vermitteln und Kontakte anbahnen.[78] Wo dieses geschieht, ist
die Partnerwahl zweifellos nicht mehr patriarchalisch bestimmt;
aber sie ist ebenso auch nicht ganz individuell und beliebig. Vielmehr folgt sie sozialen Regeln eigener Art, die zum einen noch
eine Herkunftsbindung enthalten, ja diese Herkunftsbindung weiter bewahren – und die zum anderen nicht auf die Tradition der
Heimat sich zurückführen lassen, sondern erst im Diaspora-Leben
sich herausbilden, eine neue Stufe der Entwicklung einleiten. Darüber hinaus ist das in der Öffentlichkeit verbreitete Stereotyp der
»arrangierten Zwangsehe« nicht nur viel zu pauschal, sondern auch
viel zu deutschlastig, sprich aus der Lebens- und Vorstellungswelt
der stärker individualisierten deutschen Mehrheitsgesellschaft gedacht. In ihm wird ein Gegensatz zwischen Willen der Eltern und
Willen der Kinder unterstellt, der in der Mehrheit der türkischen
Familien so gar nicht aufkommt, und zwar aus doppeltem Grund.
Zum einen werden bei einer so entscheidenden Frage heute auch

türkische Eltern sich kaum ganz über die Gefühle und Wünsche der Kinder hinwegsetzen wollen. Von den Eltern erzwungene Heiraten sind, entgegen gängigen Klischees und einseitigen Medienberichten, unter den türkischen Migranten in Deutschland eine seltene Ausnahme.[79] Zweitens ist es für junge Frauen türkischer Herkunft vielfach unüblich, allein Diskotheken oder ähnliche Freizeiteinrichtungen zu besuchen. Von daher kommt Zusammenkünften im Verwandtschaftskreis, entsprechenden Festen und Feiern eine besondere Bedeutung zu, sie sind naheliegende Orte zum Kennenlernen von Gleichaltrigen. Wenn bei solchen Gelegenheiten sich junge Männer und Frauen verlieben, ist dies kaum überraschend, vielleicht auch durchaus erwünscht. Aber das heißt noch lange nicht, daß Ehen, die in einem solchen Rahmen entstehen, deshalb »arrangiert« sind im engeren Sinn – bzw. in dem Sinn, den die Deutschen damit verbinden.[80] Drittens, und das ist für deutsche Betrachter besonders ungewohnt und überraschend, sind junge Männer und Frauen türkischer Herkunft selbst durchaus offen für einen gewissen Einfluß seitens der Familie und Eltern, wenn es um Partnerwahl geht. Ganz allein auf sich selbst gestellt sein, ganz allein suchen und entscheiden zu müssen, erscheint ihnen nicht als wünschenswert, sondern eher als schwierig, sie haben lieber Rat und Unterstützung von der Familie.[81] Dies zeigt zum Beispiel eine Studie von Gaby Straßburger, die die Partnerwahl bei der zweiten Migranten-Generation untersucht hat. Nach ihren Befunden lehnen die meisten Angehörigen der jüngeren Generation die arrangierte Ehe nicht völlig ab, sondern neigen zu einem abwägenden Urteil, in dem sie zwischen verschiedenen Formen des Familieneinflusses genau unterscheiden.

»Sie lehnen zwar total arrangierte Ehen ab, können aber teilarrangierten Ehen durchaus positive Seiten abgewinnen. Während bei einer total arrangierten Ehe die künftigen Ehepartner nur ein symbolisches Veto besitzen, mit dem sie der Partnerwahlentscheidung, die zwischen den Familien gefallen ist, im nachhinein widersprechen können, kommt ihnen bei einer teilarrangierten Ehe wesentlich mehr Entscheidungsmacht zu. Die Formen teil-arrangierter Ehen sind variabel und reichen von Ehen, bei denen die Heiratskandidaten auf der Basis einer Vorauswahl, die von den Eltern getroffen wurde, entscheiden, wen sie heiraten möchten, bis zu Ehen, bei denen die Partner sich ohne aktives Zutun Dritter kennenlernen und beschließen zu heiraten, bevor sie sich um die Zustimmung ihrer Eltern bemühen und diese bitten, die Heirat für sie zu arrangieren.«[82]

Daß die Formen des familialen Zusammenlebens im Lauf der Migration sich verändern, mit den neuen Anforderungen und Umständen eine Mischung eingehen, das gilt offensichtlich nicht nur für die anfangs genannten vietnamesisch-amerikanischen Familien oder für Migranten in anderen Ländern. Es gilt auch und nicht zuletzt für viele Familien türkischer Herkunft, die heute in Deutschland ansässig sind. Auch hierzulande leben die Migranten nie in einem geschlossenen Raum, völlig abgetrennt von der sie umgebenden Mehrheitsgesellschaft. Ob Arbeitsplatz oder Schule, ob Konsum oder Freizeit, ob Behördengänge oder Gesundheitsversorgung, auf vielen Ebenen kommt es zu Begegnungen, wie eingeschränkt diese auch sein mögen. Auf Dauer kann dies nicht spurlos an den Migranten vorbeigehen: Früher oder später nehmen sie etwas von dem an, was die neue Umgebung an Angeboten, Erwartungen, Gewohnheiten hat. Aus deutschen wie internationalen Studien läßt sich ablesen, wie diese Entwicklung verläuft. Es kommen, so heißt es da, »kulturelle Zwischenwelten«[83] zustande, und in den transnationalen Gemeinden rund um den Globus bilden sich Lebensweisen heraus, die charakteristischerweise die Gestalt von Mischformen annehmen: »Es handelt sich nicht einfach um einen ›Diaspora-Lebensstil‹, der getreu die sozialen Muster der Herkunftsgesellschaft reproduziert, und es handelt sich auch nicht einfach um die schrittweise Annäherung an den … dominanten Lebensstil der Ankunftsgesellschaft.«[84] Hier vermengen sich Anatolien und Stuttgart, Sizilien und Nürnberg, und in der Folge finden wir was? Schwäbische Türken und italienische Bayern, die ein Arrangement herzustellen versuchen, in das sie Zutaten einbringen aus dem »Hier« und dem »Dort«, aus den Vorgaben ganz unterschiedlicher Kontexte mit ihren jeweiligen Optionen und Zwängen.

Von geographischer Nähe zu
transnationaler Gemeinschaft

In den letzten Jahrzehnten haben die Migrationsströme nicht nur quantitativ zugenommen, sondern oft auch eine andere Form angenommen. Während früher die Auswanderung meist ein einmaliges Ereignis im Lebenslauf war, auf Niederlassung und dauerhafte Anwesenheit in einer neuen Heimat gerichtet, finden wir heute, infolge veränderter Rahmenbedingungen, immer häufiger mehrfache Migrationsbewegungen im Lebenslauf, in zyklischen Rhythmen sich wiederholend. Wir finden, mit anderen Worten, immer mehr transnationale Migranten, oft über Jahre oder Jahrzehnte zwischen Herkunftsland und Ankunftsland pendelnd.[85] Dieses Muster hat sich in Deutschland bereits bei vielen der »Gastarbeiter« erkennen lassen, die in den fünfziger und sechziger Jahren aus Südeuropa einwanderten. Sie kamen erst mit befristeten Arbeitsverträgen und baldiger Rückkehrabsicht, doch dann wurde für viele, in allmählichen Schritten, ein transnationales Leben daraus. Seit den neunziger Jahren, seit Öffnung der zwischen Ost und West verlaufenden Grenzen, gilt dies auch für immer mehr Osteuropäer, darunter insbesondere osteuropäische Frauen, die mit Besuchsvisen einreisen, hier Tätigkeiten in privaten Haushalten aufnehmen, nach Ablauf des Visums ausreisen und bald wieder einreisen – auf diese Weise den Lebensunterhalt für die eigene Person und oft auch für die in der Heimat zurückbleibende Familie verdienend.

Von den biographischen Folgen ahnt der deutsche Betrachter kaum je etwas. Zu den klassischen Arbeitsmigranten, viele am unteren Ende der Schichthierarchie angesiedelt, besteht meist soziale Distanz; die neueren Arbeitsmigranten, oft ohne offizielle Arbeitserlaubnis sich durchschlagend, müssen möglichst unsichtbar bleiben; und deren in der Ferne weilende Familienmitglieder, in einem Land »Anderswo« angesiedelt, geraten erst recht nicht in den Gesichtskreis der Einheimischen hier. So bleibt dem Auge des Außenstehenden zumeist verborgen, wie hier ein tiefgreifender Gestaltwandel einsetzt, der unter Bedingungen der transnationalen Migration immer mehr Familien erfaßt – der selbstverständliche Normen, Regeln, Gewohnheiten familialen Zusammenlebens außer kraft setzt, ja in gewissem Sinne geradezu umkehrt.

Zu den klassischen Kennzeichen von Familie gehören räumliche Nähe und direkte Gemeinschaft, also »face-to-face«-Beziehungen im wörtlichen Sinn. Aber unter Bedingungen der transnationalen Migration, der institutionell gelenkten und beschränkten Wanderungsströme treffen wir auf weite Entfernungen und häufige Trennungen – Männer von ihren Frauen, Eltern von ihren Kindern, Geschwister von den Geschwistern getrennt –, oft über viele Jahre sich hinziehend, nicht selten auch wechselnde Konfigurationen annehmend. Damit werden die Gestalt und Bedeutung dessen, was weiterhin »Familie« genannt wird, unter der Hand neu definiert und interpretiert. Galt früher als Liebesbeweis, daß man zusammenbleibt, was immer auch kommt, so finden wir in der globalisierten Welt zunehmend das Gegenteil als Gebot: Wer seine Familie liebt, der verläßt sie oder teilt sie auf in wechselnden Formen, um anderswo die Grundlagen für eine bessere Zukunft zu schaffen.

In den USA wird das Thema solcher transnationalen Verflechtungen in der Forschung zunehmend entdeckt. Da existieren zum Beispiel Berichte über Familien asiatischer oder lateinamerikanischer Herkunft, die gezielt ein Netzwerk transnationaler Konstellationen und Lebensformen aufbauen, und zwar ganz nach Gesichtspunkten der Zweckoptimierung, der optimalen Einkommens- und Bildungschancen vor allem.[86] Während die Männer etwa zwischen Taiwan und den USA ständig pendeln, sind die Frauen in der Hauptwohnung in Los Angeles oder New York, und die Kinder besuchen vielleicht eine kanadische, britische oder US-amerikanische Privatschule. Auf diese Weise erwirbt man sich Aufenthaltsrechte und Pässe in verschiedenen Ländern und ist für alle Wechselfälle des politischen und wirtschaftlichen Lebens gewappnet. Freilich ist fraglich, wie die Familien diesen Spagat über Länder und Kontinente hinweg überstehen, wie lang sie ihn aushalten. Weitaus mehr Materialien liegen schon vor über Migranten am anderen, unteren Ende der Sozialhierarchie, vor allem über Hausarbeitsmigrantinnen aus Lateinamerika, den Philippinen oder Sri Lanka, die in der Heimat oft Kinder zurücklassen, um für die Mittelschicht-Familien der reichen Nationen den Haushalt zu führen und deren Kinder zu hüten. Von »Global Care Chains«, – zu deutsch etwa: globalen Netzwerken der Erziehungsarbeit – spricht Arlie Russell Hochschild, weil für die im Ausland arbeitenden Mütter dann in der Heimat andere Frauen einspringen müssen, um für deren temporär mutterlos gewordenen Kinder zu sorgen. Es sind oft Verwandte, die einspringen, Großmütter, Tanten, Schwestern; manchmal sind es auch noch ärmere Frauen, die gegen Geld arbeiten, aber dann wiederum für ihre eigenen Kinder entsprechend weniger da sind.

»Such chains often connect three sets of care-takers – one cares for the migrant's children back home, a second cares for the children of the woman who cares for the migrant's children, and a third, the migrating mother herself, cares for the children of professionals in the First world. Poorer women raise children for wealthier women while still poorer – or older or more rural – women raise their children.«[87]

In dieser Situation, so argumentiert eine Studie über lateinamerikanische Hausarbeitsmigrantinnen, entstehen neue Formen von Mutterschaft, Formen einer »transnationalen Mutterschaft« nämlich.[88] Diese beinhalten eine Abkehr von Vorstellungen und Erwartungen, die uns ganz selbstverständlich sind. Denn auch wenn die moderne Gesellschaft zunehmend bereit ist, Mütter in unterschiedlichen Lebensformen zu akzeptieren – berufstätige Mütter, alleinerziehende Mütter, lesbische Mütter –, so hielt doch eine Erwartung immer sich durch, blieb selbst in feministischen Diskussionen bestehen, die Erwartung nämlich, daß Mütter mit ihren Kindern zusammenleben, eng räumlich verbunden. Unter den Bedingungen einer sich globalisierenden Welt wird nun auch hier eine radikale Wende vollzogen. Statt direkter leiblicher Nähe Mutterschaft auf Distanz, Mutterschaft über weite Fernen hinweg: »long-distance-mothering«, wie Michele Ruth Gamburd das nennt.[89] Und, man stelle sich vor, es sind ausgerechnet Migrantinnen – also Frauen, bei denen wir so gern Traditionsnähe vermuten –, die diese Wende einleiten und transnationale Formen von Mutterschaft leben.

»In California, ... paid domestic work has become a Latina immigrant women's job ... Taking on these wage labor duties often requires Latina workers to expand the frontiers of motherhood by leaving their own children for several years. ... Transnational mothering situations disrupt the notion of family in one place and break distinctively with ... the ›epoxy glue‹ view of motherhood.

Latina transnational mothers are improvising new mothering arrangements that are borne out of women's financial struggles for themselves and their children.«[90]

Für Deutschland gibt es bezeichnenderweise bislang noch kaum Untersuchungen, die die transnationalen Verflechtungen solcher Familien systematisch zum Gegenstand machen. Und dies, obwohl mittlerweile zahllose Studien etwa zum Stichwort »Gastarbeiter« existieren. Aber die befassen sich beim näheren Hinsehen meist mehr bis minder ausschließlich mit dem Thema »Gastarbeiter in Deutschland«, machen halt also an den nationalstaatlichen Grenzen, so als würde das Leben und die gesellschaftliche Wirklichkeit der Arbeitsmigranten an den Grenzpfählen der Bundesrepublik enden und jenseits davon ein dunkles Niemandsland sein. Es dominiert also ein nationalstaatlicher Blick, und diese Art des methodischen Ansatzes – der methodische Nationalismus als Selbstbeschränkung der Wirklichkeitskonstruktion – hat Folgen für die Befunde.[91] Vielleicht liegt es auch daran, warum das Bild von der traditionellen Migrantenfamilie hierzulande besonders hartnäckig sich durchhalten kann: weil viele Forscher die Welt jenseits der Grenzen, wo man mit anderen Lebensformen, Gewohnheiten, Erwartungen konfrontiert werden könnte, gar nicht erst wahrnehmen.

4. Transnational, nicht traditional

Ein Fazit zeichnet sich ab. Tradition, Religion, Familie, sie alle bieten im Diaspora-Leben Zusammenhalt und soziale Gemeinschaft, einen Anker der Identität. Und sie alle sind in Bewegung geraten, machen einen Bedeutungs- und Gestaltwandel durch – je nach Gruppe und Aufnahmeland in schnellerem oder eher langsamem Tempo, in größeren Sprüngen oder in eher leisen und schleichenden Formen.

Von den sich hier vollziehenden Entwicklungen nimmt die deutsche Öffentlichkeit, und auch ein Teil der deutschen Soziologie, nur bestimmte Ausschnitte wahr, nämlich die, die ins vorgängige Weltbild hineinpassen. Migranten sind anders! So tönt es bei vielen. Demnach sind die Migranten fest eingebunden in ihre überkommene Tradition und Herkunftskultur und werden für alle Dauer drin bleiben. Wo solche Annahmen vorherrschen, werden Migranten für immer ins Kästchen der »Fremden« eingesperrt: Fremd waren sie gestern, fremd sind sie heute, und fremd werden sie in Zukunft auch sein. Woraus solche Vorstellungsbilder entstehen, habe ich zu zeigen versucht. Vor allem auf folgende Elemente bin ich im Verlauf meiner Analyse gestoßen:

Zum einen ist der in der öffentlichen Wahrnehmung vorherrschende Blick meist selektiv. Stets gilt das Interesse vor allem dem »Anderen«, dem, wodurch die Migranten als Exoten und Fremde sich zeigen. Dagegen rückt kaum ins Bewußtsein, wenn die Migranten ähnlich leben wie die Einheimischen, wo sie in Alltag, Arbeitswelt, Freizeit durch ihre Gewohnheiten nicht auffallen, sich im Normalgetriebe nicht als sperrig und störend erweisen.

Ebenso ist der in der öffentlichen Wahrnehmung vorherrschende Blick ganz der Oberfläche verhaftet. Man stellt bestimmte Einstellungen oder Verhaltensmuster der Migranten fest, ohne nach deren Lebenswelt und ihren Anforderungen zu fragen. In diesem Sinne ist nicht zuletzt immer wieder davon die Rede, die Migranten würden die Sitten und Bräuche der Heimat bewahren. Familienbindung, Religionsbindung, Traditionsbindung erscheinen nur als Verlängerung alter Gewohnheiten, als Mitbringsel aus der Heimat. Dagegen bleibt unsichtbar, in welchem Ausmaß Familienbindung, Religionsbindung, Traditionsbindung eine Antwort auf das Leben in der Diaspora sind: wie sehr sie zum einen die biographischen Brüche und Unsicherheiten widerspiegeln, die zur Migrationssituation fast immer gehören; und wie sehr sie zum anderen, und dies ganz besonders, eine Reaktion auf die Art der Aufnahme im Ankunftsland darstellen, die dort erfahrene Zurückweisung, Ablehnung, Diskriminierung. Pointiert zusammengefaßt: Je mehr viele Migranten von den Deutschen Ablehnung erfahren – Abschiebung in die Rolle des Anderen –, desto mehr ziehen sie sich auf die Herkunftsgruppe zurück und werden, jetzt bewußt selber sich abgrenzend, »ausländisch« und »fremd«.

Soll das Projekt Einwanderungsland am Ende gelingen, dann ist dies nur möglich, wenn die in der Öffentlichkeit kursierenden Vorstellungsbilder über Migranten aus alten Stereotypen sich lösen. Will man der Lebenswirklichkeit der Migranten – und erst recht der ihrer Nachkommen, der zweiten und dritten Generation – näherkommen, kann man nicht nur auf das jeweilige Herkunftsland schauen, sondern muß man auch auf Deutschland den Blick richten. Man muß die Beschränkungen des mononationalen, monokulturellen Blicks überwinden und den Spannungsbogen zwischen den »Hier« und dem »Dort« in den Blick nehmen, in dem dies Leben sich aufbaut. Transnational, nicht traditional: so muß man die Lebensentwürfe und Lebensformen von Migranten begreifen.

Kapitel 2

Das traurige Lied von der armen Ausländerfrau

> »Sozialwissenschaftliche Bücher, populäres Lesematerial
> und Artikel über Türkinnen in Deutschland stützen sich
> hauptsächlich auf … frühere Publikationen über türkische
> Frauen in der Türkei …, die sich wiederum auf andere der-
> art verallgemeinernde Publikationen stützen. In diesem
> Prozeß verhärten sich partikulare Meinungen zu festste-
> henden Wahrheiten, werden Behauptungen mit der Zeit in
> ›bekannte‹ und ›akzeptierte‹ Tatsachen transformiert …
> Der deutsche Diskurs über türkische Frauen trägt Anzei-
> chen von bemerkenswerter Nachlässigkeit; Spekulationen
> werden als Gewißheiten ausgegeben … Wenn es um türki-
> sche Frauen geht, scheint man ohne intellektuelle Genau-
> igkeit auskommen zu können; Annäherungen genügen.«
>
> *Die Sozialwissenschaftlerin*
> *Yolanda Broyles-Gonzáles 1990*[92]

In einem Roman des indisch-britischen Autors Hanif Kureishi
heißt es: »The immigrant is the Everyman of the 20th century«, der
Einwanderer ist der Jedermann des 20. Jahrhunderts.[93] Dieser Satz
gilt nicht nur für das 20., sondern mindestens ebenso für das
21. Jahrhundert, und er gilt nicht nur für Männer, sondern mindestens ebenso auch für Frauen. Sie, die Migrantinnen, bilden heute
eine besonders schnell wachsende Gruppe. Sie reisen über Länder,
ja über Kontinente hinweg, und dies nicht nur auf dem Weg des
Familiennachzugs, sondern immer häufiger in aktiver, eigener Regie – zum Beispiel als Hausarbeitsmigrantinnen, zum Beispiel als
Heiratsmigrantinnen.

Doch was wissen wir überhaupt über Migrantinnen? Erst ein
paar Jahre ist es her, da nannte ein Bericht, vom UN-Sekretariat
verfaßt, Migrantinnen die »unsichtbare Hälfte«.[94] Das ist insofern
sicherlich zutreffend, als beim Thema Migration, ähnlich wie bei
anderen Themen, zunächst die Männer im Mittelpunkt standen.
Aber umgekehrt bildeten sich früh auch schon Bilder über Migrantinnen heraus, wonach diese, die zuwandernden Frauen, durch
besondere Merkmale gekennzeichnet sind. Es sind Merkmale, die

sie auffallend von den einheimischen Frauen abheben. Vormodern, rückständig, unterdrückt: So oder ähnlich lauten die Stichworte, die zum Grundrepertoire entsprechender Vergleiche gehören.

1. Die Kopftuch-Frau: Rückständig und unterdrückt?

Das Bild von der ausländischen Frau ist hierzulande vor allem ein Bild von der türkischen Frau, zum einen weil die Türken die zahlenmäßig größte Zuwanderergruppe darstellen, zum anderen weil sie in den Augen der Deutschen in besonderem Ausmaß Fremdheit repräsentieren. Was diese Fremdheit ausmacht, was da so auffallend ist, wird anschaulich beschrieben in einem Text von Susanne von Paczensky. Ihr Text bildet das Vorwort zu einem Buch über türkische Frauen, das 1978 erschien, und zwar in der populären Reihe »Frauen aktuell« des Rowohlt Verlags, wo es hohe Auflagen erreichte.[95] Weil Paczenskys Beschreibung sich sehr eingängig liest, gleichzeitig alle klassischen Zutaten enthält, will ich ausgiebig daraus zitieren.

Anrührende Beschreibung

»In der Bundesrepublik und West-Berlin leben rund eine Million Türken, und etwa ein Drittel davon sind Frauen. Sie wohnen mitten unter uns, durchaus nicht unsichtbar, im Gegenteil: durch Kopftuch und Blumenhose, durch Mimik und Verhalten deutlich sichtbar, augenfällig ausgesondert. Sie sind ausgesondert, das heißt, sie sind sonderbar… Langsamer als all die anderen Zugewanderten aus südlichen Ländern lassen sie sich auf Sprache, Kleidung, Umgangsformen ihrer deutschen Nachbarn ein; zögernder noch als ihre Männer, ihre Söhne nehmen sie den Kontakt zur Umwelt auf. Wer mit türkischen Familien zu tun hat, … der erlebt, daß die Begegnung nur mit den Männern stattfindet. Die Frauen mögen körperlich anwesend sein, sie bleiben sprachlose Kulisse. Oft kommt nicht einmal ein Blickkontakt zustande. Natürlich gibt es Ausnahmen, … doch die sind selten. Die überwiegende Mehrzahl der Frauen, die bei uns Arbeit sucht, stammt vom Lande, aus den abgelegen Dörfern Anatoliens, und diese Herkunft haftet ihnen deutlich an. Als unverdauliche Fremdkörper leben sie nun in unseren Städten … Sie stehen vermummt beieinander, sprechen eine unverständliche Sprache, kochen unbekannte Speisen. Sie gehen demütig zwei Schritte hinter ihren Männern her, und selbst die eigenste Domäne der Frau, den Einkauf von Lebensmitteln oder Kleiderstoffen, überlassen sie ihren Männern oder Kindern.«[96]

Migrantinnen, wie Paczensky sie darstellt, sind also nicht einfach unsichtbar, nein, umgekehrt: sie sind auffallend, weil sie so unzugänglich, so undurchdringlich, so sprachlos erscheinen. Und natürlich sind sie eines vor allem, sie sind unterdrückt. Das Buch, zu dem Paczensky die Einleitung schreibt, trägt den Titel *Die verkauften Bräute*.[97] Was soll das heißen? Es heißt, so Paczensky, daß viele der Frauen »weder lesen noch schreiben können, daß sie als halbe Kinder in die Ehe verkauft wurden, daß der Ehemann gegen den Brautpreis die unbedingte Unterwerfung seiner Frau erwarb – das heißt schließlich auch, daß die meisten Frauen gar nicht gefragt wurden, ob sie nach Deutschland auswandern wollen. Solche Entscheidungen werden ausschließlich im männlichen Familienrat gefällt. Als verkaufte Bräute kamen sie ohne ihr Zutun in unsere Städte, unsere Betriebe.«[98]

Mit seinem einfachen Strickmuster mag der Text von Paczensky heute schwer erträglich erscheinen. Aber er paßte hinein in das damalige feministische Weltbild; und wohl auch in mein eigenes Weltbild, als ich Ende der siebziger Jahre das Buch las und mit vielen Anmerkungen versah. Beschreibungen dieser und ähnlicher Art enthalten eine für die damalige Zeit charakteristische Tonlage, besonders ausgeprägt in vielen der Studien aus Sozialarbeit und Sozialpädagogik, die sich mit Ausländern im allgemeinen und ausländischen Frauen im besonderen befassen. Solche Arbeiten sind meist von bester Absicht geleitet, doch basieren sie oft auf äußerst dürftigen Kenntnissen, die den großen Abstand zwischen den deutschen Frauen und ihren türkischen Studienobjekten verraten. Zwar wird, jedenfalls in der wissenschaftlichen Diskussion, inzwischen zunehmend Kritik formuliert an der Oberflächlichkeit solcher Wahrnehmungs- und Darstellungsweisen.[99] Aber Vorurteile, man weiß es, leben lang und beharrlich. So ist das öffentliche Bewußtsein bis heute von jenen frühen Texten geprägt, und auch in manchen Bereichen der Wissenschaft finden wir weiterhin Spuren davon. Immer wieder, immer noch treffen wir auf die arme Ausländerfrau, unfrei und unterdrückt. Ähnlich schwer ist das Los ihrer Töchter, diese sind – so der Originalton einer einschlägigen Studie – »einsam und oft verzweifelt, sie fühlen sich eingeengt, kontrolliert, überwacht«.[100]

Gerechte Empörung

Der Anwerbevertrag mit der Türkei wurde 1961 geschlossen. So war es wohl gegen Ende der sechziger Jahre, als türkische Frauen im deutschen Straßen- und Stadtbild häufiger wurden. Das war gleichzeitig die Zeit, als in der jüngeren Generation der deutschen Frauen ein Aufbruch begann. Viele wollten heraus aus der Enge des Hausfrauenlebens, sie wollten hinein in Beruf und Öffentlichkeit, sie wollten keinen Gebärzwang, wie sie es nannten – kurzum, sie wollten die Emanzipation, und dies mit dem Pathos und Eifer, der jeden Aufbruch begleitet. Zugegeben, die meisten wollten wohl nur ein Stück mehr privaten Freiraum gewinnen. Aber einige wollten noch mehr, nämlich die Gesellschaft gründlich verändern, und vor allem die Lage der Frauen in ihr. Die Zielrichtung läßt sich deutlich in der von Paczensky herausgegebenen Buchreihe erkennen. Das Leitmotto der Reihe beginnt mit dem programmatischen Satz: »Wir gehen davon aus, daß der Kampf um Menschenrechte notwendig auch ein Kampf um Frauenrechte sein muß«.[101]

Nun ist dieser Satz, allgemein und grundsätzlich betrachtet, sicher auch heute noch richtig. Die Frage ist nur, ob er immer richtig angewandt wurde – und vor allem auch, ob er *damals* immer richtig angewandt wurde. Weil sie selbst gerade begannen, sich aus traditionellen Bindungen zu lösen, mußte den deutschen Frauen das Los türkischer Frauen – oder jedenfalls das, was sie wahrnahmen davon – um so stärker zwangsbestimmt, um so unerträglicher erscheinen. Wollte man den Kampf um Menschenrechte, um Frauenrechte nicht bloß als Kampf für eigene Privilegien verstehen, gehörte dazu auch der Kampf gegen die Unterdrückung der türkischen Frau, der türkischen Schwestern. Ein Gefühl der gerechten Empörung kennzeichnet deshalb die Texte der damaligen Zeit.

Nochmals Susanne von Paczensky: »Auf der Rangleiter der Diskriminierung nehmen sie [die türkischen Frauen] den schlechtesten Platz ein. Wenn schon die Türken allgemein den geringsten sozialen Status unter allen Gastarbeitern haben, wenn schon die türkischen Kinder die schwersten Integrationsprobleme aufwerfen, so stehen die türkischen Frauen noch eine gute Stufe darunter. Sie stehen so weit unten, daß sie allem Anschein nach unsichtbar sind.«[102] Und ähnlich Andrea Baumgartner-Karabak/Gisela Landesberger, die Autorinnen des Buchs über die sogenannten verkauften Bräute. Gänzlich düster, ja hoffnungslos liest sich bei ihnen die Lage der türkischen Frauen: »Ihre Situation als Ausländerin in Deutschland ist gekennzeichnet durch die schlechtesten Wohnbedingungen, die größten Sprachschwierigkeiten und die stärkste Ablehnung von seiten der deutschen Bevölkerung. Als türkische Arbeiterin ist sie der ständigen Angst vor Entlassung ausgesetzt, steht sie in harter Konkurrenz zu den deutschen Arbeiterinnen. Als ungelernte Arbeiterin unterliegt sie den schlechtesten Arbeitsbedingungen und erhält die niedrigsten Löhne. Als Hausfrau leidet sie von allen türkischen Frauen am stärksten unter der Isolation und ist am meisten der Willkür des Mannes ausgeliefert. Als berufstätige Frau und Mutter erfährt sie eine noch stärkere Doppelbelastung als deutsche Frauen. Für die alleinstehende Frau wie auch für die geschiedene besteht die Gefahr, durch ihre Unselbständigkeit, Unsicherheit und Gutgläubigkeit von Männern ausgenutzt zu werden. In der Situation der türkischen Mädchen kommt der Widerspruch zwischen den alten und den neuen Werten und Normen am schärfsten zur Geltung.«[103]

Dies ist kein beliebig herausgegriffenes Einzelbeispiel, sondern typisch für viele Texte aus der damaligen Zeit, aus der deutschen Frauenliteratur und Frauenbewegung. In Darstellungen, die sich nicht auf bloße Beschreibung beschränkten, sondern eine genauere Analyse zu entwickeln versuchten, wurde ein eigener theoretischer Ansatz daraus. In seinem Zentrum steht das Stichwort von der »dreifachen Unterdrückung«: Demnach sind ausländische Arbeitnehmerinnen einmal als Frauen, dann als Arbeiterinnen und zum dritten als Ausländerinnen diskriminiert.[104]

Nun ist zweifellos richtig, daß Migrantinnen oft in besonderer Weise Belastungen ausgesetzt sind, und entsprechend gerechtfertigt, ja notwendig ist es, den Blick darauf zu lenken. Dennoch sind aus heutiger Sicht die meisten der damaligen Texte, die sich der Migrantinnen und ihrer Nöte annehmen wollten, durch erhebliche Verzerrungen, Verengungen, Fehlannahmen belastet. Wenn man ihre Grundlagen genauer betrachtet, stößt man auf einige wenige, sehr dürftige und methodisch höchst fragwürdige Quellen, die so lange zitiert wurden, bis sie den Charakter anerkannter Tatsachen annahmen.[105] Auch wurde besonders häufig und gern aus der Praxis von Beratungsstellen berichtet. Aber daß solche Berichte äußerst einseitig, ja selektiv sind – weil an Beratungsstellen diejenigen Migrantinnen sich wenden, die sich in schwierigen Notlagen befinden –, dieser Umstand schien lange Zeit weder die Autorinnen noch die Leserinnen zu stören. Und so konnte sich ungehindert die Botschaft verbreiten, das Leben der Migrantinnen insgesamt sei unglücklich und bemitleidenswert.[106]

Wenn solche Darstellungen heute nicht mehr selbstverständlich akzeptiert werden, sondern zunehmend zum Gegenstand der Kritik werden, so liegt dies vor allem an zwei Entwicklungen. Zum einen hat die Frauenbewegung und Frauenforschung neue Einsichten gewonnen, nicht zuletzt das Repertoire ihrer eigenen Annahmen kritisch gesichtet. Zum anderen sind neue Diskussionsteilnehmerinnen dazugekommen, Frauen nämlich, die selbst einen Migrationshintergrund haben und von daher über die Erfahrungen und Perspektiven einer transnationalen Lebenswelt verfügen. Die Kritik, die daraus entstand, läßt sich zusammenfassend auf drei Hauptpunkte bringen.

– Opferperspektive: Die erste und vielleicht offensichtlichste Schwierigkeit ist, daß Texte der beschriebenen Art Migrantinnen immer nur aus einem Blickwinkel sehen, als passive Opfer – Opfer der deutschen Gesellschaft, Opfer der türkischen Männer, Opfer der kapitalistischen Wirtschaft. Nie dagegen treten Migrantinnen als aktiv Handelnde in Erscheinung, nie als Personen, die eigene Wünsche und Hoffnungen entwickeln, die selbst einmal planen, Entscheidungen treffen, diese Entscheidungen auch durchzusetzen versuchen – unter wie widrigen Umständen auch immer –, dabei eigene Strategien entwerfen, mit List, Zähigkeit, Durchsetzungsvermögen. Der deterministische Blick verweigert der »armen Ausländerfrau« jede eigene Regung, jede Individualität, jeden Anflug von Freiheit: unvorstellbar, daß sie auch einmal lacht, liebt, Freude empfindet. Nur zu einem scheinen die Migrantinnen in der Lage zu sein, nämlich in der Monotonie ihres Unglücks zu leben und dies Unglück zu tragen. Die Reflexion dagegen ist den deutschen Frauen vorbehalten. Ihr Motto heißt: Wir wissen, wie es dir geht.[107]

– Überlegenheitsattitüde: Ein derartig mitleidiger Blick hat immer auch etwas Herablassendes, er kommt von oben. Und hier genau liegt das nächste Problem. Viele der einheimischen Frauen in Frauenbewegung, Sozialarbeit, Sozialwissenschaft haben Migrantinnen als Problemgruppe definiert, die der Betreuung und Richtungsweisung bedarf. Sie neigen dazu, sich den Migrantinnen gegenüber als überlegen zu fühlen und zu verhalten, und das manchmal stillschweigende, manchmal auch offen ausgesprochene Credo heißt dann: Wir wissen, was für dich gut ist.[108] Das aber ist nichts anderes als eine neue Variante jenes alten Paternalismus, den die Frauen aus Frauenbewegung und Frauenforschung den Männern einst vorwarfen – und den sie jetzt selber betreiben. Ein solches Verhalten ist charakteristisch für hierarchische Strukturen, für die wohlwollende Herablassung von Statushöheren gegenüber Statusniederen. Im Klischee gesprochen: »Die gut ausgebildete, sozial und sprachlich kompetente Deutsche kümmert sich um die ... ›defizitäre‹ Migrantin«.[109] Nun sind aber Migrantinnen in Wirklichkeit keineswegs alle so passiv, so abhängig, so unterdrückt, wie viele der deutschen Helferinnen gern meinen. Vielmehr wächst seit einigen Jahren die Zahl der Frauen, die Migrantenfamilien entstammen, aber allen Widerständen zum Trotz sich im deutschen Bildungssystem erfolgreich durchgesetzt haben und nun selbständig und selbstbewußt ihren Weg gehen. Gerade diese jüngeren Frauen mit Migrationshintergrund haben den herablassenden Ton der selbsternannten deutschen Schwestern oft satt. Viele wehren sich gegen das, was sie als »Überlegenheitsattitüde«[110] der deutschen Frauen begreifen: »Sie setzen sich gegen die gutgemeinte Fürsorge zur Wehr.«[111]

– Ethnozentrismus: In den radikalen Anfängen der neuen Frauenbewegung galt die Familie oft vor allem als Ort der Unterdrückung der Frau, dagegen lag in der Teilnahme an Beruf und Öffentlichkeit der eigentliche Akt der Befreiung. Emanzipation wurde gleichgesetzt mit Beruf, und wenn die arme Ausländerfrau nicht berufstätig war – natürlich weil ihr Mann, der türkische Patriarch, das nicht zulassen wollte –, dann war dies ein weiterer Beweis ihrer Unterdrückung. Gegen solche vereinfachenden Annahmen kommt Kritik wiederum aus den Reihen der Frauen mit Migrationshintergrund. So zum Beispiel Yasmin Karakaşoğlu. Sie verweist auf einen bezeichnenden blinden Fleck in der Wahrnehmung der deutschen Betrachter: Während die, ihren vorgefaßten Urteilen folgend, meist unterstellten, das Veto des türkischen Ehemanns sei der Hinderungsgrund, lag die entscheidende Barriere oft an ganz anderer Stelle. Die Vorschriften des deutschen Ausländergesetzes waren es, die den Berufswunsch der ausländischen Frauen nicht selten zum Scheitern brachten.

Die vorherrschende Betrachtungsweise »klammerte die spezifischen Arbeitsmarktbedingungen für Familiennachzugsfrauen aus, deren Status lange sowohl aufenthalts- wie arbeitsrechtlich vom Ehemann abhängig war. Die Wartezeitregelung für eine Arbeitsaufnahme von nachgezogenen Familienmitgliedern aus Nicht-EG-Ländern wurde erst … 1991 aufgehoben. Darüber hinaus erschweren drei weitere Faktoren die Erwerbstätigkeit dieser Frauen: Das InländerInnenprimat bei der Arbeitsplatzvergabe, die Bevorzugung von EU-Ausländern gegenüber Nicht-EU-Ausländern und die Erteilung der Arbeitserlaubnis nur nach Lage und Entwicklung des Arbeitsmarktes. Angesichts solcher massiver gesetzlicher Einschränkungen ist es nicht zulässig, die Beteiligung am außerhäusigen Erwerbsprozeß auf die Willensentscheidung der Frau und ihres Ehemannes zu reduzieren.«[112]

In der neueren Migrationsdebatte setzt darüber hinaus allmählich die Einsicht sich durch, daß die Gleichsetzung von Emanzipation mit Berufstätigkeit auf einem westlich geprägten Modell von Modernität basiere, das nicht umstandslos anwendbar sei auf Frauen gleich welcher Herkunft und Lebensumstände.[113] Warum das so ist, wo das westliche Modell wiederum blinde Flecken aufweist, erläutert Yasemin Karakaşoğlu:

»Sozialarbeiter und Sozialwissenschaftler in Deutschland konzentrieren sich bisher sehr einseitig auf außerhäusige Erwerbstätigkeit und zu wenig auf innerfamiliäre Wandlungsprozesse. Zu linear wird die in westlichen Industriegesellschaften übliche Einteilung vom gesellschaftlich wichtigen Ort der Öffentlichkeit – gleichgesetzt mit Wirkungsbereichen der Männer – und dem gesellschaftlich weniger wichtigen Ort der Privatheit – gleichgesetzt mit dem Wirkungsbereich der Frauen – auf die Migrantenfamilien übertragen. Gerade im privaten Bereich der Familie vollziehen sich aber die – überwiegend für Außenstehende unsichtbaren – nachhaltigen gesellschaftlichen Veränderungen«.[114]

Was meint Unterdrückung, was Befreiung im Leben von Frauen? Was ist für sie Glück, was ist Unglück für sie? Die deutschen Autorinnen der siebziger und achtziger Jahre meinten, dafür allgemeingültige Antworten zu haben. Daß diese Antworten aber einseitig sind, den Vorurteilen der eigenen Lage verhaftet, von einem besserwisserischen, selbstgerechten Ethnozentrismus geprägt – das ist der Vorwurf, der Gegenentwurf, der heute immer lauter sich äußert, und er wird vorgetragen vor allem von jüngeren Autorinnen, die nicht der deutschen Mehrheitsgesellschaft entstammen.[115]

Das Kopftuch als Symbol

Das Kopftuch, ach ja, das Kopftuch. Mehr noch als die Frage der Berufstätigkeit steht es im Zentrum der Debatten um die Migrantin/die arme Ausländerfrau. Das Kopftuch ruft zuverlässig Reaktionen hervor, die nach erwartbaren Mustern ablaufen. Das Kopftuch ist zum Symbol, Stichwort und Reizwort geworden, das Kontroversen auslöst, die Gemüter erhitzt und deutsche Gerichte beschäftigt.

Die Frage ist nur: Wofür steht das Kopftuch? In den Augen der Mehrheitsgesellschaft ist die Antwort eindeutig. In der öffentlichen Wahrnehmung erscheinen die Trägerinnen des islamischen Kopftuches stets als arme und unterdrückte Gestalten, eingebunden in das Joch einer Familie, die ihnen ein archaisches Symbol der Unterdrückung aufzwingt. Dagegen wird in Studien, die sich eingehend damit befassen, eine weit komplexere Geschichte erkennbar, mit vielfältigen und sehr unterschiedlichen Motiven. Und entgegen den üblichen Erwartungen zeigt sich: Gerade in der jüngeren Generation sind es oft die besonders aktiven, selbstbewußten, selbständigen Frauen, die sich für das Kopftuch entscheiden.

Und warum tun sie dies? Manche tun es wohl deshalb, weil sie auf diese Weise die Erwartungen zweier Welten zu einem eigenen Lebensentwurf verknüpfen können und weil sie damit in mehrfacher Hinsicht auch ein Stück Freiraum gewinnen – ihre besondere Art der Modernität. Wie Parekh schreibt: »Muslimische Migranten in Frankreich, Großbritannien und anderswo haben oft große Angst um ihre Töchter, sobald diese in die Schule eintreten oder in sonstiger Form sich in der Öffentlichkeit bewegen. Indem sie das Kopftuch tragen, zeigen die Mädchen ihrer Familie, daß sie Vertrauen verdienen und sich nicht von den Normen und Werten der Schule ›korrumpieren‹ lassen. Gleichzeitig formen die Mädchen sich damit die halböffentliche Welt der Schule um und schützen sich vor deren Zwängen und Versuchungen ... Das Kopftuch zeigt zunächst an, daß sie ›außer Reichweite‹ sind, und erlaubt ihnen damit, selbst darüber zu bestimmen, wie sie behandelt werden wollen. So hat das Kopftuch zugleich traditionelle und traditionsüberschreitende Bedeutung. Es eröffnet den Mädchen die Möglichkeit, sowohl die kulturellen Erwartungen ihres Elternhauses wie die der Öffentlichkeit umzugestalten«.[116] Wo das Kopftuch von seinen Trägerinnen derart eingesetzt wird, um angesichts verschiedenster äußerer Zumutungen ihren Weg selbst zu bestimmen, drückt sich darin also nicht eine rigide Traditionsbindung aus – sondern im Gegenteil ein Ritus des Übergangs, des subtilen Überschreitens von Grenzen. Indem er in den der Herkunftskultur angemessenen Bahnen verläuft, die »Listen der Ohnmacht«[117] aufnimmt, also die leisen, jedoch beharrlichen Widerstandsformen von Frauen, bleibt er dem Auge des außenstehenden Betrachters vielfach verborgen. Man muß sich auf die Lebenswelt der Migranten einlassen und ihr besonderes Generationenverhältnis, um zu verstehen, wie auch und gerade das Kopftuch eine Geschichte von »sozialem Wandel« und »interkulturellem Aushandeln«[118] enthält.

Darüber hinaus und vor allem ist das Kopftuch ein Ausdruck

der Religiosität, aber nein, eben nicht einer von außen aufgezwungenen Religiosität, sondern vielfach Ausdruck eines eigenen Lebensentwurfs; und zwar eines eigenen Lebensentwurfs, der sich nicht im Gegensatz zur modernen Gesellschaft versteht, sondern selbstbewußt Religion und Moderne verbindet. Hier wird das Kopftuch zum »Symbol einer eigenen Deutung der Moderne«.[119] Exemplarisch sichtbar wird diese Bedeutung in einer Studie von Sigrid Nökel, deren Titel lautet: *Die Töchter der Gastarbeiter und der Islam*.[120] Nökel lenkt unseren Blick auf einen neuen Typ von Musliminnen. Das sind Mädchen bzw. junge Frauen, die in Deutschland geboren bzw. aufgewachsen sind, nicht selten das Gymnasium besuchen und darauf bestehen, das Kopftuch als Bestandteil der religiösen Pflicht zu tragen; sie kombinieren selbstbewußt religiöse Symbole mit Zeichen der Massenkultur und Gläubigkeit mit Modernität. Es sind junge Frauen, die nicht das Kopftuch tragen müssen, weil die Eltern dies wollen; die sich nicht in den Nischen einer Parallelgesellschaft einrichten; die nicht dem Opferbild der unterdrückten Fremden entsprechen. Es sind junge Frauen mithin, deren Lebensentwürfe, Selbstbilder, Identitäten »sich mit dem begrifflichen Apparat der bestehenden Immigranten- bzw. Minderheitenforschung kaum angemessen erfassen lassen«, so Sigrid Nökel.[121] Während die deutsche Umwelt auf das Tragen des Kopftuchs meist mit Verwunderung, oft auch mit Enttäuschung reagiert, so als sei damit der Rückzug aus der modernen Gesellschaft angesagt, haben die jungen Frauen selbst alles andere als Rückzug im Sinn. Und die Verwunderung ihrer Umgebung ruft bei ihnen wiederum Verwunderung, ja Befremden hervor. Diese jungen Frauen »verstehen ihre Islamisierung nicht als Regression, sondern als Transgression, nicht als Minus, sondern als Plus ... Aus ihrer Sicht steht nicht die Frage der Integration zur Debatte. Wiederholt stellen einzelne Frauen in einem Tonfall der Verwunderung darüber, daß diese Frage überhaupt aufgeworfen wird, fest: ›Ich bin doch integriert!‹«[122] Und vehement wehren sie sich dagegen, in der breiten Öffentlichkeit kursierende Begriffe wie Ausgrenzung und Selbstausgrenzung auf das zu beziehen, was sie tun und denken.

»Zentral ist für sie vielmehr die Anerkennung als Subjekt, das willens und fähig ist, sich als authentisches Selbst zu gestalten und als solches zu handeln. Wenn, so lautet im Gegenzug ihre Frage, sie die Verantwortung übernehmen, sich zu einem authentischen Selbst zu bekennen, zu dem zufälligerweise islamokulturelle Wurzeln gehören, und sie den Mut aufbringen, sich dieser Tatsache, die auch eine Belastung ist, zu stellen, wieso ist es dann so schwierig, dieses anzuerkennen? Wo bleibt die praktische Toleranz des ... viel beschworenen Multikulturalismus?«[123]

Schließlich und nicht zuletzt ist das Kopftuch Ausdruck einer kulturellen Identität, einer transnationalen Zugehörigkeit, wie sie gerade unter Bedingungen der Migration vielfach entsteht.[124] Wo das Kopftuch diese Bedeutung annimmt, werden damit bewußt Zeichen, ja Gruppensignale gesetzt: Es geht darum, als Angehörige einer besonderen Gruppe erkennbar und sichtbar zu sein. Was bei muslimischen Frauen in Singapur sich beobachten läßt, gilt in übertragenem Sinn auch für muslimische Frauen in anderen Ländern, zum Beispiel in Deutschland: Das Kopftuch hilft der einzelnen Frau, sich mit den anderen Musliminnen und Muslimen zu identifizieren, die in Singapur eine kleine Minderheitsgruppe darstellen. »Indem sie das Kopftuch tragen, bekennen sie sich zu einer Kultur, die sich von der ... chinesischen Mehrheitsgesellschaft unterscheidet. Gleichzeitig steht das Kopftuch für eine Form der Globalisierung, weil es sie mit der riesigen islamischen Gemeinschaft weltweit verbindet.«[125]

Schaut man genauer hin, kann man hinter solchen Formen des Gruppenbekenntnisses zwei ganz verschiedene Motive erkennen. Zum einen kann das Gruppenbekenntnis in einem positiven Sinne geschehen, um das eigene kulturelle Erbe – oder was man darunter sich vorstellt, über die zeitliche und räumliche Entfernung hinweg – zu bewahren und zu betonen, zu inszenieren und zu demonstrieren. Zum anderen kann das Gruppenbekenntnis auch in einem negativen Sinne geschehen, um sich abzugrenzen von der Mehrheitsgesellschaft, sofern diese den Migranten unfreundlich, ablehnend, verächtlich begegnet. Wo letzteres stattfindet, kommt eine Dynamik der mehrfachen Ausgrenzung in Gang, der zunächst erlittenen, dann im Gegenzug selbst produzierten. Dies mag durchaus häufiger sein, als die Mehrheitsgesellschaft vermutet: Aus dem Blickwinkel von Migranten bzw. Minderheiten betrachtet, gibt es grundsätzlich zwei Möglichkeiten, sich mit Diskriminirung auseinanderzusetzen. Zum einen kann man versuchen, sich möglichst schnell an die Normen der Mehrheitsgesellschaft anzupassen, damit das Fremdsein nicht mehr auffällt. Diese Strategie scheitert jedoch nicht selten an äußeren Barrieren (zum Beispiel Aussehen, Geldmangel, Sprachschwierigkeiten), hat darüber hinaus hohe innere Kosten (Verlust von Gruppenbindungen, Vorwurf der Illoyalität). Deshalb spricht, je nach Umständen, oft viel für die zweite Möglichkeit: Man beginnt, sich stärker auf die jeweiligen kulturellen Wurzeln zu besinnen und die Andersartigkeit zu betonen.

Kulturelles Aushandeln und Übergangsritus; Religion, die sich mit Moderne verbindet; kulturelle Identität und Gruppenbekenntnis – so unterschiedliche Bedeutungen kann das Kopftuch annehmen. Wann besitzt es welche? Und wann signalisiert es tatsächlich jene andere Bedeutung, die die Angehörigen der Mehrheitsgesellschaft immer vermuten, nämlich Unterdrückung und Zwang? Eines zumindest steht zweifelsfrei fest: Auf diese Frage gibt es keine schnelle, einfache Antwort, unabhängig von allen gesellschaftlichen Rahmenbedingungen, unabhängig auch von den persönlichen Lebensumständen der Frau.[126] Das Kopftuch, schreibt Myfanwy Franks, die sich mit der Situation muslimischer Frauen in Großbritannien befaßt hat, als solches ist weder unterdrückend noch befreiend. Vielmehr gewinnt es seine Bedeutung erst durch die jeweiligen Umstände, und deshalb kann es selbst in ein und derselben Gesellschaft für unterschiedliche Gruppen von Frauen unterschiedliche Bedeutung besitzen, je nach Art ihres Glaubens und Vorgaben des Alltags, je nach Schichtzugehörigkeit, Einkommen und Bildung. »Die Situation ist viel zu facettenreich und zu vielschichtig, als daß man eine ein für allemal feststehende, allem Wandel entzogene Aussage abgeben könnte in bezug auf die Unterdrückung oder die Freiräume, die die Praxis der muslimischen Verhüllung enthält.«[127]

Das Kopftuch als Zeichen für die Unterdrückung der Frau? Am Kopftuch entzünden sich viele Debatten, am Kopftuch scheiden sich die Gemüter. Am Kopftuch, so wurde hier sichtbar, hängen viele Bedeutungen. Das zu erkennen und anzuerkennen fällt der Mehrheitsgesellschaft nicht leicht. Es fällt erst recht den Frauen der Mehrheitsgesellschaft nicht leicht, die oft reflexartig mit Ablehnung reagieren. Das Kopftuch führt uns vor Augen, was wir uns immer noch kaum vorstellen können: Es gibt verschiedene Wege in die Moderne, nicht bloß den einen, den wir selbst kennen und meinen.[128] Ebenso gibt es verschiedene Wege, als Frau selbstbewußt ein eigenes Leben zu leben – sei's mit Kopftuch, sei's ohne.

2. Heiratsmigrantinnen: Eingesperrt und ausgeliefert?

Im öffentlichen Bewußtsein ist die Kopftuchfrau das Beispiel schlechthin für die arme Ausländerfrau. Doch daneben ist seit einigen Jahren auch eine andere Gruppe präsent, die Neugier weckt, unseren Blick auf sich lenkt, in Mediengeschichten und Fernsehberichten in den Mittelpunkt rückt. Das sind die Heiratsmigrantinnen, nach Deutschland gekommen aus fremden Ländern, weil die Ehe mit einem westlichen Mann die Aussicht auf eine bessere Zukunft versprach. Dann aber, wir wissen es, wurden ihre Hoffnungen grausam enttäuscht ...

Auch hier lohnt sich eine genauere Prüfung.

Das Wohlstandsgefälle

Im Gefolge der weltweiten Wanderungsbewegungen ist, in Deutschland wie anderswo auch, auch die Zahl der Eheschließungen gestiegen, bei denen die Partner unterschiedlicher Nationalität sind.[129] Dazu zählen häufig auch Ehen, bei denen zwischen dem Herkunftsland des Mannes und dem der Frau ein deutliches ökonomisches Gefälle besteht – also, um nur ein paar der einschlägigen Beispiele zu nennen, US-Amerikaner mit Russin, deutscher Mann mit thailändischer Frau, Australier mit Philippina. Für Deutschland gibt es dazu genaue Zahlen. Sie belegen eindeutig: Auf der Präferenz-Skala der deutschen Männer, die Ausländerinnen heiraten, rangieren auf den vordersten Plätzen Frauen aus Fernost und Osteuropa.

Betrachtet man die Statistiken genauer, so fällt zweierlei auf: Zum einen macht sich offensichtlich die Wende bemerkbar: Solange der Eiserne Vorhang bestand, bildeten Frauen aus Fernost die

Ausländische Ehepartnerinnen deutscher Männer – Reihenfolge nach Herkunftsland

1987		2001	
1. Philippinen	1303	1. Polen	5263
2. Jugoslawien	1207	2. Thailand	2728
3. Österreich	1045	3. Russ. Föderation	2480
4. Polen	977	4. Ukraine	1997
5. Thailand	853	5. Rumänien	1903

Quelle: Statistisches Bundesamt

Ausländische Ehepartner deutscher Frauen – Reihenfolge nach Herkunftsland

1987		2001	
1. USA	2831	1. Türkei	5005
2. Italien	2131	2. Jugoslawien	2734
3. Türkei	1477	3. Italien	1895
4. Österreich	1159	4. USA	1255
5. Großbritannien	1068	5. Österreich	872
		6. Polen	872

Quelle: Statistisches Bundesamt

größte Gruppe; inzwischen sind Frauen aus Osteuropa an ihre Stelle gerückt. Zum anderen zeigen deutsche Frauen, die ausländische Partner heiraten, ganz andere nationale Präferenzen.

Täter und Opfer

Insgesamt wird deutlich, daß Männer relativ häufig Frauen heiraten, deren Herkunftsländer durch wirtschaftliche Probleme, Strukturumbrüche, unvollständige Modernisierung gekennzeichnet sind. Deshalb ziehen solche Verbindungen auch immer wieder die Aufmerksamkeit an, in Medien wie Öffentlichkeit. Hier rücken dann die Tätigkeiten professioneller Heiratsvermittler ins Blickfeld, die zum Teil speziell solche Verbindungen im Angebot haben. In den einschlägigen Annoncen liest sich das so:

Überemanzipation ade!
Reizende Damen aus Polen, CSFR, Ostd.
Aus: *Süddeutsche Zeitung*, 19./20.1992.

!!Die exklusive und außergewöhnliche Auslandsvermittlung!!
Ungarn – Bulgarien – Rumänien – GUS – Südamerika.
Treu, hübsch und liebenswürdig.
Schnelles Kennenlernen durch unkomplizierte Bearbeitung.
Aus: *Süddeutsche Zeitung*, 29./30. 8. 1992.

Internationale Eheanbahnung.
Wir organisieren Kontakte mit zärtlichen, treuen, häuslichen Frauen und
netten Männern aus St. Petersburg (deutsch oder englisch sprechend).
Günstige Konditionen, individuelle Betreuung und Vermittlung bis zum
Erfolg. Interessante Videointerviews.
Aus: *Süddeutsche Zeitung*, 5./6. 9. 1992.

Attr. Russinnen
deutsch/englischsprachig, voller Herz und Seele für Mann und Familie,
Sekretärinnen, Dolmetscherinnen, Akademikerinnen, wünschen seriösen Lebenspartner.
Aus: *Süddeutsche Zeitung*, 22./23. 8. 1992.

– Frauen aus Böhmen –
deutsch sprechend, attraktiv, bescheiden und sehr familiär, suchen ehrl.
Partner.
Sie brauchen uns nur Ihr Alter, Beruf, Fam.-Stand und Anschrift anzu-
geben.
Antwort kommt im neutralen Briefumschlag.
Aus: *Süddeutsche Zeitung*, 17./18. 10. 1992.

Vor dem Hintergrund solcher Statistiken, einschlägiger Medienberichte und Zeitungsannoncen geraten die Männer in ein wenig
günstiges Licht. Geschichten von Gewalt und Mißbrauch machen
die Runde, und die Vermutung heißt: Die entsprechenden Männer
sind beziehungsunfähig, sozial gestört, nicht zuletzt Emanzipa-
tionsgegner. Weil die westliche Frau ihnen zu selbständig ist, suchen sie sich eine Frau anderer Herkunft, die qua kultureller
Disposition und ökonomischer Position schwächer, bequemer,
williger ist. Falls aber die Frau die Erwartungen doch nicht erfüllt,
kann der Mann seine Macht gegen sie ausspielen: sie prügeln, einsperren oder in die Heimat zurückschicken. Kurzum, der Mann ein

recht unerfreulicher Zeitgenosse, ein Unterdrücker. Und die Frau sein hilfloses Opfer. Vielleicht sollte ich an dieser Stelle zugeben: Auch ich habe einst solche Darstellungen übernommen und eingefügt in mein Repertoire zum Thema Geschlechterverhältnisse. [130] Inzwischen bin ich da aber etwas vorsichtiger geworden. Warum sind mir Zweifel gekommen?

Problemfälle im Scheinwerferlicht

Zunächst zu den Heiratsannoncen: Diese werden in Auftrag gegeben von professionellen Heiratsvermittlern, und zwar von solchen, die sich auf diese Art binationaler Verbindungen spezialisiert haben. Nehmen wir einmal an, daß die Agenturen die Wünsche ihrer Klientel richtig beurteilen. Dann sagen die Annoncen bestenfalls etwas aus über diejenigen Männer, die sich auf die Dienste solcher sehr speziellen Agenturen einlassen. Doch das sind keineswegs *die* Männer, sondern eine bestimmte Auswahl: Hier sind vor allem die sozial schwächeren, wohl auch sozial weniger gewandten vertreten.[131] Sie sind es, die mit solchen Offerten angelockt werden sollen. Über alle anderen Männer und ihre Heiratsmotive erfahren wir nichts.

Dann zu den Medienberichten: Diese müssen anbieten, was die Leserschaft interessiert. Den Gesetzen der öffentlichen Aufmerksamkeit folgend, greifen sie Einzelfälle heraus, die spektakulär sind, exotisch, dramatisch. In den Medien der seriöseren Art geschieht die Berichterstattung oft auch in sozialpolitisch wohlmeinender Absicht, man will Mißstände aufdecken, den Opfern helfen, darunter speziell den weiblichen Opfern (nicht zufällig sind es oft Frauen – Filmemacherinnen, Journalistinnen –, die über Heiratsmigrantinnen aus ärmeren Ländern und ihre Partner berichten). So kommt aus den verschiedensten Motiven immer wieder eine ähnliche Auswahl zustande. Nicht die unauffälligen, durchschnittlich zufriedenen Paare werden öffentlich sichtbar. Erzählt wird die besondere Geschichte, und sie folgt oft einer stereotypen Rollenverteilung, etwa der Art: der gewalttätig prügelnde Mann und die hilflos geschundene Frau. Solche Konstellationen gibt es, das ist zweifellos richtig, und sie müssen aufgedeckt werden. Die

Frage ist nur: Wie typisch sind sie? Und wie sehr prägen sie am Ende das öffentliche Wahrnehmungsbild?

Schließlich die wissenschaftlichen Untersuchungen: Was im deutschen Raum an Studien vorliegt, ist zumeist stark praxisorientiert und vor allem problemorientiert.[132] Meist sind sie im Auftrag politischer Institutionen entstanden, und die Zielsetzung ist eindeutig: Verbrechen sollen bekämpft werden, und zwar Verbrechen an Frauen. Unter diesen Vorzeichen werden dann Prostitution, Menschenhandel, Heiratshandel zusammen betrachtet, und entsprechend ist der Zuschnitt der Studien. Befragt werden Frauen, die sich an Beratungsstellen wenden, und Sozialarbeiterinnen, die in Beratungsstellen und Frauenhäusern arbeiten. Zur Ergänzung des Materials werden Vernehmungsprotokolle, Anhörungsprotokolle sowie Strafverfahren ausgewertet. Das alles ist zweifellos notwendig, will man Mißstände aufspüren. Nur: Darüber, ob es auch eine Welt jenseits der Mißstände gibt, erfahren wir bei derartigem Vorgehen nichts. Wer Frauen befragt, die sich an Beratungsstellen wenden, wird Frauen finden, die Probleme haben und diese nicht mehr alleine bewältigen können. Wer polizeiliche Vernehmungsprotokolle und Strafverfahren auswertet, wer Kriminalpolizei und Staatsanwälte befragt, der wird auf Straftaten und Straftäter stoßen. Das verwundert uns nicht. Aber deshalb ist nicht jeder Mann, der eine Frau aus Rußland, Polen, Thailand heiratet, ein Straftäter. Und nicht jede Ehefrau, die aus einem solchen Land stammt, muß später im Frauenhaus Schutz suchen. Wie viele sind es? Die einzige Antwort heißt: Wir wissen es nicht.

Die Dringlichkeit solcher Studien liegt, wie gesagt, auf der Hand. Aber weil ihr Blickwinkel eingeschränkt ist, um nicht zu sagen einseitig, und weil nur in kurzen Passagen vermerkt wird, daß nicht alle Frauen Zwang und Unterdrückung erfahren, bleiben im Gedächtnis des außenstehenden Betrachters einfache und eben auch einseitige Bilder. Indem die Studien den Blick auf Mißstände lenken, vermitteln sie untergründig die Botschaft: Mißstände sind allgegenwärtig. Da kündigen Titel *Migrantinnenerfahrungen* oder *Mythos und Wirklichkeit auf einem bikulturellen Heiratsmarkt* an,[133] doch daß es um ganz bestimmte Gruppen von Migrantinnen und einen sehr spezifischen Heiratsmarkt geht, diese Differenz wird nicht jeder Leser erkennen. Meine Studentinnen jedenfalls erkannten sie nicht. Sie lasen immer wieder die eine Botschaft heraus, die wohlbekannte: Mann mit polnischer/russischer/thailändischer Frau, das bedeutet Gewalt, Unterdrückung, Ausbeutungsverhältnis.

Ein anderer Blick

Da erstaunt es fast, wenn man auch andere Studien findet. Eine behandelt zum Beispiel Heiratsmigrantinnen, die aus den Philippinen stammen und nach Australien kamen. Hier geraten nicht nur die via Heiratshandel organisierten Verbindungen ins Blickfeld, sondern ein viel breiteres Spektrum, das die Vielfalt und Heterogenität solcher Beziehungen abdecken soll.[134] Entsprechend fällt die Diagnose auch viel abwägender aus, fast möchte man sagen: positiver. Zunächst wird nämlich an die Geschichte erinnert. »Zweifellos sind mit diesem Migrationstypus manchmal Ausbeutung und illegale Praktiken verbunden. Wir sollten uns aber daran erinnern, daß es in Australien eine lange Tradition gibt, alleinstehende Frauen bevorzugt einwandern zu lassen, damit australische Männer eine bessere Chance haben, Ehefrauen finden zu können.«[135] Und dann wird sogar ausdrücklich vor falschen Stereotypen gewarnt: »Man muß aufpassen, um die Ursachen und Folgen solcher Verbindungen nicht in allzu stereotypen Mustern zu sehen ... Zwar erfahren einige der philippinischen Frauen tatsächlich Ausbeutung von seiten der Männer, aber dennoch ist dies keineswegs der Normalfall ... Viele der Ehen zwischen philippinischen Frauen und australischen Männern bringen beiden Partnern Glück und Zufriedenheit.«[136]

Oder betrachten wir eine kleinere deutsche Studie, befaßt mit Heiratsmigrantinnen, die aus der ehemaligen Sowjetunion stammen und heute in Berlin leben.[137] Bewußt wird auch hier ein breiterer Zuschnitt gewählt, nicht nur Zweckehen, sondern auch Liebesehen bilden den Rahmen. Auch hier wird an Geschichte erinnert, und zwar in nüchterner, gänzlich undramatischer Form: Die individuelle und freiwillige Heiratsmigration erweist sich als die älteste und kontinuierlichste Form der Zuwanderung aus der Sowjetunion. Ins Blickfeld gerückt wird die hohe Kompetenz der Frauen, die nicht nur als Opfer, sondern auch als Akteurinnen auftreten, nämlich den Migrationsprozeß bewußt mitgestalten.[138] Sehr deutlich zeigt sich, daß die Verknüpfung von Heirat und Migration sich nicht nur in einfachen Schemata abbilden läßt und auch nicht allein in tiefdüsteren Farben, sondern im Gegenteil auf ein sehr breites Spektrum von Lebensentwürfen verweist.[139]

Um es nochmals zu sagen: Die problemorientierten Studien sind nötig. Zweifellos ist in den Beziehungskonstellationen der Art »Mann aus Erster Welt, Frau aus Zweiter Welt oder gar Dritter« die sozialpolitische Brisanz vorprogrammiert, vor allem aufgrund der ungleichen Machtverhältnisse und einseitigen Abhängigkeiten. Von finanzieller Sicherung bis zu Sprachkompetenz, von Sozialkontakten bis zu Aufenthaltsrecht und Arbeitserlaubnis – stets ist es der Mann, der den Heimvorteil hat. Das sagt aber noch nichts darüber, wie sich solche Beziehungen tatsächlich gestalten und wovon ihr Gelingen oder Mißlingen abhängt. Deshalb ist es jetzt an der Zeit, und zwar durchaus auch im Interesse der betroffenen Frauen, den Blickwinkel zu erweitern, aus dem wir solche Beziehungen anschauen. Die Frage lautet dann: Unter welchen Bedingungen, in welchen sozialen, historischen, rechtlichen Konstellationen kann sich der »Traum vom besseren Leben«[140] erfüllen, der viele Heiratsmigrantinnen bewegt; wann endet er tragisch, wann wird ein Alptraum daraus; und wann mündet er in ein einigermaßen erträgliches, einigermaßen zufriedenstellendes Leben?

Andere Hoffnungen

Ein einigermaßen erträgliches Leben: Diese Formel habe ich nicht zufällig gewählt. Denn in den Studien, die problemorientiert angelegt waren, gab es Formulierungen, die mich aufhorchen ließen. Wiederholt vermerken die Forscherinnen – und sie tun dies offensichtlich mit einer gewissen Irritation –, daß sich viele der befragten Migrantinnen mit den Schwierigkeiten in ihrer Beziehung irgendwie arrangieren. Die Migrantinnen, so heißt es, würden einen »relativ pragmatischen Umgang« entwickeln, was Eheprobleme betrifft, sie würden vieles hinnehmen, nicht zuletzt auch die persönlichen Ansprüche an den Mann zurückstellen, solange ein gewisser Grundkonsens gegeben ist.[141] Die Schlußfolgerung lautet:

»Die Frauen verfolgen ... eine resignative Beziehungsstrategie, die ihnen die Ehe erleichtert und eine scheinbare Zufriedenheit auf einer funktionalen Ebene beschert.«[142]

Eine nur scheinbare Zufriedenheit also. Aber stimmt das auch wirklich? Man müßte die näheren Umstände kennen, aber mir scheint dieses Urteil allzu pauschal. Es kann sein, daß die Migrantinnen alle Hoffnungen aufgegeben haben. Es kann aber auch sein – und dies erscheint mir durchaus wahrscheinlich –, daß sie einfach andere Hoffnungen haben, die auf eine andere, nämlich transnationale Lebenswelt weisen. Für diese letztere Deutung spricht, was wir über die Motive der Migrantinnen wissen.[143] Demnach wollen die Migrantinnen vor allem den bedrückenden materiellen und sozialen Verhältnissen in der Heimat entkommen. Denn selbst wenn sie eine einigermaßen qualifizierte Ausbildung haben, besitzen sie aufgrund der schlechten Arbeitsmarktlage kaum eine Chance, dort genug Geld zum Lebensunterhalt zu verdienen. Und weil die Männer oft arbeitslos sind oder nur wenig verdienen, kann auch die Ehe, der traditionelle Ausweg für Frauen, dort keine finanzielle Sicherheit bieten. Hinzu kommt, daß dieser Weg vielfach versperrt ist, weil in Ländern wie Thailand Jungfräulichkeit oberste Frauenpflicht ist, womit geschiedene Frauen und ebenso Frauen mit Kindern keine Aussicht auf eine seriöse Partnerschaft haben. Wie also sollen die Frauen sich selbst ernähren und ihre Kinder? Wie sollen sie, was im kulturellen Horizont ihrer Heimat eine unumstößliche Erwartung darstellt, Respekt und Dankbarkeit gegenüber der Herkunftsfamilie bezeigen, sprich den Eltern und Geschwistern finanzielle Unterstützung zukommen lassen? So sind die Frauen von Verpflichtungen umstellt, aber gleichzeitig ohne Aussicht, ihnen nachkommen zu können. Die einzige Chance, die noch bleibt, ist der Mann – der westliche Mann. Wie eine Migrantin aus Brasilien im Interview sagt: »Als ich ihn kennenlernte, habe ich gedacht, ich gehe ... er ist meine Zukunft ... er ist meine Chance. Ich gehe weg nach Deutschland.«[144] Nicht um Romantik und privates Glück geht es hier, nicht um süße Gefühle und Seligkeitstaumel. Die Liebe, ach ja, wenn man die auch finden könnte, das wäre wohl schön. Aber was die Frauen zuallererst suchen, ist viel irdischer gewandt: ein Ausweg aus der Misere.

Wenn das aber ihre Erwartungen sind – kann man dann wirklich sagen, daß sie resigniert haben, ihre Zufriedenheit nur eine scheinbare ist? Oder ist es vielleicht eine Zufriedenheit nach anderen Maßstäben? Das ist die entscheidende Frage. Wir werden sie anhand der vorliegenden Veröffentlichungen kaum beantworten können. Aber wir können an dieser Stelle zumindest auf ein Problem aufmerksam werden, das immer wieder sich stellt, wenn wir, sprich die Forscherinnen aus den westlichen Ländern, auf Frauen aus anderen Kulturkreisen zugehen und sie mit all unseren wohlmeinenden Absichten zum Objekt unserer Studien machen. Dann müssen wir lernen, nicht nur nach unseren Gemeinsamkeiten zu fragen, nach dem, was uns als Frauen verbindet – sondern auch lernen, die Differenzen zwischen ihnen und uns zu beachten und zu achten. Andernfalls projizieren wir unsere eigenen kulturellen Werte und Weltbilder auf sie – zum Beispiel unsere westlichen Leitbilder von gelingender Familie und gelingender Beziehung, zum Beispiel unsere individualistisch geprägten Lebensentwürfe. Dann werden wir nie herausfinden können, was die anderen Frauen bewegt, was ihre Hoffnungen sind, ihre Erwartungen, ihre Maßstäbe eines zufriedenen Lebens.

3. Wider die Monotonie ewigwährenden Unglücks

Wir leben in Zeiten, in denen die Globalisierung immer weiter sich durchsetzt, die Ordnung der Welt in Nationalstaaten brüchiger wird und nicht zuletzt immer mehr Menschen ihre Heimat verlassen, freiwillig oder gezwungenermaßen, um anderswo eine Zukunft zu suchen. Die Folge sind Verwerfungen und Umbrüche ganz neuer Art, nicht nur in Wirtschaft und Politik, sondern auch im Privaten, in der Familie und im Geschlechterverhältnis.

Um so dringlicher ist es, nach den neuen sozialen Ungleichheiten zu fragen, die daraus entstehen. Das sind Ungleichheiten nicht nur zwischen den »mehr entwickelten« und den »weniger entwickelten« Kontinenten, Ländern, Regionen, sondern Ungleichheiten auch zwischen den Frauen der einen und der anderen Welt. Im Gefolge der zunehmenden Migrationsströme kommen neue Gruppen von Frauen nach Deutschland, für deren Lebenslagen wir – die Angehörigen der Mehrheitsgesellschaft, nicht zuletzt die Forscherinnen – noch kaum angemessene Begriffe und Sichtweisen haben. Das Lied von der armen Ausländerfrau, obwohl noch immer verbreitet, ist offensichtlich zu krude und schlicht. Aber was sonst? Wie sonst? Ob türkische Arbeitsmigrantin, ob thailändische Heiratsmigrantin, wie können wir uns den »anderen« Frauen nähern ohne Herablassung und Ethnozentrismus, ohne vorschnelle Antworten und Urteile? Wie können wir lernen, die Vielschichtigkeit ihrer Welt – die nicht in einfachen Schwarz-Weiß-Farben sich abbilden läßt – und die Besonderheit ihrer Lebensentwürfe zu sehen, die auf ihre transnationalen Bindungen verweisen? Wann, wann endlich sind wir bereit, auf die verschiedenen Bedeutungen des Kopftuchs zu achten, statt immer nur an die eine zu denken, die sich in unserem Bewußtsein festgesetzt hat?

Die Arbeitsmigrantinnen der sechziger und siebziger Jahre haben zweifellos Diskriminierung erlebt, aber viele von ihnen haben die neuen Lebensumstände dennoch genutzt, um die Grundlagen für eine andere Zukunft zu schaffen. Und ähnliches gilt auch für die Heiratsmigrantinnen. Sie mögen sich auf eine Situation extrem ungleicher Macht- und Abhängigkeitsverhältnisse einlassen, und einige bezahlen dafür einen hohen persönlichen Preis. Aber sie sind nicht nur passive Opfer, sondern auch Handelnde, die ihr Leben einrichten und gestalten – und zwar nach *ihren* Werten, Maßstäben, Leitbildern. Solange die Forscherinnen und Forscher der Mehrheitsgesellschaft dies nicht erkennen und anerkennen, solange sie ihre eigenen Vorstellungen von Autonomie, Selbstbehauptung, Befreiung als Maßstab des Universums begreifen, so lange bleibt ihnen verschlossen, was das Leben der Migrantinnen bewegt, worum es sich dreht – was *deren* Kämpfe, Anstrengungen, Leistungen sind.

Nur dann, wenn wir die Befangenheit des mononationalen Blicks abstreifen, nur dann, wenn wir die Verwobenheit transnationaler Bindungen und Lebensbezüge zu sehen beginnen – nur dann können wir die zahlreichen Frauen anderer Herkunft und anderer Geschichte verstehen, denen wir in Deutschland heute begegnen.

Kapitel 3

Türkische Bräute
und andere Opfergeschichten

1. Der Islam und die Medien

Der Islam ist eine Religion, die weltweit über eine Milliarde Anhänger hat und in vielerlei Varianten praktiziert wird. In den Bildern jedoch, die die Medien entwerfen, wird daraus »der« Islam, ein monolithischer Block. »Die« Muslime erscheinen als homogene Masse, Unterschiede je nach Land, Schichtzugehörigkeit, ethnischer Gruppe sind nicht weiter erwähnenswert.[145] In der medialen Aufbereitung – in Deutschland, aber auch in anderen europäischen Ländern[146] – formt sich ein durchgängig düsteres Bild: der Islam als Symbol für Fanatismus und terroristische Bedrohung; der Islam als Symbol für Rückständigkeit und archaische Lebensformen. In diesem Zusammenhang spielt insbesondere die Unterdrückung der muslimischen Frau eine wichtige Rolle: Dies Thema stößt auf reges Interesse in der Mehrheitsgesellschaft, ja wird zu einem Lieblingsthema der öffentlichen und politischen Debatten. Dazu zunächst eine kleine Chronologie einschlägiger Ereignisse:

(1) Die Zeitschrift *Der Spiegel*, ansonsten nicht als Ort feministischer Umtriebe bekannt, schlägt sich plötzlich auf die Seite der Frauen – jedenfalls der muslimischen Frauen – und widmet ihrem Schicksal eine eigene Titelgeschichte: »Allahs rechtlose Töchter. Muslimische Frauen in Deutschland«.[147] (2) Otto Schily, der Innenminister der rotgrünen Koalition, ansonsten nicht als notorischer Verfasser von Buchrezensionen bekannt, bespricht – wiederum im *Spiegel* – das Buch einer weitgehend unbekannten Autorin, die vehement die Praxis der Zwangsheirat kritisiert.[148] (3) Als Angela Merkel als die neue Kanzlerin antritt, spricht sie in ihrer Regierungserklärung eigens das Problem der Zwangsheirat an. Und Wolfgang Schäuble, der neue Innenminister, äußert in einem Interview die nachdrückliche Absicht, gegen die Praxis der arrangierten Ehen vorgehen zu wollen.[149] (4) Promi

nente Politiker der CSU, bislang nicht als Vorkämpfer für Emanzipation in Erscheinung getreten, entdecken beim Blick auf die Migranten ihre Liebe zur Gleichberechtigung und verkünden: Wer gegen Gleichberechtigung ist, für den ist kein Platz hier in Deutschland.[150]

Und dann erst die Buchhandlungen: Da stapeln sich die Bücher, die in immer wieder neuen Variationen das Thema »Frauen als Opfer« umkreisen – Frauen als Opfer von Ehrenmord, Zwangsheirat, Beschneidung, Unterdrückung, Frauen als Objekt archaischer Sitten, ritueller Praktiken, patriarchaler Gewalt. Nachdem in der Wissenschaft das Klischee von der armen Ausländerfrau zunehmend kritisiert worden war, kehrt das Opfer-Thema nun in neuer Gestalt wieder: als persönlicher Leidensbericht der fremden, der exotischen und insbesondere der muslimischen Frau. Innerhalb kurzer Zeit ist eine eigene Literaturgattung daraus geworden: Das Martyrium muslimischer Frauen hat Konjunktur.[151] Oft kündigen bereits die dramatischen Buchtitel an, welche Art von Martyrium die Leserinnen und Leser erwartet: »Noch einmal meine Mutter sehen. Vom eigenen Vater in die Sklaverei verkauft« von Zahna Muhsen; »Gefangen im Land des Vaters – ich wurde aus Deutschland nach Pakistan entführt« von Nasima Nazar; »Blut für Allah. Ich war die Frau eines islamischen Terroristen« von Nadia Chaabani; »Mundtot. Ich war die Frau eines Gotteskriegers« von Doris Glück; »Mich hat keiner gefragt. Zur Ehe gezwungen« von Ayşe; »Ich wollte nur frei sein. Meine Flucht vor der Zwangsehe« von Hülya Kalkan. Im Wechsel der Szenen immer wieder dasselbe Motiv, der Kampf gegen die Mächte des Bösen; dazu ein Hauch von Orient, gemischt mit antiker Tragödie.

Nicht nur im Titel, auch im Aufbau folgen die Bücher meist einem ähnlichen Muster. Auf der einen Seite Schilderung des erlittenen Unrechts, auf der anderen Seite Schilderung der Befreiung, zu verdanken der eigenen Kraft und zähem Durchhaltevermögen: In diesem Spannungsbogen bewegen sich die Berichte, und daraus beziehen sie einen großen Teil ihrer Anziehungskraft. Sie sind Anklageschriften; aber sie machen gleichzeitig auch Mut, indem sie von weiblicher Stärke erzählen. Sie fordern die Leser/Leserinnen zur Solidarität mit den unterdrückten Frauen der Welt auf; und sie bieten gleichzeitig einen feministischen Bildungs- und Erlösungsroman, in dem auch die Frauen der westlichen Welt sich wiederfinden, weil sie sich der selbsterfahrenen Diskriminierung erinnern. Bücher dieser Art operieren, so Sonja Zekri, »mit wiederkehrenden Motiven und einer überschaubaren Dramaturgie, aber all dies ist nebensächlich, denn die Wirkung dieser Bücher liegt in der Authentizität des Leides, im Pathos einer Emanzipation unter Lebensgefahr. Es sind Dokumente des Überlebens.«[152]

In regelmäßiger Folge erscheinen neue Bücher, die die Serie fortsetzen, solide Verkaufszahlen erreichen, ja zum Teil in die Bestsellerlisten aufsteigen. Ein besonders erfolgreiches Exemplar dieser Serie ist jenes, das Otto Schily besprach: »Die fremde Braut«, von Necla Kelek geschrieben.[153]

2. »Die fremde Braut«: Ein Buch macht Karriere

Nicht nur im Titel, sondern auch in manchen anderen Merkmalen weist Keleks Buch Parallelen auf zu den »Verkauften Bräuten« der späten 70er Jahre, dem im letzten Kapitel beschriebenen Buch von Andrea Baumgartner-Karabak und Gisela Landesberger.[154] So ist kennzeichnend für den Stil der beiden letztgenannten Autorinnen, daß sie in ihren allgemeineren Aussagen zur Situation der türkischen Frauen immer wieder eigene Tagebuchberichte einflechten, Impressionen einer vierwöchigen Türkeireise, pittoreske Szenen des Dorfalltags, von der Feldarbeit bis zu den Liedern und Tänzen der Frauen. Das alles gibt ihren Schilderungen eine Atmosphäre von Direktheit und Authentizität. Doch Necla Kelek – die selbst türkischer Herkunft ist, die in Istanbul geboren ist und die ersten Jahre dort aufwuchs – kann noch authentischere Einblicke liefern. Große Teile des Buches bestehen aus einer Schilderung ihrer Familiengeschichte. Dazu gehört die Unterdrückung der Mutter durch den unbarmherzigen Vater, bis in die heimlichen Flüche der Mutter detailreich wiedergegeben, und dazu gehört erst recht die ausführlich ausgemalte Hochzeit des Bruders, von der Trommelmusik bis zum silbernen Dolch, vom Einzug der Brautleute hoch zu Roß bis zum Hammelbraten am Spieß. Orient pur, der Leser/die Leserin darf sich dabeiwähnen.

Und wenn schon Baumgartner-Karabak und Landesberger beim

Publikum ein Gefühl der Empörung auslösen wollen, so gilt dies erst recht für Kelek. Kämpferisch stellt sie sich auf die Seite der türkischen Frauen, genauer der vielen Frauen, die – so ihre Darstellung – in jungen Jahren zwangsverheiratet werden, und zwar mit einem türkischen Mann, der in Deutschland aufwuchs. Vor der Hochzeit, so Kelek, haben sie keine Chance, den Bräutigam kennenzulernen; und gleich nach der Hochzeit müssen sie ihm nachfolgen in das ferne Land Deutschland, wo sie dem Mann und seiner Familie zu Diensten sein müssen, wo sie ihm ausgeliefert sind, wo sie unterdrückt sind und rechtlos. Und kämpferisch rechnet Kelek ab: zum einen mit den Türken in Deutschland, die Frauenunterdrückung praktizieren oder zumindest durch ihr Stillschweigen dulden. Zum anderen aber in erster Linie mit den gutmeinenden, doch realitätsblinden Deutschen, die in ihrer Multikultiromantik das Unrecht nicht wahrnehmen wollen, das in ihrem Land, in ihren Städten geschieht.

In diesem Sinne ist Keleks Buch vor allem als Anklage zu lesen. Doch wenn man genauer hinschaut, bleiben die Details ihrer Anklageschrift ziemlich verschwommen. Zwar wird im Klappentext und in späteren Berichten zum Buch immer wieder vermerkt, die Autorin sei promovierte Soziologin, sie habe eine eigene Untersuchung unter türkischen Frauen gemacht, mithin: ihre Aussagen seien wissenschaftlich fundiert. Doch im Buch fehlen alle soliden und nachprüfbaren Daten. Statt dessen werden, wo es ihrem Anliegen dient, zentrale Begriffe äußerst schwammig benutzt, dabei Ungleiches zu Gleichem erklärt: Die Autorin setzt arrangierte Ehe einfach mit Zwangsheirat gleich, so als gäbe es nicht wesentliche Unterschiede dazwischen. Und worauf sie ihre harten Aussagen und Urteile stützt, bleibt völlig offen. Kelek erzählt persönliche Beobachtungen, wie zufällig auch immer, sie schildert einige Gespräche mit türkischen Frauen – und aus dem Mosaik solcher Eindrücke schließt sie auf das, was in mehr oder minder ähnlicher Form überall in »den« türkischen Gemeinden und türkischen Familien in Deutschland geschieht. Das ist fahrlässig, das ist wissenschaftlich höchst fragwürdig – aber bei Medien und Öffentlichkeit kommt es an.

Denn das Buch von Kelek macht Karriere, und zwar fulminant. Nach der Rezension durch Otto Schily wird es innerhalb kurzer

Zeit in allen großen Medien besprochen, erreicht bald darauf die Bestsellerliste des *Spiegel*. Seine Autorin avanciert zum Medienstar, hochbegehrt als Interview-Partnerin, Rednerin bei großen Kongressen, Gast bei Talk-Shows im Fernsehen. Kelek wirkt für staatliche Stellen als Beraterin in Migrationsfragen, sie erhält literarische Auszeichnungen und eine Gastprofessur.

Nun hat Kelek in einem zweifelsfrei recht: Jede Zwangsheirat der von ihr beschriebenen Art ist ein Unrecht, und zwar ein gewaltiges und grausames Unrecht, und deshalb muß nicht zuletzt von seiten des deutschen Staates alles darangesetzt werden, um solches Unrecht zu bestrafen und zukünftig zu verhindern. Und möglicherweise hat Kelek auch in einem weiteren Punkt recht, möglicherweise gibt es mehr Zwangsheiraten in Deutschland, als wir bisher ahnen. Aber an diesem Punkt hat Kelek, wie gesagt, keine Zahlen anzubieten. Statt dessen ist es eher ein Generalverdacht, den sie äußert, und der wird – ohne Möglichkeit der Überprüfung – den türkischen Gemeinden einfach übergestülpt.

Erst recht hier, bei der Darstellung der türkischen Gemeinden, wird mit sehr groben Pinselstrichen gezeichnet. Keleks Schilderungen beanspruchen, ein »Bericht aus dem Inneren des türkischen Lebens in Deutschland« zu sein (so der Untertitel des Buches). Und was man da zu lesen bekommt, scheint den schlimmsten Angstphantasien fremdenfeindlicher Deutscher entnommen. Nicht nur, daß Zwangsheirat unter türkischen Migranten »übliche Praxis«[155] ist und die nach Deutschland gebrachten Ehefrauen »wie Sklavinnen gehalten werden«.[156] Weit mehr, weit grundsätzlicher noch: Die Türken haben sich »massenhaft in ihre Moscheen zurückgezogen und verteidigen ihre islamische Welt. Sie haben sich längst ihre eigene Parallel-Gesellschaft geschaffen«,[157] dies natürlich auch »mithilfe der deutschen Errungenschaften von Sozialversicherung und Arbeitslosenunterstützung«,[158] und derart freundlich subventioniert »feiern sie ihren türkischen Nationalismus«.[159] Besonders gefährlich ist ihre Religion, der Islam. Er kennt keine Toleranz im westlichen Sinn, nur »Respekt vor dem Stärkeren« und »Unterwerfung«,[160] weshalb viele Muslime die deutschen »Gesetze verachten und sie nur benutzen«,[161] natürlich zu dunklen Zwecken: um »ihren religiösen Einfluss zu erweitern und ihre reaktionäre Praxis fortzuschreiben«.[162] Kurzum, die Multikultiträume sind nicht in Erfüllung gegangen. Die Wirklichkeit sieht anders aus, nämlich so: »Die Integration der Mehrheit der in Deutschland lebenden Türken ist gescheitert.«[163]

Eine Türkin als Kronzeugin der Anklage

Vielleicht erklärt sich auch aus solchen Passagen der rasante Aufstieg und enorme Erfolg des Buches. Nicht zufällig wird es in Rezensionen vorgestellt als »Abrechnung mit dem Islam«,[164] als Streitschrift gegen die »gefährlichen Gutmenschen«,[165] als Bericht darüber, »wie der Islam die Städte erobert«.[166] Keleks Buch ist nicht nur bunt erzählte Familiengeschichte, nicht nur Klageschrift wider das Unrecht an Frauen, es ist auch und nicht zuletzt eine Anklage gegen den Islam und gegen die Türken in Deutschland. Und Kelek ist die Kronzeugin der Anklage. Sie liefert denen die Argumente, die immer schon wußten, wie »die« Türken sind, wie fremd, wie bedrohlich. Bedrohlich für ihre eigenen Frauen und bedrohlich nicht minder für uns, die allzu gutgläubigen Deutschen. Die Türken kommen! Und wir müssen uns wehren, sonst werden wir überrannt! Das ist eine Botschaft, die viele gern hören – und besonders gern aus authentischem Mund, von einer Türkin persönlich. Die Autorin wird nun gefeiert, weil sie »vom Scheitern der Integration«[167] schreibt und weil sie es wagt, unserem »Verantwortungsbewußtsein wichtige Impulse zu geben«.[168]

Diese Rede vom Verantwortungsbewußtsein geschieht, schaut man genauer hin, durchaus nicht zufällig. Im Gegenteil, zur geheimen Anziehungskraft von Keleks Buch wie von ähnlichen Berichten dürfte auch beitragen, daß sie der Mehrheitsgesellschaft die Rolle des moralischen Wächters zuweisen. Damit wird – in teils indirekten, oft aber ganz offenen Formen – eine moralische Hierarchie zwischen dem Westen und dem Islam entworfen, und zwar eine Hierarchie eindeutiger Art: Ganz selbstverständlich ist es der Westen, dem die moralisch überlegene Position zukommt. »Die bedrohte muslimische Frau, der gefährliche muslimische Mann und der Europäer als Vertreter der Zivilisation«[169] – als Drei-Personen-Stück mit vorgegebenen Rollen hat Sherene H. Razack die Erzählstruktur solcher Leidensgeschichten entschlüsselt, mithin als

Dramaturgie von Opfer, Täter und Retter. Darin ist offensichtlich ein moralisches Gefälle enthalten, und bezeichnenderweise ist es der Europäer, der Vertreter der Mehrheitsgesellschaft, dem die Rolle des Retters zufällt. Ein ähnliches Gefälle gab es schon früher einmal, zu Kolonialzeiten. Damals war das Selbstverständnis der Kolonialmächte geprägt vom Bewußtsein der Überlegenheit gegenüber den »Wilden«, womit sich der Auftrag verband, jene zu zivilisieren – »the white man's burden«, wie es hieß. Mit dem kritischen Diskurs zur Kolonialgeschichte wurde dies Selbstbild freilich nachhaltig in Zweifel gezogen, ja beschädigt, der Westen wurde zum Täter, angeklagt wegen Gewalt, Völkermord und sonstiger Verbrechen. Aber nun, welche Wende: Im Diskurs um Zwangsheirat, Ehrenmord usw. ist all dies vergessen. Nun erscheint der Westen wieder als edler Ritter und Retter, Erbe der Aufklärung, Kämpfer für Freiheitsrechte. Die muslimischen Leidensgeschichten kommen derart dem Selbstbild des Westens entgegen – so Sherene H. Razack, selber Muslima, mithin so authentisch wie Kelek (das muß angesichts des Verlaufs der öffentlichen Debatten wohl erwähnt werden).

In diesem Wechsel der Bilder, vom Täter zum Retter, ist auch eine praktisch-politische Konsequenz angelegt, so Razack weiter. Wenn nämlich die Mehrheitsgesellschaft wieder im Besitz der höheren Moral ist, hat sie auch eine moralische Pflicht. Sie darf nicht nur, nein sie soll, ja sie muß alles daransetzen, um den Islam unter scharfer Kontrolle zu halten.[170] Das ist ihre Aufgabe, nicht etwa aus Eigeninteresse, sondern quasi natürlich bedingt, durch die Überlegenheit ihrer Moral legitimiert. Man könnte auch sagen, »the white man's burden« kehrt wieder in neuer Gestalt. Von daher ist auch die Leitlinie vorgegeben für den Umgang der deutschen Mehrheitsgesellschaft mit ihren muslimischen Zuwanderern. Die Vorgabe heißt: Die Mehrheitsgesellschaft muß wachsam sein, sich selbstbewußt auf ihre Werte besinnen, diese entschlossen verteidigen. Sie darf nicht nur, nein sie muß von den Migranten Anpassung verlangen: Das ist die Verantwortung, die ihr auferlegt ist.

3. Fatale Folgen: Mitleid kann kontraproduktiv sein

Es steht außer Frage, daß die Leidensgeschichten der eingangs beschriebenen Art von schwerem Unrecht handeln, von eklatanten Verstößen gegen Menschenrechte und Menschenwürde. Die Frage ist allerdings, wie man die Ursachen interpretiert und welche Konsequenzen man daraus ableitet für praktisch-politisches Handeln. Hier hat Kelek eine einfache Antwort parat, und eine ähnliche Antwort ist in vielen der Texte zum Leiden muslimischer Frauen angelegt. Der Islam, so die durchgängige Botschaft, ist die Ursache des Übels, der Islam ist eine Brutstätte von Haß, Gewalt, Unterdrückung. Andere Interpretationen werden abgewehrt oder tauchen gar nicht erst auf.[171]

Die Einfachheit und aggressive Emotionalität solcher Aussagen ist verständlich, wenn man ihre Entstehungsgeschichte bedenkt und die damit verbundenen Schmerzen und persönlichen Dramen. Aber zumindest auf den ersten Blick mag erstaunen, wieviel Zustimmung sie in der Mehrheitsgesellschaft finden: wieviele Vertreter von Medien und Politik, wie viele Leserinnen und Leser bereitwillig nicht nur dem emotionalen Appell solcher Leidensgeschichten folgen, sondern auch ihren einfachen und einseitigen Deutungen.

Zum Beispiel Otto Schily: Auf dem Büchermarkt gibt es nicht nur Bücher wie das von Kelek, sondern durchaus auch andere Bücher, solche von jungen Menschen türkischer Herkunft, die von einem gelungenen Ankommen in Deutschland erzählen.[172] Da ist die Rede nicht von Abschottung und Isolation, sondern von doppelten Wurzeln und dem Zuhausesein in zwei Kulturen,[173] auch von deren Verbindung und neu entstehenden Mischformen. Warum also bespricht Schily ausgerechnet das Buch von Kelek, das Buch vom Leiden, und nicht eines der anderen Sorte, ein Buch vom allmählichen Einleben in Deutschland? Wenn es um Integration geht, wie immer wieder verkündet – wäre es dann nicht mindestens ebenso wichtig, ein Buch vorzustellen, das von der Integration im Alltag berichtet und damit Vorbilder liefert?

Oder Wolfgang Schäuble: Deutlich und öffentlich sichtbar haben Migrationsforscher erklärt, warum die Gleichsetzung von Zwangsheirat mit arrangierter Ehe falsch ist, die Kelek durchgängig vornimmt.[174] Sie haben gezeigt, wie die arrangierte Ehe im Normalfall Ausdruck elterlicher Fürsorge und Verantwortung ist, von der Absicht geleitet, die Stabilität der geplanten Verbindung zu sichern. Warum aber nimmt Schäuble, warum nehmen seine Mitarbeiter solche Urteile nicht zur Kenntnis? Warum folgt Schäuble statt dessen der Deutung Keleks, warum nennt er arrangierte Ehen pauschal »integrationsfeindlich« und will sie verhindern?

Und schließlich die deutsche Öffentlichkeit: Keleks Buch ist leicht lesbar, eingängig, ja spannend geschrieben, kommt ganz ohne Fußnoten und Fachsprache aus – das macht, das ist unbestreitbar, einen großen Teil seiner Anziehungskraft aus, auch seiner Suggestivkraft. Aber auf der anderen Seite sind seine handwerklichen Mängel auch offensichtlich, vor allem die Diskrepanz zwischen lautstarker Anklage und unsicheren Belegen. Warum hat dieser Mangel das deutsche Publikum nicht irritiert, auch nicht die nachdenklichen Leserinnen und Leser, auch nicht die seriösen Vertreter der Medien? Warum hat auch die öffentlich vorgetragene Kritik der Migrationsforschung[175] die Glaubwürdigkeit Keleks nicht beschädigt, eher im Gegenteil: ihre Popularität weiter befördert? Soviel Zustimmungsbereitschaft muß eine besondere Ursache haben. Sie setzt ein bestimmtes Klima voraus, eine innere Nähe zwischen den Aussagen Keleks und den Annahmen in der deutschen Öffentlichkeit. Das Leitmotiv heißt offensichtlich hier wie dort: Der Islam ist gefährlich. Der Islam ist unvereinbar mit unserer Kultur.

So wird eine schon vorhandene Grundstimmung mit den passenden Argumenten bedient und damit gestärkt. Die Folge liegt auf der Hand: Ob streng religiös oder ganz religionsfern, Muslime sind grundsätzlich verdächtig. Ausgerechnet im Binnenverhältnis zwischen der deutschen Mehrheitsgesellschaft und ihrer größten Zuwanderergruppe werden damit Mauern gebaut. Die Spannung zwischen »Wir« und den »Anderen« verschärft sich zum polaren Gegensatzpaar, die Abgrenzung und Ausgrenzung der »Anderen« wird legitimiert. Eine Art »moralische Panik« erfaßt die Mehrheitsgesellschaft.[176] Und schon steht die Frage im Raum: ob für die türkischen Migranten, die sich der Integration so offensichtlich verweigern, überhaupt Platz ist in Deutschland.[177]

Wie gesagt: Mit ihrem Kampf gegen Zwangsehen hat Kelek zweifellos recht. Aber dennoch hat die Diskussion, die sie ausgelöst hat, äußerst problematische Züge. Wieder einmal haben die einfachen, die vereinfachenden Bilder gesiegt. Ob das dem Zusammenleben von Deutschen und Türken zuträglich ist, ob es die vielgeforderte, vielbeschworene Integration weiterbringt – das ist eine andere Frage. Schon die Autoren des Sechsten Familienberichts wußten: »Bereitwillig aufgenommen werden alle Berichte, die besonders krasse Beispiele der Unterdrückung und Mißhandlung türkischer Frauen zum Inhalt haben – wenn sie … sich als eklatantes Beispiel einer fremdkulturellen Lebensweise darstellen lassen. … Dann läßt sich das … Mitleid mit ›der‹ türkischen Frau mit einer Feindlichkeit gegenüber ›dem‹ türkischen Mann verbinden und als Legitimation ethnischer Distanzierung verwenden.«[178]

Leidensgeschichten der eingangs beschriebenen Art sind Appelle zur Solidarität mit den unterdrückten muslimischen Frauen, Leidensgeschichten sollen immer auch Mitleid erzeugen. Aber wenn die Solidarität, die dabei herauskommt, zur pauschalen Ausgrenzung der Muslime beiträgt – und damit zugleich auch zur Ausgrenzung der muslimischen Frauen –, dann läuft etwas schief. Wenn zur Unfreiheit im Geschlechterverhältnis noch verstärkte Ausgrenzung von seiten der Mehrheitsgesellschaft hinzukommt, dann wird die Lage der muslimischen Frauen nicht leichter. Solidarität dieser Art kann ins Gegenteil umschlagen, Mitleid kann auch kontraproduktiv sein.

So haben die anfangs genannten Leidensgeschichten, die von Kelek verfaßte wie auch die anderen, stets ein Doppelgesicht. Sie lenken den Blick auf Mißstände und wenden sich gegen deren stillschweigende Duldung. Sie durchbrechen die Mauern des Schweigens und fordern – lautstark und publikumswirksam – auf zu entschiedenem Handeln. Aber indem sie dies tun und indem sie es häufig in vereinfachter, verkürzter, pauschalisierter Form tun und genau dafür in der deutschen Öffentlichkeit große Zustimmung finden, können fatale Folgen entstehen: Das Feindbild Islam wird neu aufpoliert und legitimiert. Muslimische Migranten – und ebenso muslimische Migrantinnen – müssen damit leben, daß sie unter Generalverdacht stehen.

Kapitel 4

Die zweite Generation – Zwischen den
Kulturen verloren?

> »Als eine Konsequenz von Migration werden Situationen erzeugt, wo ein und dasselbe Individuum … danach strebt, in zwei verschiedenen Kulturgruppen zu leben. Dadurch wird ein instabiler Charakter erzeugt … Das ist der Mensch, der immer am Rand steht.«
>
> *Der amerikanische Sozialwissenschaftler*
> *Robert E. Park 1928*[179]

> »Immer noch die irrige Idee von zwei Kulturblöcken, die aufeinanderprallen. Entweder da drin oder dort drin oder dazwischen zerrieben … Ich habe mich nie als ein Pendler zwischen zwei Kulturen gefühlt. Ich hatte auch nie eine Identitätskrise. Ich wußte vielmehr, daß es nicht eine deutsche, sondern viele Realitäten gibt.«
>
> *Der deutsch-türkische Schriftsteller*
> *Feridun Zaimoglu 2000*[180]

Im Zeitalter von Migration und Globalisierung wächst die Zahl der Personen, die aus den unterschiedlichsten Gründen ihre Heimat und Herkunftskultur hinter sich lassen. Im Gefolge dieser Entwicklung gibt es zum einen immer mehr Menschen, die in einem Land wohnen, das nicht ihr Geburtsland ist; zweitens immer mehr Paare, wo sich die Partner in bezug auf ihre Herkunft deutlich unterscheiden, nach Nationalität oder Kulturkreis, Religion oder Hautfarbe; und drittens immer mehr Kinder, die in gemischten Familien, mit mehreren Herkunftskulturen aufwachsen. Dies gilt für viele westliche Länder, und es gilt nicht zuletzt auch für Deutschland.

Dazu ein paar Zahlen, die einen groben Einblick vermitteln. Im Jahr 1960 waren die, die in der ehemaligen Bundesrepublik heirateten, fast immer ihrer Staatsangehörigkeit nach Deutsche. Nur bei jeder 25. Eheschließung waren, wie es in der Sprache der amtlichen Statistik heißt, »Ausländerinnen oder Ausländer beteiligt«, d.h., mindestens einer der Partner hatte einen ausländischen Paß.[181] Vier

Jahrzehnte später, also im Jahr 2000, war dagegen jede sechste Eheschließung in Deutschland eine »von oder mit Ausländern«, d. h., Mann oder Frau oder beide besaßen eine ausländische Staatsangehörigkeit.[182] Ähnlich bei den Geburten: Im Jahr 1960 stammten die Kinder, die in der damaligen Bundesrepublik geboren wurden, fast immer aus einer im Sinne der Staatsangehörigkeit »rein deutschen« Verbindung; nur 1,3 Prozent dieser Kinder hatten einen ausländischen Vater und/oder eine ausländische Mutter.[183] Im Jahr 2000 dagegen hatten gut 21 Prozent der in diesem Jahr geborenen Kinder einen ausländischen Vater und/oder eine ausländische Mutter, d. h., jedes fünfte Kind stammt nun aus einer deutsch-ausländischen oder ausländischen Verbindung.[184] Soweit die Zahlen, die die offizielle Statistik hergibt. Hinzu kommen weitere Gruppen, deren Migrationshintergrund in der Statistik unsichtbar wird, weil sie – als Eingebürgerte oder als Personen mit mehrfacher Staatsbürgerschaft – in den offiziellen Zählungen als Deutsche geführt werden.[185] Nimmt man alles zusammen, so wird unübersehbar: Im Zeitraum weniger Jahrzehnte ist die Zahl der Familien erheblich gestiegen, die – in der einen oder anderen Form – eine direkte Verbindung zu einem anderen Land bzw. Kulturkreis aufweisen.

Im folgenden geht es um die sogenannte »zweite Generation« solcher Familien, also um diejenigen, die aus Migrantenfamilien oder aus binationalen Verbindungen stammen. Sie sind für den mononationalen, monokulturellen Blick eine Irritation, weil sie den gewohnten Ordnungskategorien – hier wir, dort die anderen – sich nicht einfügen lassen, weil sie *beides zugleich* sind und nicht nur das eine oder das andere. Deshalb herrscht in bezug auf die zweite Generation im öffentlichen Raum oft Unsicherheit. Gehören diese Personen mehr hierher, mehr zur Herkunftskultur ihrer Eltern, oder ist ihr sozialer Ort irgendwo dazwischen anzusiedeln? Wenn die Eltern aus zwei verschiedenen Nationen oder Kulturkreisen kommen, was ist dann mit den Kindern? Leben sie mit beiden Kulturen oder in einer Mischkultur eigener Art? Wenn beide Eltern als Migranten nach Deutschland gekommen sind, werden die Kinder dann erzogen in deren jeweiliger Herkunftskultur oder werden sie sich hier integrieren? Womit wachsen sie auf, wohin bewegen sie sich, wer und was wollen sie selber sein?

Soweit die Fragen, die immer wieder gestellt werden. In der öffentlichen Wahrnehmung gibt es auch ein Repertoire klassischer Antworten dazu, um ein stets ähnliches Leitmotiv kreisend: Menschen, die verschiedene Herkunftslinien aufweisen, werden gern als zwischen den Kulturen stehend beschrieben, ohne eigenen Ort, deshalb das schwere Schicksal der Heimatlosigkeit tragend.

Stimmt dieses Bild, und vor allem: stimmt es heute noch?

1. Tragik, Opferdasein, Verlust: Die klassischen Bilder

Personen, die verschiedene Herkunftslinien aufweisen, irritieren den mononationalen, monokulturellen Blick nicht nur, sie stellen für ihn auch eine besondere Herausforderung dar. Das läßt sich unschwer erkennen, wenn man sich einmal mit der Geschichte ethnischer Zuordnungen befaßt. Dann nämlich stößt man immer wieder auf Entscheidungssituationen ähnlicher Art. Ob 18. oder 20. Jahrhundert, ob in den USA oder in Deutschland oder anderswo, vielfach waren Gesetzgeber, Politiker, Richter mit der Aufgabe konfrontiert, die Zuordnung solcher Personen offiziell festzulegen. Sollten diejenigen gemischter Herkunft als Schwarze gelten oder als Weiße? Als Juden oder als Nichtjuden? Als Ausländer oder als Inländer?[186]

Personen, die verschiedene Herkunftslinien aufweisen, üben – weil sie sich den gewohnten Zuordnungen entziehen – auf das Normalbewußtsein eine besondere Faszination aus. Ihre Geschichte scheint dunkel, voller Geheimnisse, zugleich fremd und doch nah: welcher Reiz, welche Tragik! Das ist der Stoff, aus dem Romane, Erzählungen, Dramen entstehen. Wohl nicht zufällig finden wir deshalb in der schönen Literatur des 19. und 20. Jahrhunderts immer wieder einen ähnlichen Typus, die Gestalt desjenigen nämlich, der qua Herkunft zwischen den Kulturen und Gruppen steht – und der deshalb, so wird sein Schicksal meist dargestellt, zwischen die Fronten gerät, Zurückweisung und Verachtung erfährt.

Zum Beispiel Jegor Karnovski, aus Israel Singers Roman *Die Familie Karnovski*. Jegor, als Sohn eines jüdischen Vaters und einer protestantischen Mutter im Berlin der dreißiger Jahre aufwachsend, bekommt den aggressiven Antisemitismus zu spüren. Er verfällt in eine Mischung aus Selbstmitleid und Ekel, seine Bewußtseinslage wird folgendermaßen beschrieben: Er fühlt sich als »ein Schwächling, ein Betrogener, ein Opfer von jedermanns Verachtung«, als »von Geburt an verurteilt … Als Produkt zweier widerstreitender Linien war er dazu bestimmt, sein ganzes Leben lang zu leiden. Er hatte nichts zu erwarten außer Versagen und Mißerfolg. Selbstmord war der einzige Ausweg.«[187]

Das ist kein zufällig herausgegriffenes Einzelbeispiel. Immer wieder stoßen wir auf tragische Gestalten dieser Art, Außenseiter und Ausgestoßene, Verirrte im Kampf der Herkunftskulturen. In der amerikanischen Literatur des 19. Jahrhunderts weit verbreitet, in der amerikanischen Literaturwissenschaft des 20. Jahrhunderts viel untersucht ist die Gestalt des »Tragic Mulatto«, des tragischen Mulatten.[188] Dabei handelt es sich um eine Person, die weiße wie schwarze Vorfahren hat, meist vorwiegend weiße. Deshalb sieht sie aus wie andere Weiße, vielleicht einen Hauch exotischer nur. Doch gibt es irgendwo in der Familiengeschichte ein dunkles Geheimnis, sprich: dunklere Vorfahren, und deshalb kann diese Person – nach den sehr strengen Zurechnungsregeln der damaligen Zeit – nie und nimmer als Weiße oder Weißer anerkannt werden. Oft wird dies Geheimnis erst im Lauf der Erzählung enthüllt, was – man kann es wohl ahnen – zum Stoff wird für Ereignisse dramatischer Art. Das Schicksal schlägt zu, und zwar meist unerbittlich, die Skala reicht von geistiger Umnachtung, Inzest, gebrochenen Herzen bis zu Gewalt, Mord oder Selbstmord. Grundsätzlich gilt, der Mulatte erscheint als Opferfigur, genauer gesagt: als »Opfer seines doppelten Erbes«.[189]

Die Tragik solcher Helden und Heldinnen ist freilich nicht nur der Dramaturgie des Erzählens geschuldet, sondern hat, zumindest im Kern, eine durchaus reale Basis. Wer die Gesetze, Normen, Konventionen der damaligen Zeit kennt, der weiß, daß die Menschen gemischter Herkunft damals tatsächlich vielen Sanktionen und

Restriktionen ausgesetzt waren, wie oft sie zur Zielscheibe von Diskriminierung und Demütigung wurden.[190] Zwar war ein Ende in Mord und Selbstmord nicht gerade typisch – das war wohl eher die Zutat der Schriftstellerphantasie –, aber richtig ist, daß die gesellschaftliche Lage solcher Menschen in vielen Fällen prekär war.

Außenseiter und Randexistenz

Von daher verwundert es nicht, wenn auch die sozialwissenschaftliche Literatur des 20. Jahrhunderts sich immer wieder mit denen befaßt hat, die in ihrer Person zwei Herkunftslinien bzw. zwei Kulturen verbinden. Richtungsweisend geworden ist hier ein Aufsatz des amerikanischen Soziologen Robert Park, 1928 erschienen und seitdem immer wieder zitiert. Er handelt – und dieser Begriff ist klassisch geworden – vom »Marginal Man«, vom Menschen am Rand der Gesellschaft, dem Außenseiter mithin, wie im Zitat zu Beginn dieses Kapitels beschrieben.[191] Nicht irgendein Außenseiter ist damit gemeint, sondern speziell derjenige Typus, der sich im Gefolge von Migrationen herausbildet, oft auch bikulturellen Familien entstammt. Aber was Park interessiert, ist nicht die soziale Stellung, die die Gesellschaft für solche Menschen vorsieht, also die Vorurteile, Barrieren und Zwänge, die ihnen begegnen. Nein, bei Park wird der Außenseiter zu einem inneren Zustand, es wird ein besonderer Charakter daraus, gewissermaßen ein eigenes Wesen, angelegt in der Natur der grenzüberschreitenden Herkunft und Lage. Dessen Merkmale sind größere Beweglichkeit und Offenheit, aber gleichzeitig auch Ruhelosigkeit und Ziellosigkeit. Aufgrund dieser Eigenschaften wird der »Marginal Man« zu einem sehr produktiven Element der Gesellschaftsstruktur: Er läßt sich nicht im Käfig der Traditionen einsperren, er verhindert den Stillstand, er trägt bei zum Fortschritt von Zivilisation und Kultur. Auf der Kehrseite freilich ist das persönliche Los des »Marginal Man« eher düster, es ist von dauernden Krisen begleitet. Zwar erfahren, so Park, die meisten Menschen gelegentlich Veränderungen und Krisen, »aber im Fall des ›Marginal Man‹ ist die Krise ein Dauerzustand. Das Ergebnis ist, daß daraus ein Persönlichkeitstypus wird. Üblicherweise ist der ›Marginal Man‹ gemischter Herkunft, wie der

Mulatte in den USA oder der Eurasier in Asien; das hat offensichtlich damit zu tun, daß derjenige gemischter Herkunft jemand ist, der in zwei Welten lebt und dabei in beiden mehr oder weniger ein Fremder ist. ... Die charakteristischen Merkmale des ›Marginal Man‹ [sind] mentale Instabilität, innere Unsicherheit, Ruhelosigkeit und ein Zustand allgemeinen Unbehagens.«[192]

Parks Überlegungen leiten eine ganze Denktradition ein. Es dauert nur wenige Jahre, bis ein Buch seines Kollegen Everett V. Stonequist erscheint, das an Parks Ideen anknüpft und sie weiter ausführt. Der Titel lautet gezielt *The Marginal Man*, der Untertitel verkündet: *Eine Studie über Persönlichkeit und Kulturkonflikt*.[193] Und mit Kulturkonflikt ist das Stichwort gegeben, das nicht nur Stonequists Sichtweise des Themas kennzeichnet, sondern für viele Jahrzehnte zum Leitmotiv wird. Was bei Park schon angelegt war, wird nun betont, in unzähligen Variationen beschrieben: Ruhelosigkeit, innere Nervosität, mangelnde Balance, all das wird nun zum Grundzug des »Marginal Man«, das ihm anhaftet wie ein unentrinnbares Schicksal, vielleicht auch wie ein unentrinnbarer Fluch. Aus der Vielzahl der Beschreibungen hier nun einige Kostproben:

»Die Außenseiter-Situation erzeugt ein übersteigertes Bewußtsein für die eigene Lage und Zuordnung. Weil das Individuum sich seiner anormalen Position zwischen zwei Kulturen bewußt ist, ist seine Aufmerksamkeit immer wieder darauf gerichtet, welche Haltung die beiden Gruppen einnehmen, zwischen denen es steht, und wie sein Verhältnis zu ihnen beschaffen ist ... Minderwertigkeitskomplexe gehören oft zu diesem Zustand ... Wer ein ›Marginal Man‹ ist, mag über seine Lage möglicherweise eher scherzen als daran verzweifeln, mag daraus vielleicht eher einen besonderen Antrieb gewinnen als deshalb in Depressionen verfallen. Und dennoch ist die Situation des ›Marginal Man‹ nie ohne Probleme. Manchmal, am einen Ende des Extrems, mag es nur ein leises, vielleicht undefinierbares Gefühl der Entfremdung sein, des allgemeinen Unbehagens, eine innere Einsamkeit, die aus der prekären sozialen Stellung herrührt ... Die mangelnde Anpassung mag innerlich bleiben. Sie mag so gut kontrolliert oder versteckt werden, daß andere Menschen gar nicht bemerken, was sich im Inneren abspielt ... Am anderen Ende des Spektrums finden wir die schweren

Konflikte, so belastend, daß sie dem Individuum jeden inneren Halt nehmen und es in dauernde Unruhe stürzen. Hier wird dann eine Entwicklung der inneren Auflösung eingeleitet, die zu Ausschweifung, Verbrechen, Selbstmord oder Psychose hinführt.«[194]

Das arme Ausländerkind

Die von Park und Stonequist formulierten Ideen sind nun nicht unbedingt neu, sondern knüpfen an ein Gedankengut an, das im damaligen Zeitgeist angelegt war. Indem sie vorhandene Sichtweisen weiter ausbauen, vertiefen, entfalten, geben Park und Stonequist ihnen aber nicht nur eine festere Rahmung, sondern verleihen denselben – weil sie als Wissenschaftler mit hoher Autorität sprechen – auch ein neues Gewicht. So verstärkt sich die Wirkung: Ideen der Art, wie sie Park und Stonequist dargestellt haben, sind in vielerlei Variationen und in populär aufbereiteten Formen bis heute präsent, sie gehören zum Wissensrepertoire der Mehrheitsgesellschaft. Dies gilt für die USA wie für andere Länder. Hierzulande hat insbesondere das Stichwort »Kulturkonflikt« große Wirkung entfaltet, und zwar in einem besonderen Rahmen, in der Diskussion um das Thema »Arbeitsmigration und die Folgen«:

Nachdem die Deutschen in den fünfziger und sechziger Jahren zunehmend »Gastarbeiter« ins Land geholt hatten, die für begrenzte Zeit hier arbeiten und dann in die Heimat zurückkehren sollten, begann in den siebziger Jahren allmählich deutlich zu werden, daß dieses Vorhaben etwas anders ablief als ursprünglich geplant. Zwar kehrten manche der Arbeitsmigranten zurück, aber viele wurden hier allmählich ansässig. Sie holten ihre Familien nach Deutschland, oder sie heirateten hier und bekamen hier Kinder. Vom Gastarbeiter zur Ausländerfamilie – als diese Entwicklung ins allgemeine Bewußtsein geriet, wurde bald ein Chor der besorgt fragenden Stimmen vernehmbar, und dies aus durchaus unterschiedlichen politischen Lagern. Es setzte die Diskussion um das »arme Ausländerkind« ein, das vorrangig als Opfer ins Blickfeld geriet, als Symbol einer falschen oder fehlenden Migrationspolitik. Ob Gesundheit, ob Wohnen, ob Familie, ob Schule, Kinder aus Migrantenfamilien waren demnach allseits von Mißständen, Defiziten,

Mängeln umzingelt und davon gezeichnet. Sie waren ohne Heimat, ohne Sprache, ohne inneren Halt, kurzum in einer ausweglosen Lage gefangen. Immer mehr Veröffentlichungen zu diesem Thema entstanden, und wie sehr sie sich auf einen Blickwinkel fixierten, wird oft schon an den Titeln erkennbar: Da geht es um »Kindheit im Kulturkonflikt«[195] oder »junge Ausländer im Konflikt«,[196] um »Schulprobleme von Gastarbeiterkindern«,[197] »soziokulturelle Probleme junger Türkinnen«[198] oder »Integrationsprobleme ausländischer Jugendlicher«.[199] In dieser Tonlage sind auch die entsprechenden Texte geschrieben, im folgenden zwei Beispiele von vielen.

Zunächst die Problematik, wie Sozialwissenschaftler sie formulieren: »Zusammenfassend kann gesagt werden, daß ausländische Jugendliche angefangen von soziokulturellen Verunsicherungen ihrer Eltern, über eigene Trennungserfahrungen in ihrer Kindheit, bis hin zu Akkulturationsproblemen und Benachteiligungen in Schule und Ausbildung vielfältige Belastungen erfahren, auf die sie mit hoher emotionaler Anspannung, mit geringem Selbstbewußtsein und einer hohen psychosomatischen Morbiditätsrate bei gleichzeitiger niedriger Inanspruchnahme psychotherapeutischer Einrichtungen reagieren.«[200]

Dann ein mehr praxisorientierter Text, von einem Arzt in Berlin-Kreuzberg geschrieben: Die »jugendlichen Ausländer … wachsen in einem sozioökonomischen Niemandsland auf, ohne sicheres Zugehörigkeitsgefühl. Sprachschwierigkeiten, Diskriminierungen auf der Straße und in der Schule, Einsamkeit zuhause, wenn Vater und Mutter arbeiten, führen häufig zu den gleichen Krankheiten und Beschwerden wie bei den Erwachsenen. Die Heranwachsenden werden oft mit Magengeschwüren groß und haben Kopf- und Bauchschmerzen, Kreislauf- und Schlafstörungen. Schulkinder kommen manchmal in der Woche allein in die Sprechstunde, um ihre Klagen loszuwerden. Nach dem Schulabschluß sind die Chancen für Ausländer, eine Lehrstelle zu finden, gering. Ihre Zukunft in Deutschland ist ungewiß. Schon allein das Problem der Sprache setzt sie in ein fast hoffnungsloses Abseits. Sie können nicht genug deutsch, um mit deutschen Jugendlichen um die knappen Lehrstellen und Arbeitsplätze konkurrieren zu können. Falls sie, angesichts dieser Situation, in ihre Heimat zurückkehren möchten, können sie häufig nicht gut genug türkisch, um mit reellen Chancen in der Türkei Fuß fassen zu können. Sie tragen die Hoffnungslosigkeit mit sich herum und mitunter trennen sie sich auf tragische Weise von ihren Familien, um ein Leben auf eigene Rechnung zu versuchen, auch wenn dieser Weg bisweilen in die Kriminalität führt.«[201]

Gefangen im Kulturkonflikt

Wenn man solche und ähnliche Darstellungen betrachtet, die die Lebenslage der zweiten Generation abbilden wollen, so kann man darin ein durchgängiges Grundmotiv finden. Immer wieder ist es der Kulturkonflikt, der im Mittelpunkt steht, und das Motto, das sich daraus ableitet, heißt stets: zwischen den Kulturen zerrieben. Exemplarisch ausgeführt wird dieser Gedanke in einem 1996 erschienenen Aufsatz von Ruth Mandel und Czarina Wilpert, der sich mit türkischen Arbeitsmigranten befaßt. Darin heißt es: Viele der Nachkommen türkischer Arbeiter in Deutschland sehen ihren Aufenthalt hier nur als eine Zwischenzeit an, bis sie wieder in die Heimat zurückkehren werden. Auf diejenigen aber, die eines Tages tatsächlich zurückkehren, warten zahlreiche Enttäuschungen. Dies gilt insbesondere für die rückkehrenden Kinder und Jugendlichen: Weil sie gänzlich unvorbereitet in die Türkei kommen, stehen sie vor einer großen »Desillusion«. Ihr Türkisch ist fehlerhaft, ihr Wissen um die türkische Geschichte und Kultur voller Lücken, ihr Verhalten in den Augen der Daheimgebliebenen respektlos. Nach Mandel und Wilpert werden sie vielfach ausgegrenzt, als Deutsche gebrandmarkt, ja in der türkischen Öffentlichkeit als »verlorene Generation ohne Hoffnung« bezeichnet.[202]

Nun sind aber viele gar nicht zurückgekehrt, sondern in Deutschland geblieben. Was ist mit ihnen und ihren Nachkommen, was ist mit der zweiten und dritten Generation der Arbeitsmigranten? Großes Aufsehen hat die 1997 erschienene Studie von Wilhelm Heitmeyer und seinen Mitarbeitern über türkische Jugendliche in Deutschland erregt. *Verlockender Fundamentalismus* lautet ihr Titel, und dahinter steht folgende Diagnose: »Die Kinder und Enkel der Gastarbeiter, als ›Ausländer‹ in Deutschland nicht zu

Hause, als ›Almancı‹ ausgegrenzt aus der Türkei, haben sich auf die Suche nach dem gemacht, was als ›kulturelle Identität‹ zum neuen Schlagwort geworden ist.« Sie suchen Schutz in der Gemeinschaft der Moschee, und der »Islam wird zur Heimat, die keinen Paß verlangt«.[203] Nach Darstellung der Autoren erfahren viele der Jugendlichen das Leben zwischen den Kulturen als dauernde »Spannung« – auf der einen Seite die Forderungen der türkischen Gemeinde, wie sie leben sollen, auf der anderen Seite die Vorstellungen der Jugendlichen selbst, wie sie in Deutschland leben können und wollen.[204] Die Ergebnisse ihrer Untersuchung interpretieren die Wissenschaftler so, daß sich für die türkischen Jugendlichen das »Leben in zwei Kulturen … als ein problembelastetes Leben zwischen den Kulturen darstellt«.[205] Es ist ein »kultureller Balanceakt«, mit dauerndem »Akkulturationsstreß« verbunden.[206]

In Medien wie Politik hat diese Studie breite Beachtung gefunden. *Der Spiegel* machte sie zum Aufhänger für eine eigene Titelgeschichte, Überschrift *Gefährlich fremd*, Untertitel *Das Scheitern der multikulturellen Gesellschaft*. Das Titelbild zeigt eine Fotomontage, im Vordergrund eine junge Frau, schwarzhaarig, dunkler Teint, die mit fanatisierter Geste eine große Fahne schwingt, darauf der türkische Halbmond; im Hintergrund ein paar jüngere Mädchen, in Kopftücher gehüllt, und männliche Jugendliche, bedrohlich bewaffnet.[207] Der Text handelt von der zweiten und dritten Generation der Gastarbeiter und Aussiedler, und er schildert ihre Situation als hoffnungs- und aussichtslos: »Den jungen Türken fehlt im Gegensatz zu ihren Vätern und Großvätern die berufliche Perspektive … Sie sind nicht mehr als Arbeitskräfte willkommen, sie werden nicht mehr gebraucht.«[208] Nicht besser sieht es für die jugendlichen Aussiedler aus, über sie heißt es: »Kaum Chancen für die Generation der [von den Eltern] Mitgenommenen.«[209] All dies wird laut *Spiegel* zum sozialen Sprengstoff, führt – so die zentrale Aussage – zu einem enormen Potential wachsender Gewaltbereitschaft in der zweiten und dritten Generation. Dominierend sind Stichworte wie »Massenschlägerei« und »Schießerei«, »Straßenkampf« und »Sackgasse der Banden«, »Milieu der Messerstecher« und »organisierte Kriminalität«;[210] und damit die Botschaft auch wirklich jeder versteht, ist der Text von vielen Bildern begleitet, die unverhüllt Gewalt signalisieren.

2. Lob der Vermischung: Positive Gegenentwürfe

Tragischer Mischling, Außenseiter, armes Ausländerkind – so oder ähnlich werden diejenigen, die in ihrer Familiengeschichte zwei Herkunftslinien verbinden, bis heute gezeichnet, als haltlose Wesen, bemitleidenswert, mitunter gefährlich. Und doch bahnt sich inzwischen ein Wandel an: Die gängigen Vorstellungsbilder sind nicht mehr unwidersprochen geblieben. Es begegnen uns in der Literatur, in der Wissenschaft, in den Medien allmählich auch andere, konkurrierende Bilder. Da ist nicht so sehr vom Leben zwischen den Kulturen, sondern mit mehreren Kulturen die Rede; und dieses Leben erscheint nicht mehr als Abweichung, Störung, seltsame Ausnahme, sondern als etwas durchaus Normales, ja es erscheint gar – als mögliche Chance. Da wird das, was der Mehrheitsbevölkerung als selbstverständliche Richtschnur erscheint, nämlich ihre eigene Identität, monokulturell und mononational definiert, zu einer von vielen möglichen Identitätsformen; und das, was die Mehrheitsbevölkerung als Defizit und Mangel bewertet, kann gerade das sein, woraus andere Gruppen Kraft, Stärke, Selbstbewußtsein beziehen.

Aufstieg des Bastards

Im Großbritannien des ausgehenden 20. Jahrhunderts hat sich innerhalb weniger Jahre eine neue Gruppe ins Blickfeld geschoben, die der postkolonialen Schriftsteller nämlich, und sie haben seitdem einen zentralen Platz in der dortigen Literaturszene gewonnen. Zum Beispiel Salman Rushdie, in Indien geboren, dann in England lebend, mittlerweile in den USA; 1981 ging der Booker-Preis, Großbritanniens höchste literarische Auszeichnung, an ihn. Zum Beispiel Michael Ondatjee, der aus Sri Lanka stammt, indische, holländische und englische Vorfahren hat, in Großbritannien zur Schule gegangen ist, seit langem in Kanada lebt und Geschwister auf vier Kontinenten hat; er gewann 1992 (zusammen mit Barry Unsworth) den Booker-Preis. Zum Beispiel Derek Walcott, ein in der Karibik geborener Lyriker afrikanischer, holländischer und englischer Abstammung, der mittlerweile zwischen Boston und Trinidad pendelt; er erhielt 1992 den Nobelpreis für Literatur. Zum Beispiel V. S. Naipaul, als Nachfahre indischer Einwanderer auf Trinidad geboren, dort aufgewachsen, danach Studium in Oxford, in Großbritannien ansässig; ein afrikanisch-britischer Inder also, im Jahr 2001 Nobelpreisträger für Literatur. Zum Beispiel J. M. Coetzee, Südafrikaner; er erhielt den Booker-Preis 1983 und noch einmal 1999 – eine doppelte Würdigung, wie es sie nie zuvor in der Geschichte des Preises gegeben hatte, und 2003 kam der Nobelpreis dazu.

Und die Liste solcher Namen ließe sich noch lange fortsetzen. Den verschiedensten Ecken des ehemaligen Empire entstammend, haben diese Autoren die englische Sprache »von innen revolutioniert«,[211] schreibt Pico Iyer. Sie haben die Literaturszene erobert, indem sie die vorherrschende Langeweile und müde Skepsis durchbrechen, ja die englische Sprache »mit leuchtenden Farben, sonderbaren Rhythmen und fremden Blicken verwandeln«.[212] Und so verschieden die Herkünfte, die Lagen, die Erfahrungen der Autoren auch sind, in ihren Arbeiten läßt sich ein durchgängiges Thema erkennen. Immer wieder umkreisen sie das spannungsreiche Verhältnis zwischen Zentrum und Peripherie im ehemaligen Empire und seinen Nachfolgeländern, nicht zuletzt auch das spannungsreiche Verhältnis und Selbstverständnis der dort versammelten ethnischen Gruppen, die mehrfachen Bindungen, die Spiegelungen und Verwerfungen, die im Schnittpunkt transnationaler und transkontinentaler Lebensgeschichten entstehen. Den verschiedenen Autoren gemeinsam ist die »Bindestrich-Existenz«[213] und die Hoffnung, daß der Spagat zwischen den Welten gelänge und sie sich aus allen erdenklichen Traditionen holen können, was sie brauchen und wollen. So bezeichnet Derek Walcott sich selbst als »geteiltes Kind«, das »das Haus der Literatur als Hausboy betreten hat«.[214] Das Buch, mit dem Ondatjee den Booker-Preis gewann, handelt ganz und gar von der neuen Gruppe postkolonialer Seelen, von den »internationalen Bastarden – in einem Land geboren, in einem anderen lebend. Unser Leben lang kämpfen wir darum, in unsere Heimatländer zurückzukehren oder von ihnen loszukommen.«[215] Und Salman Rushdie, der Pate des postkolonialen Schreibens, hat in seinen Essays immer wieder die neuartige Position der *translated men* ausgelotet, der »übersetzten« oder »übergesetzten« Leute.[216]

Nachdem sein Roman *Die satanischen Verse* ihm erbitterte Feindschaft, ja Morddrohungen von seiten radikal-muslimischer Gruppen eingebracht hat, preist er in einer Replik auf deren Kritik leidenschaftlich die Segnungen kultureller Vermischung:

»Im Zentrum des Romans steht eine Personengruppe, die meisten britische Muslime oder Personen muslimischer Herkunft ohne engere religiöse Bindung. Sie kämpfen mit genau der Art großer Probleme, wie sie auch in der Kontroverse um dies Buch entstanden sind, nämlich Probleme der Vermischung und der Ghettoisierung, der Versöhnung zwischen dem Alten und dem Neuen. Diejenigen, die den Roman heute am lautstarksten ablehnen, sind der Meinung, die Vermischung mit anderen Kulturen würde zwangsläufig ihre eigene schwächen und zerstören. Ich aber bin ganz anderer Ansicht. *Die satanischen Verse* feiern Hybridität, Unreinheit, Vermischung, die Verwandlung, die aus neuen und unerwarteten Verbindungen von Menschen, Kulturen, Ideen, politischen Überzeugungen, Filmen, Liedern entsteht. Sie freuen sich an dem, was Bastardisierung genannt wird, und fürchten die Absolutheit des Reinen. *Mélange*, Mischmasch, eine Prise von diesem und eine Prise von jenem, das ist die Art, wie das Neue in die Welt kommt. Es ist die große Möglichkeit, die die Massenmigration der Welt schenkt, und ich habe sie aufzunehmen versucht. *Die satanischen Verse* plädieren für Wandel-durch-Verschmelzung, Wandel-durch-Verbindung. Sie sind ein Liebeslied, unsere Bastard-Existenz preisend.«[217]

Bastard-Existenz – welch ein Wort! Was in den Kreisen der Mehrheitsbevölkerung ein Schimpfwort ist, voll der rassistischen Anklänge, wird von Rushdie und anderen Autoren heute aufgenommen, umgekehrt, mit neuer Bedeutung versehen, ja selbstbewußt zum Signum der eigenen Gruppe gemacht. Und das Lob der Vermischung, das sie anstimmen, wird nicht nur von wenigen dünnen Stimmen gesungen. Was der Mehrheitsbevölkerung noch immer sehr fern ist und sehr verdächtig, nimmt bei anderen Gruppen allmählich den Charakter eines neuen Leitmotivs an. Weil Personen gemischter Herkunft heute nicht mehr mit Sanktionen belegt werden, sondern gleiche Rechte besitzen – zumindest formal, zumindest in den westlichen Ländern – und weil sie im Zeitalter von Migration und Globalisierung auch eine schnell wachsende Gruppe darstellen, können diese Personen heute neues Selbstbewußtsein gewinnen, an die Öffentlichkeit gehen, ja als eigene Gruppe sich verstehen und entsprechend auftreten. Als Konsequenz dieser Entwicklung können wir heute eine Situation beobachten, die unübersehbar ihre eigenen Ironien enthält: Während die einen, der Mehrheitsbevölkerung angehörend, immer noch vom Kulturschock reden und die Heimatlosigkeit, Sprachlosigkeit ausmalen, die die Kinder der Migranten erwartet – finden wir bei denen, die das Migrationsschicksal von innen her kennen, häufig ein anderes Lied, jedenfalls soweit sie sich öffentlich äußern. Nicht das Klagelied von der Last der Vermischung stimmen sie an – sondern das Lob der Vermischung.

Neue Helden

Schon wird manchmal ein Kult der Differenzen daraus, plakativ, laut, in grellen Farben gezeichnet. Zum Beispiel bei G. Pascal Zachary, einem amerikanischen Wirtschaftsjournalisten, der selbst einer gemischten Familie entstammt. Die Eltern des Vaters Katholiken aus Süditalien, die der Mutter jüdische Einwanderer aus Polen und Rußland – das war, als seine Eltern in den frühen fünfziger Jahren heirateten, eine Verbindung über große Distanzen hinweg, und dies mehrfache Erbe hat sein Denken geprägt.[218] Mit seinem Buch über die *Neuen Weltbürger* hat Zachary in den Medien breite Beachtung gefunden, nicht nur in den USA, auch hierzulande. Und dies vielleicht deshalb, weil Zachary nicht als neutraler Beobachter schreibt, sondern als jemand, der selbst engagiert ist und sein Engagement offen zeigt. Indem Zachary popularisiert, hemmungslos vereinfacht und wiederholt, verkündet er im Kern immer wieder eine einzige Botschaft: Der Bastard ist der neue Held, ja der Träger der Zukunft, er ist es, der im 21. Jahrhundert für Nationen wie Unternehmen die entscheidenden »Wettbewerbsvorteile«[219] bringt. Bei Zachary, dem Redakteur des *Wallstreet Journal*, liest sich das so:

Zunächst erinnert der Autor an die üblichen Assoziationen, die sich im Allgemeinbewußtsein mit dem Begriff »Bastard« verbinden. Es ist ein stark negativ besetztes Wort, das an »Halbblut«,

»Promenadenmischung« und »Mischling« erinnert, ja im *Concise Oxford Dictionary* als »beleidigend« eingestuft wird.[220] Nachdem das Terrain derart abgesteckt ist, beginnt Zachary seine Umwertung der Werte, sein Lobpreis des Bastards: »Vielfalt bestimmt die Leistungsfähigkeit und den Wohlstand der Nationen im 21. Jahrhundert. Es lebe der Bastard … Der Unreine, der Mischling, der Befleckte, der Struppige, der Dunkelblaue: diesen Menschen gehört die Erde. Vermischung ist die neue Norm … Das leidenschaftliche Plädoyer für Bastarde ist überfällig … Dies ist ihr Augenblick … Keine Entschuldigungen mehr … Das Gegenteil von Verwurzelung ist nicht mehr Wurzellosigkeit. Bejubelt euer hybrides Selbst. Bejubelt eure vielfältigen Bindungen … ›Bastard‹ ist ein aggressives, polemisches Etikett. Es signalisiert eine Solidaritätsbekundung mit allen Außenseitern; mit all jenen, die Mischehen eingehen, in ein anderes Land auswandern, eine andere Sprache erlernen, eine neue Religion annehmen, eine neue öffentliche Persona anlegen, während sie gleichzeitig frühere Gewohnheiten bewahren … In diesem Sinne sind Bastarde Helden. Sie haben einen breiteren Erfahrungs- und Bewußtseinshorizont als der eindimensionale Angepaßte, und sie sind eher bereit, gegen Traditionen aufzubegehren oder eingefahrene Denk- und Handlungsmuster zu hinterfragen … In einer Welt, in der Ethnien in zunehmendem Maße in Konflikt miteinander geraten, können Bastarde kreativer sein als die vermeintlich reinrassigen Individuen.«[221]

Auf allen Stühlen

Dort die postkolonialen Schriftsteller und ihre auffallenden Erfolge, hier das Plädoyer und das Pathos des Journalisten Zachary – nichts davon kann man als Beschreibung »der« Wirklichkeit lesen. Die Bedeutung solcher Antworten liegt vielmehr auf ganz anderer Ebene: Mit ihren Gedanken, ihren Aussagen brechen sie das Deutungsmonopol der Mehrheitsgesellschaft auf. Sie vermitteln eine Ahnung davon, daß jenseits der Welt, die die Mehrheitsbevölkerung kennt, noch eine andere liegt, liegen könnte, wo nicht das Eine und Eindeutige die selbstverständliche Norm ist, sondern das Leben sich umgekehrt gerade über die Mehrfachverbindungen bestimmt, aus dem Nebeneinander und Miteinander verschiedener Bezugskreise.

Man muß nicht lange suchen, um solche Gegenentwürfe auch in Deutschland zu finden, unter den Nachkommen der einst als Gastarbeiter Gekommenen oder der binationalen/bikulturellen Familien. Während bei der Mehrheitsgesellschaft »Heimat« einen innigen Klang hat, Assoziationen von Nähe, Vertrautheit, Gemeinschaft anrührt, wird im Gegenentwurf Heimat eher zum Symbol für Enge und Zwänge, ein Ort seltsamer Fixierungen, auf die man sich nicht einlassen möchte. So schreibt Sandeep Bhagwati, ein Komponist und Musiker deutsch-indischer Herkunft, über Künstler, deren Leben sich wie das seine zwischen den Kulturen abspielt, und er gibt seinem Essay den stolz provozierenden Titel *Wir Niemandsländer*.[222] Der Schriftsteller Feridun Zaimoglu, Sohn eines türkischen Gastarbeiters, als Kind nach Deutschland gekommen, hat genug von den »Dauerzugehörigkeitsspielchen« und setzt dagegen: »Bei dem Begriff Heimat sträuben sich mir die Nackenhaare.«[223] Bisweilen nennt er sich selbst einen »herkunftsfremden Deutschen«, als Provokation, um die Betrachtungsweisen der Mehrheitsgesellschaft zu stören oder, wie Zaimoglu sagt: »ein Rollenspiel. Ich tue den Teufel und bekenne mich zu einer einzigen Definition.«[224] Ähnlich der Grünen-Politiker Cem Özdemir, auch er einer türkischen Gastarbeiterfamilie entstammend. Er bezeichnet sich als »anatolischen Schwaben«, dies als »Versuch, die Zuordnungen lächerlich zu machen. Wir sind nicht in eine Schablone zu pressen.«[225]

Bhagwati, Zaimoglu, Özdemir – sie sind Etablierte, sie haben Karriere gemacht, und insofern sind sie sicher nicht typisch für »die« Nachkommen der Gastarbeiter oder der gemischten Familien. Aber auch andere Personen, mehr im breiten Mittelbereich der Gesellschaft angesiedelt, äußern sich in ähnlicher Richtung. Auch sie wehren die üblichen Klischeebilder ab, das ständige Reden von Defiziten und Mängeln. Zwischen den Kulturen, zwischen allen Stühlen? Das ist nicht ihre Erfahrung. Indem sie wortspielerisch neue Bilder in die deutsche Sprache einführen, betonen sie die Besonderheit ihrer Lage als besondere Chance. Zum Beispiel Fatoş Topac, als Kind türkischer Arbeitsmigranten nach Deutschland gekommen, als Sozialpädagogin in Berlin lehrend. Sie artikuliert als

Lebensgefühl ihrer Gruppe: »... daß die zweite Generation zwischen den Stühlen verloren sei, kann ich nicht bestätigen.« Sicher habe sie im Elternhaus manchmal andere Werte und Normen erfahren als in der Welt draußen, aber, so fährt sie fort, diese Unterschiede der Kulturkreise habe sie nicht als ausschließliche Gegensätze aufgefaßt, »sondern als Bereicherung. Zwischen diesen beiden Stühlen gibt es einen dritten, auf dem sitzen wir.«[226] Ähnlich Berrin Özlem Otyakmaz, auch sie in der Türkei geboren und heute in Deutschland lebend, im Bereich der Migrantinnen- und Frauenarbeit tätig. Otyamaz hat einige junge Migrantinnen türkischer Herkunft befragt und daraus ein Buch gemacht, sein Titel lautet *Auf allen Stühlen*.[227] Aber auch wenn der Anspruch gar zu großspurig ist, weil die Autorin, auf der Basis nur weniger Interviews, »das« Selbstverständnis junger türkischer Migrantinnen darstellen will[228] – bemerkenswert ist ihre Aussage dennoch, weil sie sich dem weinerlichen Tonfall der deutschen Migrationsdebatten entzieht, den Klageliedern um die arme Ausländerfrau bzw. das arme Ausländerkind. Otyakmaz schreibt: Die jungen Frauen aus Migrantenfamilien »sitzen durchaus nicht untätig herum und verharren als Opfer, bis ihnen jemand großmütig aus ihrer Situation heraushilft. Sie kämpfen um ihren Platz in dieser Gesellschaft und haben ihre eigenen Lebensentwürfe längst kreiert ... Sie sind der lebendige Beweis dafür, daß das Leben in und mit verschiedenen Kulturen möglich, bereichernd, ja wünschenswert ist. Sie sitzen nicht zwischen, sondern auf allen Stühlen.«[229]

Interkulturelles Biographiebasteln

Nun sind, so mag man sagen, auch die beiden zuletzt genannten Autorinnen insofern untypisch, als sie studiert haben und einen entsprechend qualifizierten Beruf ausüben. Aber dieser Einwand trifft nur zum Teil. Denn unter den Kindern der Arbeitsmigranten gibt es – und dies nimmt die Mehrheitsgesellschaft bisher viel zu wenig zur Kenntnis – inzwischen eine wachsende Gruppe von jungen Männern und Frauen, die erfolgreich das deutsche Bildungssystem absolvieren und erfolgreich sich in der deutschen Gesellschaft bewegen. Zum Teil weil alte Vorurteile und Denkgewohnheiten beharrlich sich halten, zum Teil weil die offizielle Statistik nur unvollständige Daten vermittelt,[230] zum Teil schließlich auch, weil Politik vorwiegend mit den Problemzonen der Gesellschaft befaßt ist – aus solchen und ähnlichen Gründen geraten in der Diskussion um die zweite Generation vorwiegend die »Problemfälle« und »Versager« ins Blickfeld, diejenigen, die nur schlecht deutsch sprechen können, diejenigen, die die Schule nicht schaffen, diejenigen, die irgendwie negativ auffallen. Diejenigen also, die dem Klischee vom armen Ausländerkind neue Bestätigung schaffen.

Dabei hat in der zweiten Generation der Zuwanderer längst eine Binnendifferenzierung und Polarisierung der Lagen Einzug gehalten,[231] die zum einen mit Aufstiegs- oder Abstiegsprozessen während des Lebens in Deutschland zusammenhängt, zum anderen und mindestens ebenso mit der wachsenden Vielfalt der einwandernden Gruppen. Hier die Tochter türkischer Arbeitsmigranten, dort der Sohn einer Brasilianerin und eines Deutschen, hier Kinder bäuerlicher Aussiedler aus Polen, dort Jugendliche aus einer hochgebildeten irakischen Flüchtlingsfamilie, wie kann man sie alle in eine Schublade stecken? Die einzig vernünftige Antwort lautet natürlich, man kann es nicht. Dennoch lassen sich, über die offensichtlichen Unterschiede hinweg, auch einige Grundlinien, einige Ähnlichkeiten erkennen, die zwar nicht für alle, wohl aber für viele derer kennzeichnend sind, die der zweiten bzw. dritten Generation angehören. (Die folgende Skizze, das muß man vorweg zur Erläuterung sagen, ist vor allem aus Materialien über türkische Arbeitsmigranten entstanden, weil über diese Gruppe die meisten Untersuchungen vorliegen.) Und das für den deutschen Normalblick Unerwartete, das Überraschende ist: Ganz offensichtlich sind viele der Kinder aus Migrantenfamilien oder binationalen Verbindungen durchaus nicht so wurzellos, heimatlos, haltlos, wie man oft meint. Im Gegenteil, viele schaffen sich eigene Wurzeln. Im Spagat zwischen Welten sind sie geübt, darin finden sie eigene Nischen und Heimaten, eigene Orte der Identität. Im Gefolge von Migration und Globalisierung verschwinden zwar alte Heimaten, aber es entstehen gleichzeitig neue, schreibt die Ethnologin Regina Römhild: »Heimaten allerdings, die einer anderen Logik folgen. Die kulturelle Praxis in den Einwanderungsgesellschaften zeigt, daß Menschen mehrere Heimaten haben, mehrere kulturelle und soziale

Bindungen entwickeln und leben können, daß sie dabei nationale und ethnische Sortiermuster kreativ unterwandern und sich so ihre Welt über nationalstaatliche Grenzen hinweg entwerfen.«[232]

Zum Beispiel Familie, zum Beispiel Religion. Gerade in diesen Bereichen weisen diejenigen, die Migrantenfamilien entstammen, meist weit stärkere Bindungen auf als die Jugendlichen gradlinig normaldeutscher Herkunft.[233] Viele gewinnen darüber, das wurde im ersten Kapitel ausführlich beschrieben, einen Anker der Identität. Für einige wird wohl auch eine Art innerer Kompaß daraus: Wer einen solchen besitzt, für den wirkt die Vielfalt der Welten nicht verwirrend oder verstörend, denn er kann damit umgehen, kann selbst navigieren, einen eigenen Kurs steuern. Daher auch die Bedeutung religiöser Symbole. Indem sie ein Weltbild und einen Wertekanon vermitteln, können solche Symbole Halt bieten und einen Bezugsrahmen vorgeben.

Man nehme die jungen Frauen türkischer Herkunft, die Sigrid Nökel untersucht hat. Für sie ist das Kopftuch Teil einer umfassenden Lehre der Sittlichkeit und des angemessenen Verhaltens, sie finden darin eine Anweisung zur inneren Disziplin, eine »Stütze der Selbstkontrolle«, ja eine »Leibordnung nach islamischen Vorzeichen«.[234] Und diese Ordnung wird ihnen nicht aufgezwungen, nein die jungen Frauen selbst sind es, die sie wollen und schätzen. Religion als Sinnstiftung und Verhaltensorientierung, und dies in einem besonderen Kontext, im Rahmen von Migrationsbiographien; Religion als Entscheidungshilfe, um mit der Vielfalt und Konkurrenz von Erwartungen umgehen zu können, die aus unterschiedlichen Lebenswelten erwachsen; Religion als Teil eines interkulturellen Biographiebastelns also – das finden wir hier.

Dabei ist der Begriff des Bastelns durchaus wörtlich zu nehmen, als Umgang mit einer praktischen Aufgabe, die man zu lösen versucht. Es ist ein Suchprozeß, der hier stattfindet, und er enthält in erheblichem Ausmaß Eigenaktivität. Denn keineswegs ist es so, daß diejenigen, die die Religion als Wegweiser nehmen, die religiösen Gebote einfach mechanisch befolgen. Charakteristisch für die Angehörigen der zweiten Generation ist weit eher, daß sie die religiösen Gebote selbständig auslegen, indem sie diese auf die Bedingungen des Lebens in Deutschland beziehen und daraus praktische

Regeln ableiten. Da muß man vielleicht das Kopftuch nicht immer tragen, sondern kann auch Ausnahmen zulassen, je nachdem, wie die Umstände es verlangen. Und man muß vielleicht auch die Fastengebote nicht allesamt einhalten, sondern kann sich einen freieren Umgang damit erlauben, um etwa den Anforderungen im Beruf zu folgen. Kurz, was einst der festgelegte Kanon der Religion war, verwandelt sich hier – auf dem Weg des Biographiebastelns – in eine Bastelreligion mit stärker persönlichen Anteilen.

»Ein Teil der zweiten muslimischen Migrant/-innengeneration emanzipiert sich vorsichtig mit Hilfe der Religion von der Elterngeneration«, schreibt Yasemin Karakaşoğlu. Indem diese jungen Männer und Frauen sich die Grundlagen der Religion selbständig aneignen und die Ausdrucksformen ihrer Religiosität ihren persönlichen Wünschen und Lebensumständen anpassen, wird es ihnen möglich, »in einem gemeinsamen kulturell-religiösen Kontext mit den Eltern zu verbleiben und dennoch eigene Lebensvorstellungen zum Ausdruck zu bringen. Es findet mithin auf religiöser Basis eine ›sanfte‹ Emanzipation von den Eltern und eine eigenständige Interpretation von Integration in die Gesamtgesellschaft statt.« Kurz, für diesen Teil der zweiten Generation ist die religiöse Orientierung Element eines eigenen und eigenständigen Lebensstils, mit dem sie sich von den Eltern wie von der Mehrheitsgesellschaft abgrenzen.[235]

Zugleich lokal und transnational

Bei diesem interkulturellen Biographiebasteln gewinnt darüber hinaus der Wohnort großes Gewicht. Ob Berlin oder Frankfurt, ob Stuttgart oder Nürnberg, hier ist für viele Angehörige der zweiten Generation der Mittelpunkt ihres Lebens. Mit der Stadt fühlen sie sich am meisten verbunden, weit mehr als mit einer Nation, egal ob diese nun das Herkunftsland oder das Ankunftsland ist.[236] Für Frankfurt ist diese Identifikation mit der Stadt mit genauen Zahlen belegt, und zwar durch eine Studie von Gaby Straßburger über die Integration der dort lebenden Migranten. Nach ihren Befunden fühlen sich fast zwei Drittel der Befragten als Frankfurter, knapp die Hälfte fühlt sich – zum Teil gleichzeitig – dem Herkunftsland der Eltern verbunden, aber nur ein knappes Fünftel kann sich als Deutscher oder Deutsche identifizieren.[237] Kann man daraus ableiten, daß sich die Mehrheit der Befragten irgendwie doch mit der Aufnahmegesellschaft verbunden fühlt? Ist die Stadt vielleicht der kleinste gemeinsame Nenner, der Integration ins Leben der Deutschen ermöglicht? So fragt die Ethnologin Regina Römhild, die selbst Jugendliche im Frankfurter Gallusviertel untersucht hat, einer Gegend mit hohem Migrantenanteil. Nach Römhilds Erfahrung bietet sich eine andere Interpretation an, nicht Integration, sondern etwas Neues, eine »eigenwillige Verortung in einem transnationalen kulturellen Raum, für den die Sprache der Integration keinen Namen hat«.[238] Für Römhild ist die Identifikation mit dem Ort, wie sie für viele Angehörige der zweiten Generation kennzeichnend ist, Teil deren besonderer Herkunftsgeschichte und des Versuchs, sie zu begreifen. »Frankfurt ist der Ort, von dem aus die Auseinandersetzung mit Herkunft stattfindet, der Ort, der sie so abfordert oder auch: ermöglicht. Denn Frankfurter Türke sein ist ein kollektives Projekt, an dem viele mit ähnlichen Erfahrungen beteiligt sind, und das als Teil der Jugendkultur erlebt und gelebt wird.« Nicht um Deutschland geht es, und schon gar nicht um die Nation, sondern um ein urbanes Lebensgefühl, eine Zugehörigkeit zur Stadt im globalen Raum. Das Frankfurt, das die Frankfurter Türken im Sinn haben, ist nicht »Teil der nationalen Republik, sondern die potentiell weltstädtische Metropole, die sozialen und kulturellen Raum für Projekte wie ihres bietet. Während Staat und Gesellschaft insgesamt noch immer an einer nationalen Selbstverfassung interessiert sind, sind die Städte längst dabei, sich in Richtung Welt umzuorientieren, zu Global Cities im ökonomischen, aber auch im kulturellen Sinn zu werden.«[239]

Ähnliche Perspektiven finden wir bei Ayşe Ş. Çağlar, Ayhan Kaya und Levent Soysal. Alle drei sind Sozialwissenschaftler türkischer Herkunft, in der angelsächsischen Forschungstradition aufgewachsen und davon geprägt, und alle drei haben die Lebenswelt junger türkischer Migranten in Berlin untersucht.[240] Alle drei wenden sich in deutlichen Worten gegen die gängigen Bilder von Kulturkonflikt, Zerrissenheit, Identitätskrise. Im Blick der genannten Autoren stellt sich die Lebenslage der jungen Migranten ganz anders dar: nämlich als besondere Form der Einbindung, der mehrfachen Einbindung sogar, mit Bezügen zum lokalen wie transnationalen Raum; eine Einbindung freilich, die die deutsche Mehrheitsbevölkerung nicht wahrnimmt, weil ihr dafür das Sensorium fehlt. Nachdrücklich wendet sich Çağlar zum Beispiel gegen die Rede vom *Ghetto*, jenen Begriff, den die Mehrheitsgesellschaft so gerne verwendet, um die Lebens- und Wohnformen der Migranten – und speziell der türkischen Migranten – zu charakterisieren. Ghetto meint Absonderung, Rückzug, einen geschlossenen Raum, und für Çağlar (ebenso auch für Kaya und Soysal) spielt sich das Leben der Migranten in ganz anderen Formen ab.

Deshalb beschreibt Çağlar ausführlich die Kaffeebars, Diskos, Restaurants, die die Migranten der jüngeren Generation gern frequentieren, ihre öffentlichen Treffpunkte mithin, die eine besondere Mischung darstellen. Zwar ist das Dekor dort durchaus als türkisch erkennbar, aber sein Entwurf ist nicht ausgerichtet auf die Folklore-Türkei, mit Landschaftsbildern und ähnlichen Zutaten, sondern er zeigt dezidiert die urbane Türkei, die Türkei der Metropolen, wo Istanbul und Berlin, Europa und New York zusammenrücken. Ebenso berichtet Çağlar über Musikgruppen wie *Culture Clash* oder *Islamic Force*, die schon in der Namensgebung die Erwartungen und Ängste der Mehrheitsbevölkerung parodieren und bei den Deutsch-Türken der zweiten und dritten Generation enorm populär sind. Diese Gruppen mischen verschiedene musikalische Ausdrucksformen und Instrumente, Stile und Traditionen aus der Türkei wie aus Deutschland, fügen dem Elemente der afro-amerikanischen, asiatischen, internationalen Pop-Musik hinzu, und in ihren Texten wechseln sie zwischen der deutschen, türkischen, englischen Sprache. »Die deutsch-türkischen Hip-Hopper stellen für sich eine Verbindung her zur afroamerikanischen Jugendkultur. Auf dieser Grundlage werden die Ausdrucksformen des amerikanischen Hip-Hop mit eigenen sprachlichen und musikalischen Mitteln neu stilisiert. Bands wie *White Nigger Force* repräsentieren die imaginierte und musikalisch umgesetzte Querverbindung schon in ihrem Namen. Sie geben dem Gefühl ihrer Fans Ausdruck, die ›Schwarzen von Deutschland‹ zu sein. Kreuzberg und Brooklyn werden zu Symbolen einer kulturellen Verwandtschaft im globalen Raum.«[241]

Was also soll hier die Metapher vom Ghetto? Ganz im Gegenteil, schreibt Çağlar, es sind die vielfältigen Verflechtungen in transnationalen Räumen, die die Lebenswelt der zweiten Generation Berliner Türken zunehmend bestimmen: »Der Ghetto-Begriff reduziert die Bedeutung von Differenz und Zugehörigkeit im urbanen Raum auf ein einfaches Modell der Abschottung. Damit erzeugt er eine Blindheit gegenüber den transnationalen Räumen der Zuwanderer, deren Lebenswelt man nicht mehr nach dem Modus früherer Gesellschaftsformen begreifen kann, als den räumlichen Radius lokal verwurzelter Gemeinschaften. Wenn wir im Bild des Ghettos gefangen bleiben, können wir weder den Gestaltwandel der urbanen Kulturen in Berlin begreifen, noch die Art und Weise, wie die Zuwanderer sich den urbanen Raum aneignen … In den gängigen Ausländerdebatten wird immer wieder auf die Verbindungen der türkischen Zuwanderer zum Land ihrer Herkunft verwiesen, um damit ihre mangelnde Einbindung in die deutsche Gesellschaft hervorzuheben. Aber tatsächlich sind die Verbindungen der Zuwanderer immer mehr multilokal, nicht mehr bipolar bloß auf die Türkei und Deutschland bezogen.«[242]

Ethnische Gemeinden und transethnische Netzwerke

Durch das Ereignis der Migration werden die Migranten von ihren bisherigen Bezugsgruppen abgeschnitten, im Ankunftsland haben sie noch keine eigenen Wurzeln, also sind sie bindungslos und isoliert: das ist die Logik der Mehrheitsgesellschaft. Aber daß diese Logik so nicht gilt, das haben im Grunde schon die klassischen Migrationsstudien gezeigt. Demnach begeben sich diejenigen, die ihre Heimat verlassen, meist nicht auf ein völlig unbekanntes Terrain, sondern auf die Spuren anderer, die sie schon aus der Heimat kennen. Sie folgen dem Bruder, dem früheren Nachbarn, der Kusine, der einstigen Arbeitskollegin. Kurz, sie lassen sich möglichst da nieder, wo Menschen aus ihrem Herkunftsland leben. Ob Vietnamesen in New York oder Griechen in Nürnberg oder Philippinos in Mailand: im Gefolge solcher Kettenmigration entstehen überall auf der Welt *ethnic communities*, Gemeinschaften derer, die aus demselben Herkunftsland stammen. Und je größer diese *ethnic communities* werden, desto mehr fangen sie an, im neuen Land eigene Institutionen aufzubauen, von Religionsgemeinschaften und Schulen bis zu Sportvereinen, Kulturvereinen, politischen Gruppierungen.

Von seiten der Mehrheitsgesellschaft werden solche Gruppenbildungen meist mit Argwohn betrachtet, als Zeichen mangelnder Integrationsbereitschaft gedeutet. Das ist, schaut man genauer hin, ein Mißverständnis, und kein geringes. Denn die *ethnic communities* bilden zwar sicherlich auch eine Brücke zur alten Heimat. Aber sie sind mindestens ebenso eine Verbindung zur Aufnahmegesellschaft, eine wichtige Auffangstation für die Neuzuwanderer: Informationsbörse und Kontaktbörse, Ort der Arbeitsvermittlung und des Erfahrungsaustauschs. Wo muß ich mich als Neuankömmling melden? Wo finde ich Arbeit? Wo eine Wohnung? Wie hoch sind die Löhne? Wie funktionieren die Busse und U-Bahnen? Die *ethnic community* ist der Ort, wo man auf solche Fragen Antworten findet. »Die Neuankömmlinge, die sich alles in allem mehr für das Überleben als für Anpassungstheorien interessierten, konnten so dem ›Horror der Entwurzelung‹ entgehen«, schreibt die Migrationsforscherin Annette Treibel.[243] Auch für die zweite und dritte Generation hat die *ethnic community* oft noch große Bedeutung, jedenfalls dann, wenn die Erinnerung an die Herkunftsgesellschaft allmählich verblaßt, aber der Platz in der neuen Gesellschaft noch immer unsicher ist. Dieser Zwischenbereich ist es ja, den die Mehrheitsgesellschaft meint, wenn sie von der Heimatlosigkeit und Entwurzelung der zweiten Generation spricht. Doch dieser Zwischenbereich ist, das übersieht der normaldeutsche Blick, kein Niemandsland, einsam und menschenleer. Im Gegenteil, hier gibt es – neben den schon genannten sozialen Bezügen, neben Familie, Religion, Wohnort und transnationalen Verbindungen – auch die *ethnic community* als wichtige Bezugsgruppe, genauer die Heranwachsenden ähnlichen Alters und ähnlicher Herkunft. Daß hier, innerhalb der *ethnic community,* die Angehörigen der zweiten Generation oft ihre Freundschaften finden, ist im Grunde wenig erstaunlich, und es ist schon gar nicht Zeichen mangelnden Integrationswillens. »Weniger um das ›Türkischsein‹ als kulturelle Gemeinsamkeit« geht es bei solchen Kontakten »als vielmehr um den gemeinsamen sozialen background, der Lebenssituation und -befindlichkeit weitgehend bestimmt«, schreibt Yasemin Karakaşoğlu-Aydin.[244] Wenn Jugendliche türkischer Herkunft vor allem mit Jugendlichen türkischer Herkunft sich treffen oder Jugendliche aus Aussiedlerfamilien vor allem mit Jugendlichen aus Aussiedlerfamilien, dann ist das zunächst Ausdruck einer Erfahrungs- und Schicksalsgemeinschaft. Was tun, wenn die Mitschüler mich wegen meiner Aussprache als »Russen« auslachen, wenn der Lehrer Bemerkungen über »Ausländer« macht? Was tun, wenn die Eltern mir keine kurzen Röcke erlauben, mich nicht allein ins Kino gehen lassen? In der *ethnic community*, schreibt Anatoli Rakhkochkine in einer Studie über Kinder von Aussiedlern, findet man »Leidensgefährten«:

»In der Bewältigung der Fremdheit sind die Kinder letztlich auf sich selbst angewiesen. Da die Eltern oft ratlos sind, weil sie kaum ihre eigenen Probleme lösen können, schließen sich die Kinder zusammen. Sie haben einen gemeinsamen kulturellen Hintergrund und ähnliche Lebensläufe. Für viele stellt dieser Zusammenschluß eine Art Ersatz für ihre ehemalige Heimat dar ... In der neuen Welt brauchen die Kinder Ansprechpartner, mit denen sie Informationen und Erfahrungen austauschen können, die ihre Probleme verstehen. An die Lehrer und Sozialarbeiter können sie sich häufig nicht wenden, weil diese ihre Lage nicht kennen und auch ihre Sprache nicht beherrschen. Da bieten sich die ›Leidensgefährten‹ an.«[245]

Unter den Jugendlichen der *ethnic community* findet man aber nicht nur Leidensgenossen, sondern ebenso auch Gefährten beim Lachen. Hier kann man sich über die Paradoxien der eigenen Lage austauschen und ironische Geschichten erzählen über die »Einheimischen«, die Immer-schon-Ansässigen – in Deutschland wie im Herkunftsland –, die nur den nationalen Binnenraum kennen und ganz in den nationalen Gewohnheiten stecken.[246] Hier kann man Rat suchen und finden; hier kann man sich verständigen ohne lange Erklärungen. Wo im Verhältnis zu den deutschen Altersgenossen vieles mühsam ist, vieler Worte bedarf, findet man hier ein Klima der Vertrautheit und selbstverständlichen Nähe. Zum Beispiel bei Diskriminierungserfahrungen: Gerade da ist die ethnische Gruppe eine wichtige Stütze, wie eine Studentin türkischer Herkunft erzählt:

»Beispielsweise, wenn wir zur Ausländerbehörde gehen mußten, haben wir das gemeinsam erledigt oder zum Konsulat haben wir gemeinsam erledigt, also ich kann nicht erwarten, daß Petra oder wer weiß wer mit mir dann das Ganze durchsteht, ne, … und wenn's auch solche Sachen wie Ausländerproblematik sind, wenn man dann so schief angeguckt wird, dann erzählt man das lieber der Freundin … Pöbeleien und dann so Sprüche, ja da bekommt man eher Trost … und man denkt dann, man ist nicht allein, Moment, sie hat dasselbe erlebt und sie hat so drauf reagiert und dann lernt man wahrscheinlich Verhaltensmuster dadurch kennen … Ich konnte nicht erwarten, daß wirklich eine deutsche Freundin von mir dieselben Probleme oder dieselben Erlebnisse hat, wie ich sie als Ausländerin, in Anführungszeichen, habe, von daher war das wirklich eine Stütze, deshalb greift man darauf zurück, auf so Gruppen«.[247]

Zum Beispiel wenn die Eltern streng sind und vieles verbieten: Auch da ist der Kreis türkischer Freundinnen eine Hilfe, wie eine junge Frau ebenfalls türkischer Herkunft erzählt. In diesem Kreis werden Erfahrungen ausgetauscht, das eigene Handeln überdacht, Normalität hergestellt. In diesem Kreis hat sie mitbekommen, daß andere junge Frauen in ähnlichen Situationen ähnliche Auswege suchen, nämlich die elterlichen Verbote oft mit Heimlichkeiten umgehen. Bei ihren Freundinnen findet sie Vertrautheit und Bestätigung:

»Ja da ist eben 'ne Vertrautheit. Und es stellt sich heraus, daß man wirklich viele Gemeinsamkeiten hat, weil man vieles gleich macht. Weil man zum Beispiel die Eltern genauso anlügt … Da ist dann natürlich 'ne Bestätigung, daß man das Richtige macht. Daß das nicht so schlimm ist, daß man das heimlich macht.«[248]

Aber auch wenn der Austausch innerhalb der *ethnic community* eine wichtige Stütze darstellt, so bleiben die sozialen Beziehungen durchaus nicht auf diesen Rahmen beschränkt. So haben Ayşe Çağlar und Levent Soysal, die zweite Generation türkischer Migranten betrachtend, nachdrücklich die transnationalen Verflechtungen ins Blickfeld gerückt, die zur Jugendkulturszene in Berlin-Kreuzberg gehören.[249] Und Regina Römhild hat am Beispiel des Frankfurter Gallus-Viertels gezeigt, wie unter den Jugendlichen Freundschaftsnetzwerke entstehen, die nicht an die ethnischen Sortiermuster sich halten. Da kommen Aussiedler-Jugendliche mit Kindern aus anderen Migrantenfamilien zusammen, geeint durch ein gemeinsames Merkmal, die nichtdeutsche – oder jedenfalls nicht gradlinig normaldeutsche – Herkunft. Da gibt es, trotz unterschiedlicher Herkunftsländer, oft eine Ebene vergleichbarer Erfahrungen (so etwa wenn die Jugendlichen sich darüber unterhalten, wer mit seinen Eltern wohin in Urlaub fährt, um die Familienangehörigen dort zu besuchen). Die meisten in solchen Freundschaftsnetzwerken haben familiäre, soziale Bezugspunkte außerhalb Deutschlands, auch wenn einige sich nur in Gedanken damit auseinandersetzen können, weil ihnen der Weg dorthin zur Zeit versperrt ist. Obwohl sie alle ihre je individuelle Migrationsgeschichte im Kopf haben, ist das Gemeinsame, daß sie sich innerlich damit befassen und mit den Ländern, aus denen die Eltern einst kamen.[250]

Hier ist der gemeinsame Nenner die grenzüberschreitende Lebensgeschichte: die Verbindungslinien zwischen dem »Hier« und dem »Dort«, die Mehrfachbezüge, all die Erinnerungen und Imaginationen, die sie enthalten: Das schafft eine innere Distanz zu den Altersgenossen aus der deutschen Mehrheitsgesellschaft, die nur einen mononationalen, monokulturellen Blick kennen. Das bringt gleichzeitig die Jugendlichen aus Migrantenfamilien zusammen, über die Unterschiede ihrer jeweiligen Herkünfte hinweg. Indem die Heranwachsenden wechselseitig erzählen, Erfahrungen vergleichen, daraus lernen und neue Perspektiven gewinnen, können sie die Verbindung zu ihrer Herkunft behalten und gleichzeitig darüber hinausschauen. Das macht die transethnischen Netzwerke, wo solche heute entstehen, zu einer weiteren wichtigen Stütze beim interkulturellen Biographiebasteln.

3. Mehrfache Identitäten und Patchwork-Identität: Neue theoretische Perspektiven

Die zweite Generation, die Nachkommen aus Migrantenfamilien und ethnisch gemischten Verbindungen: Wo sie ins Blickfeld der Mehrheitsgesellschaft geraten, tauchen immer wieder ähnliche Stichworte auf. Heimatlosigkeit! Entwurzelung! Aber diejenigen, die dieses schwere Schicksal angeblich tragen, melden sich heute – das haben die letzten Abschnitte gezeigt – in Medien und Öffentlichkeit selber zu Wort. Und in ihrem Diskurs finden wir ganz andere Motive und Bilder. Sie erzählen von Lebensgeschichten, die vielfältige Bindungen und Vernetzungen aufweisen, ja die durchaus auch eigene Heimaten haben, freilich Heimaten besonderer Art, nicht bezogen auf das Territorium einer Nation.

Diese Diskrepanz müßte zu denken geben.

Und tatsächlich, vor allem in der angelsächsischen Forschungslandschaft wird etwa seit den achtziger, neunziger Jahren ein deutlicher Wandel auf der Ebene der einschlägigen Konzepte und Theorien erkennbar, mit denen die Forscher sich dem Thema der zweiten Generation nähern. Ja man kann sagen, in der angelsächsischen Sozialwissenschaft hat sich ein neuer Grundkonsens etabliert, nicht zuletzt im Gefolge der Debatten um Multikulturalismus und Transnationalismus, Postmoderne und Postkolonialismus. Das bislang vorherrschende Bild, auf den »Marginal Man« als tragischen Außenseiter fixiert, gilt als überholt, als zu eng und einseitig; mehr noch, es wird grundsätzlich in Zweifel gezogen. »Writing against«, Anschreiben dagegen, wird zur Devise – zum Beispiel gegen die Verlustkategorien, die Problemperspektive, die Opferperspektive. Im Wechselspiel verschiedener wissenschaftlicher Disziplinen wird ein Bezugsrahmen entworfen, der eine Kehrtwende einleitet: Er handelt von Biographiemustern, die vielschichtiger und offener sind, mehrere Kulturen umgreifen, flexibel verschiedene Identitätsschichten enthalten – und er verhandelt dies als Normalität, nicht als Abweichung und Störung. In der Konsequenz, so kann man mit leichter Zuspitzung sagen, ist der Diskurs der Außenseiter und Randgruppen in der angelsächsischen Forschung kein bloßer Diskurs der Außenseiter und Randgruppen mehr, sondern wird öffentlich wahrgenommen, in Ausschnitten zumindest, und wirkt bis in die etablierte Wissenschaft hinein. Und ganz allmählich finden wir Spuren davon auch in Deutschland; obschon mit erheblichem zeitlichen Abstand, und noch längst nicht bei der Mehrheit der Forscher.

Zum Beispiel die Identitätsforschung. Noch bis vor wenigen Jahrzehnten herrschten in der Psychologie Konzepte vor, die Identität als etwas Stabiles, Dauerhaftes, Unverrückbares begriffen. So verstand etwa Erik Erikson, der Begründer der modernen Identitätsforschung, in den fünfziger Jahren Identität als die »unmittelbare Wahrnehmung der eigenen Gleichheit und Kontinuität in der Zeit«.[251] Dann aber setzte im ausgehenden 20. Jahrhundert die Kehrtwende ein, in der Psychologie wesentlich auch vom Diskurs der Postmoderne beeinflußt, und eine radikale Abwendung von den früheren Konzepten war die Folge. Nicht mehr Einheit, Kontinuität, Kohärenz werden betont, vielmehr herrschen jetzt Begriffe vor, die eine ganz andere Richtung symbolisieren – Begriffe wie Kontingenz, Diskontinuität, Fragmentierung, Übergänge. Nicht mehr um die einmal erworbene, dann stabile Identität geht es mehr, sondern um die »alltägliche Identitätsarbeit«,[252] wie es jetzt heißt, um einen lebenslangen Prozeß mit vielen Windungen und Wendungen. Identität ist nicht mehr ein festes, in sich geschlossenes Paket, sondern eher ein Mosaik, ja ein »Patchwork«[253]: die Verbindung verschiedener Elemente, die teils eng zusammenhängen, teils nebeneinanderstehen oder auch miteinander konkurrieren und die, auch das ist wichtig, im Lauf des Lebens sich immer wieder verschieben, weil einige zurücktreten, andere sich in den Vordergrund schieben, einige unwichtig werden, andere zentrale Bedeutung gewinnen.

Eine Identität, die mehrere Kulturen und Herkunftsländer verbindet, ist so gesehen nicht länger notwendig instabil und gefährdet. Im Gegenteil, sie ist im Grunde durchaus normal, weil in jeder Person verschiedene Identitätselemente sich treffen. Wenn alle Menschen eine Patchwork-Identität haben, auch diejenigen, die zur Mehrheitsgesellschaft gehören, dann sind die Afro-Deutschen, die türkischen Migranten in Frankreich, die Inder in Großbritannien keine »Abweichung« mehr. Wenn man Identität derart als Entwicklung begreift, dann geht es darum, wie die Identitätselemente sich zueinander verhalten, und die Frage heißt: ob sie zusammengefügt werden können oder sich dauernd blockieren und von welchen (inneren wie äußeren) Bedingungen dies abhängt. Genau diese Frage finden wir heute in jenem Bereich der psychologischen Forschung, der sich explizit mit multikultureller Identitätsentwicklung beschäftigt, also mit der von Migranten und ihren Nachkommen sowie von Kindern aus bikulturellen Verbindungen. Dort wird jetzt zwischen gelingenden und mißlingenden Formen solcher Identitätsentwicklung unterschieden, zwischen konstruktiven und negativen Verläufen.[254] Eine in mancherlei Hinsicht ähnliche Verschiebung der Perspektiven können wir finden, wenn wir in die neuere Ethnizitätsforschung schauen, die sich in den letzten Jahrzehnten im angelsächsischen Raum fest etabliert hat. Wo früher Perspektiven vorherrschten, die Ethnizität als vorgegebene und feststehende Eigenschaft ansahen – vorgegeben qua Geburt, qua Vorfahren, qua Blut –, haben heute neue Konzepte Konjunktur: Die Rede ist auch hier von multiplen Identitäten oder Identitätsschichten, zum Beispiel mehr lokal oder mehr regional bestimmt, national oder transnational, religiös oder kulturell.[255] Im Zentrum steht ein Modell, das den »offenen, situationsabhängigen, dynamischen Charakter«[256] ethnischer Identität betont und damit zugleich die handelnde Person ins Blickfeld rückt, weil diese zwischen den verschiedenen Identitätsschichten bewußt oder unbewußt auswählt, entscheidet, sich flexibel bewegt.

Auf die Frage »Wer bin ich? Wo gehöre ich hin?« gibt es demnach nicht mehr eine einzige und lebenslang gleichbleibende Antwort. Vielmehr bestehen verschiedene Antwortmöglichkeiten, so wie eben verschiedene Zugehörigkeiten und Identitätsschichten existieren. Welche Antwort gewählt, welche Identitätsschicht jeweils betont wird, hängt von äußeren Umständen ab wie von den Wünschen und Neigungen der handelnden Person. Da spielen dann situative Bedingungen herein, erst recht politische, und nicht zuletzt Phasen im Lebenslauf. Wer in München aufgewachsen ist als Kind griechischer Arbeitsmigranten, mag bei den Sommerferien in Thessaloniki die Wärme der griechischen Sonne und der griechischen Großfamilie genießen, ja eine Sehnsucht nach den griechischen Wurzeln empfinden; wenn er nach München-Giesing zurückgekehrt ist, wird er wieder ein begeisterter Fan von 1860 München und pfeift gegen die Freiburger, die Stuttgarter, die Cottbuser; am Arbeitsplatz ist er weder Grieche noch Bayer, sondern Computer-Spezialist oder Teil der Siemens-Belegschaft; und falls er einmal nach Schwarz-Afrika reist, fühlt er sich erst recht nicht als Grieche oder als Deutscher, sondern noch einmal anders: nämlich als Weißer und Europäer.

Oder, um es noch einmal abstrakter zu sagen: Grundbegriffe der neueren Ethnizitätsforschung sind Pluralität und Heterogenität, und zwar als Teil der Normalität, nicht als Kennzeichen der Fremden, der Ausländer, der Migranten. »Identität ist für niemand nur eine einzige Sache. Vielmehr ist jedes Individuum eingebunden in eine Reihe verschiedener, zum Teil auch widersprüchlicher Identitäten und entscheidet sich zwischen ihnen. Wie es sich entscheidet, hängt von der jeweiligen Situation ab und ihren sozialen, politischen, ökonomischen und kulturellen Bedingungen.«[257] Mit Aussagen wie dieser ist der, der einst »Marginal Man« hieß, von den Rändern in die Mitte der Gesellschaft gerückt. Pluralität und Heterogenität sind Teil der *conditio humana*, bei einigen offener, bei anderen verdeckter.

Aber bis solche Einsichten der neueren Identitäts- und Ethnizitätsforschung über die Wissenschaft hinausgreifen, bis sie das öffentliche Bewußtsein erreichen – bis dahin wird es wohl noch einige Zeit dauern.

Eine ironische Wende

Eine ironische Wende zeichnet sich ab. Während die Ahnung von Pluralität und Fragmentierung die Wissenschaften erreicht, ja in Ansätzen Bestandteil eines postmodernen Lebensgefühls wird, können wir bei denen, die stets als Außenseiter definiert wurden, Ansätze zu einer gegenläufigen Entwicklung erkennen. Um den alten Stereotypen von Zerrissenheit und Wurzellosigkeit entgegenzuwirken, betonen manche im Gegenzug die Einheit, die Kohärenz ihrer Person. So zum Beispiel die Dichterin Aurora Levin Morales, die sich selbst als »kalifornisch-puertorikanische Jüdin« bezeichnet und in folgenden Sätzen beschreibt:[258]

I am not african. Africa is in me, but I cannot return.
I am not Taína. Taíno is in me, but there is no way back.
I am not European. Europe lives in me, but I have no home there.

I am new. History made me. My first language was spanglish. I was born at the crossroads and I am whole.

Ich bin nicht afrikanisch. Afrika ist in mir, aber ich kann nicht zurückkehren.
Ich bin keine Taína. Taíno ist in mir, aber es gibt keinen Weg zurück.
Ich bin nicht europäisch. Europa lebt in mir, aber ich habe dort keine Heimat.
Ich bin neu. Die Geschichte hat mich geschaffen. Meine Muttersprache ist Spanisch-Englisch.
Ich bin am Schnittpunkt der Wege geboren und ich bin ein Ganzes.

Zwischen den Kulturen verloren? Nein, am Schnittpunkt verschiedener Wege geboren und in der Vielfalt der Traditionen ein Eigenes, ein Ganzes. Das ist die Position, die eine neue Generation von Migranten und ihren Kindern, von Bastarden und Vermischten für sich beansprucht. Nicht mehr und nicht weniger als das »Recht auf Anerkennung«[259] fordern sie ein.

Kapitel 5

Im Irrgarten der Ausländerstatistik[260]

> »Jeder Analyse internationaler Migrationsdaten in Europa (und anderswo) sollte ein gesunder statistischer Warnhinweis vorausgehen.«
>
> *Der Migrationsforscher John Salt 2001*[261]

> »Das Konzept des ›Ausländers‹ … verwischt wichtige Unterschiede und vermengt Phänomene, die auseinandergehalten werden müssen. Es ist absehbar, daß der ›Ausländer‹-Begriff … ein Auslaufmodell ist; die Wirklichkeit läuft ihm davon.«
>
> *Der Soziologe Rainer Geißler 2001*[262]

Wird das Thema »Ausländer in Deutschland« verhandelt – und es wird, weil politisch kontrovers, bekanntlich sehr häufig verhandelt –, dann zitieren die Diskussionsteilnehmer gern aus Statistiken und Untersuchungsberichten, um ihr jeweiliges Urteil zu untermauern. Aber nur selten wird darauf geachtet, wie solche Daten zustande kommen, was sie erfassen – und was sie auslassen. Dabei ist genau hier größte Vorsicht geboten. Und dies nicht etwa deshalb, weil die Zahlen zum Zwecke der Täuschung frisiert oder manipuliert werden (natürlich gibt es dies auch, aber nur in eher seltenen Fällen). Das Problem, dem wir viel häufiger begegnen, ist weit tieferer Art: Alle Untersuchungsmethoden, die mit statischen Begriffen wie »Ausländer« und »Inländer« arbeiten, sind nicht vorbereitet auf eine Lebenswirklichkeit, die zunehmend transnational wird, die durch mehrfache Zugehörigkeiten über Länder- und Nationalitätsschranken hinweg gekennzeichnet ist. Die Daten, die mit solchen Untersuchungsmethoden produziert werden, sind deshalb im besseren Fall irrelevant – und im schlimmeren Fall irreführend, ja falsch.

Welche Mißverständnisse und Fehlurteile entstehen, weil unsere Kategorien und Daten den Lebensverhältnissen nicht mehr entsprechen, das will ich im folgenden exemplarisch an vier Themenfeldern zeigen, die in der Diskussion um die Situation der Ausländer in Deutschland immer wieder auftauchen. Dabei geht es um (1) die grundlegende Unterscheidung zwischen Inländern und Ausländern; (2) die Integration der Gastarbeiter und ihrer Nachkommen; (3) die Position ausländischer Kinder im deutschen Bildungssystem; und schließlich (4) die Zunahme deutsch-ausländischer Ehen.

1. »Inländer« und »Ausländer« – Von den Tücken der Unterscheidung

Seit Anfang der fünfziger Jahre finanziert die Mineralölgesellschaft *Shell* eine Reihe großangelegter Jugendstudien in Deutschland. Als im Frühjahr 2000 die dreizehnte dieser Studien herauskam, führte sie eine wichtige Erweiterung ein. Während die vorangehenden *Shell*-Studien nur deutsche Jugendliche befragt hatten, wurde das Thema nun breiter angelegt: Es hieß »Jugendliche in Deutschland« und bezog ausländische Jugendliche mit ein, ja das Verhältnis zwischen deutschen und ausländischen Jugendlichen wurde thematisiert.[263]

Soweit zumindest die Absicht. Doch bei der Durchführung der Befragung stießen die Forscher auf unerwartete Komplikationen.[264] Was war passiert? Um deutsche und ausländische Jugendliche zu vergleichen, mußten die Forscher die Jugendlichen entsprechend sortieren. Dies gelang, ach! nur mit Mühen. So gab es eine Reihe von Jugendlichen, die sich selbst klar als Ausländer verstanden, obwohl sie den deutschen Paß besaßen und damit nach dem harten Kriterium des Staatsbürgerschaftsrechts keine Ausländer waren (also zum Beispiel jugendliche Aussiedler oder junge Deutsche türkischer Herkunft). Von den Jugendlichen wiederum, die, weil sie lediglich einen ausländischen Paß hatten, nach den offiziellen Kriterien wie nach der Definition der Forscher in die Kategorie »Ausländer« fielen, störten sich viele an genau dieser Etikettierung: Das Adjektiv »ausländisch«, ja die ganze Sortierung nach solchen Kriterien hatte für sie einen irritierenden Klang. Einige der betroffenen Jugendlichen äußerten ihre Ablehnung deutlich, mit Bemerkungen wie »Diskriminierung«, »integrationsfeindlich«, ja »nationalistisch«. Unmut regte sich auch angesichts der gesonderten

Fragebereiche im Fragebogen, die sich speziell auf den Ausländerstatus bezogen (hier ging es um Einreisedaten, Einreisegründe usw.). Viele der Jugendlichen mit Doppelpaß, aber auch solche, die nur einen ausländischen Paß besaßen, reagierten mit Unbehagen darauf. Manche ließen solche Fragen demonstrativ unbeantwortet und setzten dagegen »Ich bin Deutsche/Deutscher« oder »Ich *fühle mich aber* als Deutsche/Deutscher«. Wie kompliziert die Zuordnungen waren, wie fern von der einfachen Unterscheidung nach »Inländern« und »Ausländern«, das wurde den Forschern schließlich deutlich bei der Diskussion mit zwei Berufsschülern, der eine »ausländisch« (iranischer Paß, seit 14 Jahre in Deutschland zu Hause), der andere »deutsch« (Aussiedler aus Kasachstan, seit zwei Jahren in Deutschland). In diesem Gesprächsverlauf sagte einer der beiden den bezeichnenden Satz: »Der Unterschied zwischen ›deutsch‹ und ›ausländisch‹ ist künstlich.«[265]

Von all diesen Schwierigkeiten berichten die Forscher der *Shell*-Studie etwas verschämt in Form einer nachträglichen Betrachtung. Die Unterscheidung zwischen »deutschen« und »ausländischen« Jugendlichen hat in der Praxis so nicht funktioniert – die Autoren bezeichnen sie im nachhinein als zwar forschungspraktisch gerechtfertigt, aber »äußerst unglücklich«.[266]

Bleibt die Frage: Was ist hier falsch gelaufen? Warum konnte der besondere und innovative Anspruch der Studie – zum ersten Mal Einbeziehung der Jugendlichen mit nicht-deutschem Paß – nicht besser umgesetzt werden? Die Antwort dürfte wohl lauten, daß die Forscher der *Shell*-Studie zwar das Defizit der vorangehenden Studien richtig erkannten – aber sich nicht hinreichend auskannten, um einen besseren Forschungsansatz zu entwerfen. Sie waren Jugendforscher vor allem, aber hatten vom Themenfeld »Ausländer« – seinen Schwierigkeiten und Fallen, seinen Mehrdeutigkeiten und Sensibilitäten – wohl wenig Ahnung. So erklärt sich, warum sie einer schlichten Sichtweise folgten, wie sie bis heute im Alltagsbewußtsein vorherrschend ist und wie sie sich auch in vielen Bereichen von Wissenschaft und Politik noch häufig findet. Dabei sind die Mängel einer solchen Sichtweise inzwischen bekannt: Sozialforscher, die mit dem Thema »Ausländer« intensiver vertraut sind, haben immer wieder gezeigt, wie unzulänglich die grobe Unterscheidung zwischen »Inländern« und »Ausländern« ist; und sie haben gleichzeitig gezeigt, welche Wege man einschlagen kann, um die Komplexität der Lebens- und Herkunftsgeschichten besser erfassen zu können.

Zum Beispiel der *Sechste Familienbericht* der Bundesregierung, im Herbst 2000 erschienen. Er beschäftigt sich – so sein Titel – mit *Familien ausländischer Herkunft in Deutschland*, zeigt deren Leistungen, Belastungen, Herausforderungen auf.[267] Die Experten wenden sich gegen Verkürzungen, wie sie so oft bei der Begriffswahl sich einschleichen: Es geht demnach nicht um ein einfaches Gegensatzpaar, also um »ausländische« Familien in Abhebung von deutschen. Vielmehr geht es, so die sorgfältig abwägende Formulierung, um »die nach Deutschland zugewanderten Familien … mit ihren zu- oder auch wieder fortwandernden oder nachziehenden Familienmitgliedern«,[268] um Familien mithin, die mit vielfältigen Migrationsbewegungen leben, zwischen Herkunftsland und Aufnahmeland oft langfristig pendeln, wobei es von vielen Umständen abhängt, ob sie die Staatsbürgerschaft des einen Landes aufgeben, die des anderen annehmen oder beide besitzen. Indem der *Sechste Familienbericht* diese neuartigen Mischverhältnisse ins Zentrum stellt, gelingt ihm ein entscheidender Schritt: er löst sich von der starren Gegenüberstellung »Wir und die Anderen« – also hier die Deutschen, dort die Fremden.

In eine ähnliche Richtung weist die bereits zitierte Studie von Gaby Straßburger, die sich – so der Titel – mit der *Evaluation von Integrationsprozessen* in der Stadt Frankfurt befaßt.[269] Frankfurt am Main ist die fünftgrößte Stadt Deutschlands und stark durch Zuwanderung gekennzeichnet. Nimmt man zu den Ausländern und Eingebürgerten noch die Spätaussiedler dazu, so gehört bei jedem dritten Einwohner Zuwanderung zur eigenen oder familiären Lebenserfahrung.[270] Weil angesichts solcher Verhältnisse die schlichte Unterscheidung zwischen Ausländern und Deutschen nicht mehr viel Sinn macht, wurde der Fokus der Studie breiter gewählt. Ihr Blick sollte nicht auf »Ausländer« gerichtet sein, sondern auf »Zuwanderer«, um so auch diejenigen einbeziehen zu können, die zwar einen deutschen Paß haben, aber gleichzeitig auch einen Migrationshintergrund in der Familien- und Lebensgeschichte. Mit diesem Zugang, schreibt die Autorin, wurde in Form einer zentralen Weichenstellung die Tatsache berücksichtigt, »daß aufgrund zunehmender Einbürgerung der Begriff ›Ausländer‹ ... analytische Aussagekraft einbüßt. Hinzu kommt, daß er für viele Zuwanderergruppen, die längst gesellschaftlich integriert und zum Teil auch hier geboren sind, ausgrenzend wirkt und einer Identifikation mit der aufnehmenden Gesellschaft im Weg steht.«[271]

Ebenfalls von Frankfurt handelt die bereits erwähnte ethnologische Studie von Regina Römhild, die sich mit transnationalen Alltagskulturen befaßt.[272] Wie sich die Lebenswelt der Jugendlichen hier und heute gestaltet, das wird exemplarisch dargestellt an der 16jährigen Katja, die als Tochter rußlanddeutscher Aussiedler nach Deutschland kam. Katjas Lebenswelt läßt sich, so Römhild, nicht den Kategorien zuordnen, die im Alltagsbewußtsein vorherrschen, wo auf der einen Seite die einheimischen Deutschen stehen und auf der anderen Seite die nicht-deutschen Zuwanderer. Denn Katja, in Rußland geboren, ist als Aussiedlerkind rechtlich Deutsche, besitzt deutsche Staatsangehörigkeit und deutschen Paß. Aber ihr Selbstbild ist anders, »Katja zählt sich zu den ›Russen‹ in Deutschland, sie sieht sich als Migrantin wie viele andere auch«. Wieder anders verhält es sich bei vielen ihrer Schulkameraden: Obwohl hier geboren, gelten sie »noch immer als ›Türken‹ oder ›Jugoslawen‹ – ein Fremdbild, das sich zum Teil durchaus mit ihrem Selbstbild deckt, auch wenn viele vom neuen Staatsbürgerschaftsrecht Gebrauch machen und jetzt ihrem Paß nach Deutsche sind«. Hier sind Lebensverhältnisse entstanden, in denen Herkunftslinien und Zugehörigkeiten sich immer weniger in starren Gegensatzpaaren abbilden lassen, vielmehr gekennzeichnet sind durch vielerlei Querverbindungen und Überlappungen. Die Grenzen verwischen sich, die scheinbar eindeutigen Kategorien durchdringen einander. Dementsprechend lautet das Fazit der Studie: »Auf der Seite der Deutschen finden sich viele Menschen mit Migrationserfahrung: Aussiedler, eingebürgerte Ausländer, mobile Deutsche, die beruflich oder privat viel Zeit im Ausland verbringen; auf der Seite der Einwanderer dagegen leben viele nun schon in der zweiten oder dritten Generation hier. Sie sind ein fester Bestandteil unserer Gesellschaft, die sie als Schüler, Studenten, als Arbeitnehmer, Unternehmer, als Politiker und Künstler aktiv mitgestalten.«[273]

Solche Aussagen und Untersuchungsergebnisse klingen für Forscher aus dem angelsächsischen Raum kaum überraschend und neu. In Deutschland dagegen, wo die Parole »Wir sind kein Einwanderungsland« lange Zeit nicht nur die Politik, sondern auch das allgemeine Denken bestimmte, kündigen solche Aussagen einen Perspektivwechsel an. Denn in ihnen wird durchgängig sichtbar: Im Zeitalter der transnationalen Migration halten sich Identitäten und Zugehörigkeiten vielfach nicht mehr an nationalstaatliche Grenzen. Sie folgen anderen Regeln, die sich oft nur mehr »von innen« entschlüsseln lassen, von den jeweiligen Gegebenheiten der Lebenswelt her. Diese Identitäten und Zugehörigkeiten ignorieren oft Grenzen, stellen neuartige Verbindungslinien her, ja schaffen sich ihre eigenen Bezugspunkte – etwa der Art »Wir sind Frankfurter Türken«,[274] Berliner Türken, Nürnberger Griechen –, die das Schema nationalstaatlicher Sortierung von unten her aufbrechen.

2. Gastarbeiter – Gescheiterte Integration?

Im Jahr 1961 kamen die ersten Gastarbeiter aus der Türkei nach Deutschland. Vierzig Jahre später wurde dies Ereignis zum Anlaß für zahlreiche Feiern und Festreden. Doch die *Frankfurter Allgemeine Zeitung* hielt dagegen: All die Reden seien schönfärberisch, hieß es da. Die Wirklichkeit sehe ganz anders aus: Da leben Deutsche und Türken bestenfalls nebeneinander, da schreitet die Segregation unaufhaltsam voran, da haben nur wenige der ehemaligen Gastarbeiter den sozialen Aufstieg geschafft. Wie düster die Situation in Wirklichkeit ist, das läßt sich »den Statistiken der Sozialhilfe, der Arbeitslosigkeit und auch der Kriminalität entnehmen«. Kurzum, »die Integration ist gescheitert«.[275]

In solchen Sätzen kommt eine Stimmung zum Ausdruck, die wir in den Medien sehr häufig finden[276] – und diese Stimmung entspricht wohl auch dem Bild vieler Menschen in der deutschen Mehrheitsgesellschaft. Ich will mich hier nicht mit den vielerlei Bedeutungsgehalten des schwierigen Begriffs »Integration« näher befassen, statt dessen fragen: Ist die Vorstellung von der gescheiterten Integration, wie sie im Alltagsbewußtsein so hartnäckig sich hält, überhaupt richtig? Woran denken wir, wenn wir in Medien, Politik,

Öffentlichkeit von gescheiterter Integration sprechen – und was vergessen wir dabei, was lassen wir aus?

Zunächst einmal ist zweifellos richtig: Die Rede von der gescheiterten Integration kann an zahlreiche Erfahrungen anknüpfen, nach denen das Zusammenleben zwischen Deutschen und Ausländern sich schwierig gestaltet oder anders jedenfalls, als die Deutschen erwarten – wenn die Ausländer als Ausländer sichtbar sind und als solche auffallen, durch Aussehen, durch Sprache, durch Kleidung, durch Gestik. All dies ist keine Erfindung der Medien, sondern im allgemeinen Bewußtsein präsent. Aber ebenso richtig ist auch: Von den zahlreichen Beispielen gelingender Integration nehmen wir viele gar nicht erst wahr, wir übersehen sie schlicht. Dies liegt zum einen am Alltagsbewußtsein, das vorwiegend »Abweichungen« registriert und deshalb diejenigen Ausländer als Erfahrung nicht mitzählt, die *nicht* auffallen, *nicht* irritieren, *nicht* den Normalhorizont stören. Es liegt mindestens ebenso – und davon handeln die folgenden Überlegungen – an den Rubriken unserer nationalstaatlich organisierten Statistik, die ganz grob nach »Inländern« versus »Ausländern« sortiert und damit ein anachronistisches Bild der Wirklichkeit transportiert. Meine These heißt ebenso schlicht wie pointiert: Die Rubriken der deutschen Ausländerstatistik sind so definiert, daß gerade die gut integrierten Ausländer tendenziell gar nicht in ihr Gesichtsfeld geraten. Dabei handelt es sich um zwei Gruppen vor allem – zum einen die Rückwanderer, zum anderen die Eingebürgerten.

Die Rückwanderer

Viele der ehemaligen Gastarbeiter sind inzwischen wieder zurück in die Heimat gegangen – darunter gerade auch diejenigen, die sich in Deutschland erfolgreich durchgesetzt und integriert hatten. Das klingt zunächst überraschend, ja paradox. Aber es wird durchaus verständlich, wenn man an die Motive der Arbeitsmigranten erinnert[277]: Ursprünglich wollten die allermeisten nur für eine begrenzte Zeit nach Deutschland kommen, um durch die Arbeit und die Ersparnisse hier die Grundlage für eine bessere Zukunft in der Heimat zu schaffen. Für manche ging dieser Traum nie in Erfüllung. Aber manche konnten ihr Leben tatsächlich so gestalten, sie arbeiteten viel, sie verdienten genug – und sie kehrten mit dem Verdienst in die Heimat zurück. Dabei ist durchaus nicht zufallsverteilt, für welche Migranten die ursprünglichen Hoffnungen sich einlösten, für welche nicht. Unter den rückgewanderten Familien sind nämlich viele, die eine vergleichsweise bessere Ausgangsposition hatten – etwa über bessere Bildungsvoraussetzungen verfügten – und deshalb auch leichter Zugang zu den Deutschen und Deutschland fanden. Über sie heißt es im *Sechsten Familienbericht*: »Nicht etwa Heimweh oder mangelnder Erfolg im Aufnahmeland sind wichtige Rückwanderungsmotive, sondern Hoffnungen auf die Realisierung weiteren sozialen Aufstiegs. Entsprechend finden sich unter den Rückwanderern vermehrt solche, die während ihres Aufenthalts in Deutschland gute Deutschkenntnisse erworben hatten, intensive Kontakte zu Deutschen unterhielten, eine überdurchschnittliche Berufsqualifikation und stabile Beschäftigungsverhältnisse hatten.«[278] Das aber heißt: Viele der erfolgreichen Arbeitsmigranten tauchen in der deutschen Ausländerstatistik nicht auf, aus dem einfachen Grund, weil sie sich nicht mehr im Einzugsbereich der deutschen Statistik befinden – weil sie heute wieder in der Türkei oder in Griechenland leben, in Italien oder in Spanien.

Die Eingebürgerten

Aber viele der ehemaligen Gastarbeiter sind auch in Deutschland geblieben, und unter ihnen gibt es inzwischen eine beträchtliche Gruppe, die die deutsche Staatsbürgerschaft erworben hat.[279] Es liegt auf der Hand, daß es wiederum nicht zufallsverteilt ist, wer von den ehemaligen Gastarbeitern sich einbürgern läßt: Aufgrund der rechtlichen Voraussetzungen dürften es vor allem die vergleichsweise gut integrierten sein, die diesen Schritt machen. Aber genau diese Personen erscheinen dann nicht mehr in der *Ausländer*statistik. Sie leben zwar weiterhin im Einzugsgebiet der deutschen Statistik, aber sie gehören eben nicht mehr in die Ausländerstatistik, denn ihr Status hat sich geändert, sie sind Deutsche geworden und nicht mehr Ausländer. So ergibt sich der paradoxe Effekt, daß eine Entwicklung, die direkt als Indikator für Integration dienen kann, aus dem Blickfeld vieler Ausländerstudien verschwindet, gewissermaßen unsichtbar wird. Indem die Eingebürgerten aus dem Bezugsrahmen der Ausländerstatistik herausfallen, verlieren die amtlichen Statistiken gerade da an Aussagekraft, wo es um Integration geht.

Der Effekt ist bei den beiden beschriebenen Gruppen also ähnlicher Art: Ob als Ergebnis von Rückwanderung oder von Einbürgerung, in der Kategorie »Ausländer« bleiben tendenziell die weniger erfolgreichen, weniger integrierten Migranten zurück. Und auch dies ist wahrscheinlich kein Zufall, sondern hängt wohl eher mit der Eigenart der offiziellen Statistik zusammen, die die Menschen in nationalstaatlich definierte Kästchen sortiert. Eine Bewegung zwischen den Kästchen – über Landesgrenzen und Paßgrenzen hinweg – ist im amtlichen Verfahren nicht vorgesehen (außer in einzelnen, speziell dafür bestimmten Rubriken). Doch gleichzeitig verfügen im Zeitalter der Globalisierung gerade diejenigen Menschen über bessere Erfolgschancen, die sich den wechselnden Umständen schnell anpassen können, die beweglich sind in vielerlei Hinsicht. Dazu gehören diejenigen, die sich in mehrfachen Migrationsschüben über Ländergrenzen bewegen (von der Heimat in die Ferne und wieder zurück), und ebenso diejenigen, die flexibel die Staatsbürgerschaft wechseln (die alte aufgebend, eine neue annehmend). Für soviel Mobilität aber ist in der bisherigen, auf nationalstaatlichen Fixierungen basierenden Statistik kein Ort: Sie kann damit nicht umgehen.

3. Die Bildungsstatistik: Warum kommen die Ausländer nicht besser voran?

Nun werden, wo es um Fragen der Integration geht, immer wieder auch die Bildungsstatistiken herangezogen. Wie die amtlichen Statistiken durchgängig zeigen, sind die ausländischen Kinder die Verlierer im Bildungssystem – an Haupt- und Sonderschulen überrepräsentiert, dagegen an weiterführenden Schulen vergleichsweise wenig vertreten. Demnach verläßt zum Beispiel über die Hälfte der Schulabgänger mit ausländischem Paß die Schule ohne Schulabschluß oder mit einem Hauptschulabschluß. Und unter den ausländischen Jugendlichen ist der Anteil derer, die die Schule ohne Hauptschulabschluß verlassen, doppelt so hoch wie unter den Deutschen.[280]

Daß solche Zahlen sozialen Sprengstoff enthalten, steht außer Frage. Denn in der modernen Wissensgesellschaft werden im Bildungssystem entscheidende Weichen gestellt für das spätere Leben, für Beruf, Sozialstatus, Einkommen. Doch bevor man dem Eindruck der Statistiken folgt, ist Vorsicht geboten. Meine These heißt, wieder kurz und pointiert: Die amtlichen Zahlen geben kein vollständiges und ausgewogenes Bild. Denn sie berücksichtigen mehrere Gruppen nicht bzw. nicht hinreichend – die Eingebürgerten, die Rückwanderer, die Seiteneinsteiger –, und sie lassen darüber hinaus die Bildungsfortschritte im Generationenverlauf außer acht.

Die Eingebürgerten und die Rückwanderer

Die erste Verzerrung ergibt sich wieder als Konsequenz wachsender Einbürgerungszahlen. Wenn diejenigen Ausländer, die sich sehr weitgehend in die deutsche Gesellschaft integriert haben, zunehmend die deutsche Staatsbürgerschaft annehmen, so werden deren Nachkommen in der Bildungsstatistik nicht mehr als Ausländer gezählt. Entsprechend bleiben in der Rubrik »ausländische Kinder« stärker diejenigen aus wenig integrierten Familien zurück, die für eine Schullaufbahn in Deutschland schlechtere Startchancen mitbringen. In der Frankfurter Studie zur Integration von Zuwanderern wird dieses Problem der Statistik folgendermaßen beschrieben: Der Bildungserfolg von Schülerinnen und Schülern mit Migrationshintergrund wird unterschätzt, weil »eingebürgerte Schülerinnen und Schüler in der Statistik als ›Deutsche‹ geführt werden. Bei den Eingebürgerten dürfte es sich wegen der Einbürgerungsvoraussetzungen vor allem um Kinder und Jugendliche handeln, die tendenziell größere Bildungserfolge erzielen als die Schüler ausländischer Staatsangehörigkeit. Somit trägt der zunehmende Anteil eingebürgerter Kinder und Jugendlicher dazu bei, daß die Bildungserfolge gut integrierter Personen mit Migrationshintergrund statistisch unsichtbar werden.«[281] In diesem Dunkelfeld der Statistik verschwinden nicht zuletzt einige derer, die nach gängigen Kriterien geradezu als leuchtendes Vorbild der Integration gelten können – die nämlich das Abitur machen und danach ein Studium aufnehmen. Studierende ausländischer Herkunft sind hier insofern mit einem besonderen Problem konfrontiert, als für die Ausübung bestimmter akademischer Berufe (zum Beispiel Jura und Lehramt) die deutsche Staatsbürgerschaft Voraussetzung ist. Was also tun, wenn man entsprechende Berufswünsche hat? Die Antwort liegt auf der Hand: Die meisten Studierenden solcher Fachrichtungen werden – sofern sie die deutsche Staatsbürgerschaft noch nicht besitzen – sie im Lauf des Studiums beantragen;[282] was zur Konsequenz hat, daß sie dann aus dem Zuständigkeitsbereich der Ausländerstatistik herausfallen.

Hinzu kommen auch hier wieder die Rückwanderer. Zwar dürften viele von ihnen über relativ gute Bildungsabschlüsse verfügen,[283] aber da diese Personen sich heute außerhalb der deutschen Grenzen befinden, werden ihre Leistungen in der deutschen Statistik nicht mehr erfaßt. Bei Eingebürgerten wie Rückwanderern, so heißt es im *Sechsten Familienbericht*, »führt das Merkmal Nationalität dazu, daß der Bildungserfolg der Jugendlichen mit Migrationshintergrund statistisch geringer als real ausfällt«.[284]

Die Seiteneinsteiger

Eine weitere Verzerrung, die in der offiziellen Bildungsstatistik angelegt ist, hängt damit zusammen, daß in der Rubrik »ausländische Schülerinnen und Schüler« zwei ganz unterschiedliche Gruppen zusammengefaßt werden: zum einen Kinder von Ausländern, die schon seit langem, ja oft schon seit Jahrzehnten in Deutschland leben, also etwa die Nachkommen der Gastarbeiterfamilien; zum anderen Kinder aus ausländischen Familien, die erst seit kurzem in Deutschland sind, deshalb das Leben in Deutschland nicht kennen, die deutsche Sprache nicht sprechen, dementsprechend schlecht vorbereitet sind auf die Anforderungen, die das deutsche Schulsystem stellt. Nun hat die zweite Gruppe in den letzten Jahren zugenommen, und dies schlägt sich in der Bildungsstatistik nieder:

Auf den Schulen im unteren Bereich des Bildungssystems sind die Zuwanderer unter anderem auch deshalb überrepräsentiert, weil die Zahl der späteingereisten Jugendlichen zu Beginn der neunziger Jahre gestiegen ist.[285]

Nun ist kaum überraschend, wenn ein Sohn russischer Juden oder die Tochter einer Flüchtlingsfamilie aus Ex-Jugoslawien, die mit zehn Jahren zum ersten Mal deutschen Boden betreten, in den hiesigen Schulen, wenn überhaupt, nur mit Mühe mithalten können. Aber ist die Situation vieler Kinder aus griechischen, türkischen, spanischen Familien, die hier geboren und aufgewachsen sind, nicht deutlich anders? In einer Bildungsstatistik, die nur deutsche und ausländische Kinder kennt, ist für solche Unterschiede kein Platz. Und das hat Folgen. Indem die amtliche Statistik hier keine Feindifferenzierung anbietet, kommt es zur systematischen Unterschätzung des Bildungsfortschritts jener Kinder, die den länger ansässigen Zuwandererfamilien entstammen. Pointiert zusammengefaßt: »Der hohe Anteil von Seiteneinsteigern wirkt sich negativ auf den allgemeinen Bildungserfolg der ausländischen Schülerschaft aus; er drückt den Durchschnitt.«[286]

Auch wenn man diese Hintergründe berücksichtigt, bleibt als Faktum bestehen, daß die Bildungsabschlüsse ausländischer Jugendlicher deutlich unter dem Niveau liegen, das deutsche Jugendliche mittlerweile erreichen. Und dies gilt, pauschal betrachtet, auch für Jugendliche aus Gastarbeiterfamilien: Auch sie bleiben im Bildungssystem hinter den deutschen Vergleichsgruppen zurück. Aber wenn man die Zahlen genauer aufschlüsselt, dann deutet sich an, daß die Situation für die in Deutschland aufgewachsene Migrantengeneration zumindest offener wird: Unter ihnen finden sich zwar auch viele Schulabbrecher – aber gleichzeitig eine wachsende Gruppe, die mittlere bis höhere Bildungsabschlüsse erreicht.[287] Doch solche Integrationsfortschritte werden bei einer pauschalen Betrachtung kaum sichtbar, und dies nicht zuletzt deshalb, weil fortlaufend neue Seiteneinsteiger zuwandern, deren Eingliederung sich besonders schwierig gestaltet.

Angesichts solcher Verhältnisse ist im Bildungssystem sicher nicht Zeit für Entwarnung. Im Gegenteil, hier sind viele Initiativen nötig, damit in der jüngeren Generation keine Gruppen entstehen, die dauerhaft ins soziale Abseits geraten, weil sie in der Wissens-

und Leistungsgesellschaft nicht mithalten können. Gerade hierzu ist eine differenziertere Bildungsstatistik erforderlich, die nicht allein auf das Kriterium des Passes fixiert ist. Mit ihrer Hilfe wird nämlich genauer erkennbar, *wer* unter den ausländischen Jugendlichen zu den besonderen Risikogruppen gehört – und wo die Politik deshalb ansetzen muß, damit sich die Startchancen dieser Jugendlichen verbessern.

Bildungsaufstieg im Generationenvergleich

Aber auch wenn man die Gruppe der Seiteneinsteiger ausklammert, ergibt sich die Frage, wie sinnvoll es überhaupt ist, einen pauschalen Vergleich anzustellen: hier die Bildungsleistungen der Jugendlichen aus länger ansässigen Migrantenfamilien, dort die Bildungsleistungen der deutschen Gleichaltrigengruppen. Ein solcher Vergleich läßt nämlich die Unterschiede in den jeweiligen Bildungsvoraussetzungen außer acht. Ausgeblendet bleibt vor allem der Bildungshintergrund der Elterngeneration, die Tatsache also, daß die zugewanderten Arbeitsmigranten im Durchschnitt erheblich niedrigere Bildungsabschlüsse aufweisen als die einheimischen Deutschen.[288] Dies ist insofern von großer Bedeutung, als die Bildungchancen von Kindern – in einheimischen wie in zugewanderten Familien – weitgehend »vererbt« werden. Was einmal »heimliche Schulausbildung im Elternhaus« (Stodtbeck) genannt worden ist, fehlt in vielen Migrantenfamilien. Deshalb haben die Kinder aus deutschen Familien einen erheblichen Startvorteil – während die Kinder der Arbeitsmigranten viel mehr sich selbst erarbeiten müssen und viel mehr auf sich selbst gestellt sind, da ihre Eltern sich im Bildungssystem und seinen Anforderungen nur wenig auskennen.

Einschlägig ist hier eine Studie von Leenen/Grosch/Kreidt über türkische Migrantenfamilien. Die Forscher haben Interviews durchgeführt mit Jugendlichen, die solchen Familien entstammen und die in Deutschland Abitur gemacht haben. Aus ihren Befunden ziehen die Autoren das Fazit, »daß sich die Schulkarriere der ›bildungserfolgreichen‹ Jugendlichen vor allem durch deren Fähigkeit zur ›Selbstplazierung‹ auszeichnet. Während man bei deutschen Jugendlichen davon ausgehen kann, daß über ihre Schullaufbahn vor allem im Elternhaus entschieden wird, steuerten die von uns befragten … Jugendlichen ihre Bildungslaufbahn schon in frühem Alter in eigener Regie. ›Selbstplazierung‹ meint also, daß diese Gruppe einen großen Bereich familiärer Plazierungsleistungen selbst übernehmen muß: die Vertretung ihrer Interessen gegenüber schulischen Instanzen, die Konkretisierung allgemeiner Berufs- und Bildungsziele und ihre Übersetzung in Entscheidungen hinsichtlich Schulformen und -laufbahnen … Diejenigen Jugendlichen, die die Hochschulreife letztendlich erreichen …, haben in ihrem Durchsetzungsprozeß ein Maß an praktischer Handlungskompetenz und Realitätstüchtigkeit erworben, das sie von vielen deutschen Mitstudenten abhebt.«[289]

Von daher wird deutlich, warum der pauschale Vergleich zwischen den Kindern der Arbeitsmigranten und den deutschen Gleichaltrigengruppen irreführend ist. Er ist unfair, weil er von ungleichen Voraussetzungen ausgeht. Er kommt zu falschen Befunden, weil er die Intelligenz und das Durchsetzungsvermögen der Jugendlichen mit Migrationshintergrund systematisch unterschätzt. Will man diese Fehler vermeiden, muß man – so die offensichtliche Schlußfolgerung – stets einen Doppelvergleich anstellen, nämlich auch einen Vergleich mit der Elterngeneration und deren Bildungsniveau. Dann ergibt sich mit einem Mal ein durchaus anderes Bild: Dann zeigt sich, daß die Nachkommen der Arbeitsmigranten, auch wenn sie »nur« die Hauptschule oder Realschule durchlaufen, damit oft höhere Bildungsabschlüsse als die Eltern erreichen – und also im Generationenablauf erhebliche Bildungs*fortschritte* aufweisen.

4. Die Heiratsstatistik: Kommen Deutsche und Ausländer sich näher?

Während die Bildungsstatistiken oft angeführt werden, um Defizite im Integrationsprozeß zu betonen, werden die Heiratsstatistiken oft als Beleg für das Gegenteil vorgeführt: Die deutsch-ausländischen Ehen gelten als Indikator für Integration.[290] Und tatsächlich, hier ist in den letzten Jahrzehnten eine deutliche Zunahme zu verzeichnen. Waren in den sechziger Jahren solche Ehen eine seltene Ausnahme, so wird inzwischen jede sechste bis siebte Ehe in Deutschland zwischen einem deutschen und einem ausländischen Partner geschlossen.

Eheschließungen nach Staatsangehörigkeit der Ehepartner

Jahr	Zahl der Ehe-schließungen insgesamt	Darunter deutsch-ausländische Paare	Anteil in Prozent
1960	521445	19458	3,7
1980	362408	28011	7,7
1990	414475	39784	9,6
1995	430534	54860	12,7
2002	391963	62468	15,9

Quelle: Eigene Berechnungen nach diversen Fachserien des Statistischen Bundesamts.
Die Zahlen bis einschließlich 1990 beziehen sich auf das Gebiet der früheren Bundesrepublik West, die danach auf Gesamtdeutschland.

Kann man aus der Zunahme solcher »gemischten« Verbindungen also auf eine wachsende Annäherung zwischen Deutschen und Ausländern schließen? Und was insbesondere die Nachkommen der Gastarbeiter angeht, haben wir hier den Beleg, daß diese nicht in sogenannten Parallelgesellschaften verbleiben, sondern enge Bindungen zu den Mitgliedern der deutschen Mehrheitsgesellschaft aufbauen? Auch hier gilt: Man muß die amtlichen Zahlen genauer betrachten. Erst dann kann man erkennen, was sie belegen – und was sie gar nicht erfassen.

Nur wer auf einem deutschen Standesamt heiratet …

In der Heiratsstatistik des Statistischen Bundesamtes findet man diejenigen Ehen, die auf deutschen Standesämtern geschlossen werden. Wer anderswo heiratet – in Paris, Florenz oder Las Vegas –, ist nicht darin verzeichnet. Nun kann man annehmen, daß von den deutsch-deutschen Paaren die allermeisten tatsächlich zu einem deutschen Standesamt gehen. Anders ist die Situation im Fall »gemischter« Verbindungen. Für sie gibt es mehr Möglichkeiten und Motivationen, die Eheschließung anderswo registrieren zu lassen:[291]

Wenn einer der beiden Ausländer ist, will das Paar vielleicht im Herkunftsland des ausländischen Partners heiraten, um mit seiner Familie zu feiern und die Verbindung zu seiner Tradition, seiner Heimat symbolisch zu wahren. Und so geben sich die beiden das Ja-Wort dann in Miami oder Athen. Aber weil die entsprechende Behörde in Miami oder Athen kein deutsches Standesamt ist, wird diese Ehe nicht in die Zahlen der amtlichen deutschen Heiratsstatistik eingehen.

Wenn der ausländische Partner nicht aus einem der westlichen Industriestaaten kommt, sondern aus einem exotischeren Land, sprechen noch andere Gründe dafür, die Ehe im Ausland zu schließen. Weil in solchen Fällen die deutschen Behörden besonders ausführlich prüfen, ob die Ehevoraussetzungen erfüllt sind, müssen die Heiratswilligen hier viele Papiere, Formulare, Bescheinigungen auch aus der Heimat des ausländischen Partners beibringen. Dies kann unter Umständen viel Zeit, Nerven, Geld kosten (die Behörden in einem Bürgerkriegsland oder auch in einem von Unruhen gekennzeichneten schwarzafrikanischen Land funktionieren nach anderen Regeln als deutsche Ämter). Um diesen Hindernislauf zu verkürzen, wählen manche Paare am Ende als Ausweg die Auslands-Option: Sie heiraten an einem Ort außerhalb Deutschlands – zum Beispiel auf der anderen Seite der deutsch-dänischen Grenze –, wo die bürokratischen Anforderungen zum Teil sehr viel einfacher sind.[292] Aber, wie leicht zu erraten, auch ein dänisches Standesamt stellt kein deutsches Standesamt dar. Und deshalb sind solche Paare nicht in der bundesdeutschen Heiratsstatistik verzeichnet – selbst wenn sie direkt nach der Heirat wieder nach Nürnberg oder Offenbach fahren, dort fortan leben und Kinder bekommen.

In der Konsequenz kommt es zu Lücken bzw. blinden Flecken in der Heiratsstatistik. Weil hierzu genauere Untersuchungen fehlen, kann man nur eines mit Sicherheit sagen: Es gibt mehr deutsch-ausländische Verbindungen, als die amtlichen Statistiken anzeigen.

Aber wie hoch auch immer die Zahl im einzelnen ist, es bleibt weiter die Frage, was sie aussagt: Kann man den Anstieg deutsch-ausländischer Verbindungen als Indikator für die gelingende Integration der Ausländer in Deutschland betrachten? Als Indikator insbesondere für die Integration der Gastarbeiter und ihrer Nachkommen?

Die Eingebürgerten: Auf welcher Seite
der Heiratsstatistik?

Wer von Integration spricht, meint das Zusammenleben von Menschen verschiedener Herkunft. Die amtliche Statistik aber fragt nicht nach Herkunft, sondern sortiert allein nach dem Kriterium der Staatsangehörigkeit. Aus der Differenz dieser Blickwinkel ergibt sich, warum die amtliche Statistik, wo es um Fragen der Integration geht, immer wieder an Grenzen ihrer Aussagekraft stößt. Das wurde oben an den Bildungsstatistiken schon sichtbar, und es zeigt sich mindestens ebenso deutlich im Bereich der Heiratsstatistik[293].

Nehmen wir als Beispiel einen Mann türkischer Herkunft und türkischer Staatsangehörigkeit, sein Name sei Mehmet. Wenn dieser Mehmet eine Frau ebenfalls türkischer Staatsangehörigkeit heiratet, so ist die Ehe der beiden eine türkisch-türkische Verbindung, somit kein Indikator für Integration. Wenn derselbe Mehmet dagegen eine Frau mit deutschem Paß heiratet, so haben wir eine deutsch-türkische Ehe, die – wenn man nach der amtlichen Heiratsstatistik urteilt – als Indikator für Integration dienen kann. Soweit klingt das Ganze einleuchtend, weil Mehmet, der Türke, auch weiterhin Türke bleibt.

Aber ach! Verwirrung setzt ein, wenn ein Mann türkischer Herkunft die deutsche Staatsangehörigkeit annimmt und später dann heiratet. Wenn dieser Mann – sein Name sei Hasan – eine Frau heiratet, die die deutsche Staatsangehörigkeit hat, haben wir es mit einer deutsch-deutschen Ehe zu tun. Und obwohl Hasan doch wahrlich als Musterbeispiel für Integration dienen kann, hat seine Ehe – gemessen am Kriterium der Staatsbürgerschaft – mit Integration nichts mehr zu tun. Ganz anders dagegen, wenn Hasan, nachdem er Deutscher geworden ist, eine Frau aus dem Heimatdorf seiner Eltern heiratet, eine Frau mit türkischem Paß. In diesem Fall haben wir es wieder mit einer deutsch-türkischen Ehe zu tun – und gemessen am Kriterium der Staatsangehörigkeit können wir Hasans Lebens- und Liebesgeschichte als Beleg dafür betrachten, wie Deutsche und Türken sich näherkommen.

Aber das ist widersinnig! Das ist paradox! So sagt uns der normale Menschenverstand. Und in der Tat, dies sollte der fiktive Hasan uns zeigen. Wir lernen daraus: Je mehr Menschen ausländischer Herkunft es gibt, die die deutsche Staatsangehörigkeit annehmen, desto weniger kann die Zahl deutsch-ausländischer Ehen etwas darüber aussagen, wie es um die Integration von Ausländern in Deutschland bestellt ist. Diese Zahl kann zwar einen groben Anhaltspunkt liefern, aber sie ist nicht geeignet, ein genaues Bild der Situation abzugeben. Wenn in Zukunft die Zahl deutsch-ausländischer Ehen möglicherweise zurückgeht, liegt dies dann daran, daß im Verhältnis zwischen Deutschen und Ausländern die Distanz wieder zunimmt? Oder liegt es vielleicht daran, daß die Zahl der Einbürgerungen ansteigt? Die Antwort heißt schlicht: Wir wissen es nicht.

Der Heiratsmarkt ist ein globaler geworden

Wer von Integration spricht, meint eine bestimmte Gruppe von Ausländern, nämlich die gewissermaßen einheimischen Ausländer, diejenigen also, die schon länger hier ansässig sind, wie zum Beispiel die Gastarbeiter und deren Nachkommen. Um deren Eingliederung in Deutschland geht es. Die Frage ist deshalb: Gehören die Ausländer, die wir in den deutsch-ausländischen Ehestatistiken finden, in die Rubrik der einheimischen Ausländer? Der Deutsche, der sich beim Berufspraktikum in Paris unsterblich in eine Französin verliebt; die Deutsche, die bei der Südamerika-Reise in einem Brasilianer die Liebe fürs Leben entdeckt – solche Verbindungen können durchaus als Beleg für Toleranz und die völkerverbindende Kraft der Liebe herhalten. Aber um Ausländer, die in Deutschland schon ansässig sind, geht es hier nicht.

Immerhin können die Statistiken einige Hinweise liefern, weil bei Ehen »mit Ausländerbeteiligung«, wie diese amtlich genannt werden, auch die Nationalitätsgruppen aufgeführt werden. Beginnen wir mit den deutschen Frauen und ihren ausländischen Männern: Welcher Nationalität sind die Männer? Auf den vorderen Plätzen finden wir – wie im zweiten Kapitel gezeigt – zuerst Türken, dann Jugoslawen, Italiener, US-Amerikaner und Österreicher.

Wo die Männer gelebt, die Paare sich kennengelernt haben – in Istanbul oder Berlin, in Dubrovnik oder in Hamburg –, das kann man aus solchen Zahlen nicht ablesen. Aber immerhin soviel ist klar, auf den vorderen Plätzen sind Männer derjenigen Ausländergruppen, die in Deutschland ansässig sind. Das spricht für die Annahme, daß unter den ausländischen Partnern der deutschen Frauen auch viele sind, die schon vor der Heirat in Deutschland gelebt haben.

Ausländer in Deutschland nach ausgewählten Staatsbürgerschaften, 1999

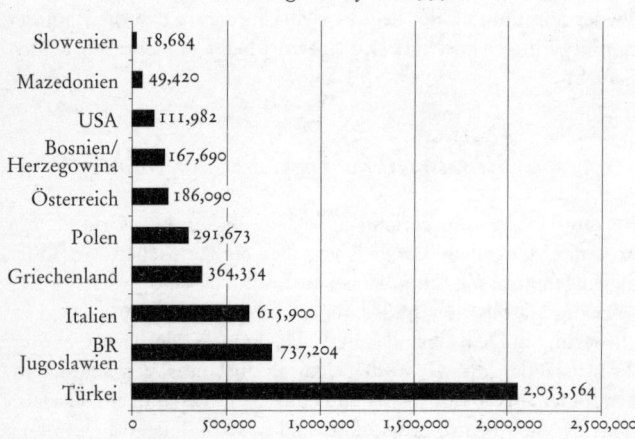

Quelle: Statistisches Bundesamt

Jetzt zum anderen Fall, der zahlenmäßig häufiger ist, zu den deutschen Männern, die eine Frau anderer Nationalität heiraten: Woher kommen diese ausländischen Frauen? Ganz vorn finden wir Polinnen, dann Frauen aus Rußland, Thailand, Rumänien und der Ukraine.

Menschen aus diesen Ländergruppen sind in Deutschland vergleichsweise selten zu finden. Die Vermutung liegt deshalb nahe, daß zumindest einige der Frauen Heiratsmigrantinnen sind, die vor der Eheschließung im Ausland lebten, in ihrer jeweiligen Heimat. Wie einschlägige Untersuchungen zeigen, kommen bei der Heiratsmigration oft zwei Gruppen zusammen[294]: zum einen deutsche Männer, die von deutschen Frauen enttäuscht sind und deshalb in einem anderen Land oder Kulturkreis auf Brautsuche gehen; und zweitens Frauen aus wirtschaftlich schwächeren Ländern, denen die Heirat mit einem westlichen Mann Sicherheit und sozialen Aufstieg verheißt. Über Agenturen der Heiratsvermittlung, über Videos und billige Fernreisen können diese Männer und Frauen – mit ihren jeweiligen Hoffnungen, Wünschen, Sehnsüchten – sich heute unschwer finden. Im Zeitalter der Globalisierung ist auch der Heiratsmarkt ein globaler geworden, und Paarkonstellationen der beschriebenen Art trifft man inzwischen in vielen westlichen Ländern, nicht nur in Deutschland. Wie immer man solche Ehen beurteilen mag, eines zumindest ist klar: Um Integration, verstanden im oben beschriebenen Sinn, handelt es sich zunächst einmal nicht. Der Heiratsimport von Russinnen oder Thailänderinnen hat nichts mit dem Verhältnis zwischen Deutschen und »einheimischen« Ausländern zu tun. Hier geht es um andere, um »fremde« Ausländer: um Frauen, die eigens zum Zwecke der Heirat nach Deutschland geholt werden.

Wie viele der ausländischen Frauen, die einen deutschen Mann heiraten, sind Heiratsmigrantinnen? Inwieweit gibt es auch männliche Heiratsmigranten? All dies sagen die Statistiken nicht. Am Ende ist soviel nur klar: Die Zunahme deutsch-ausländischer Ehen kann man nicht umstandslos und direkt als Beleg dafür werten, daß das Verhältnis zwischen Deutschen und einheimischen Ausländern herzlicher wird, daß hier eine Annäherung stattfindet.

5. Die Defizite einer auf das Kriterium der Staatsangehörigkeit fixierten Statistik

Ich habe mich mit der Unterscheidung zwischen Inländern und Ausländern befaßt und zu zeigen versucht, wie diese angesichts der sich ausbreitenden transnationalen Lebensverhältnisse zunehmend ihre Grundlage verliert. Dies gilt insbesondere für die amtliche Statistik, die vielfach auf nationalstaatlichen Zuschreibungen basiert:

Die Defizite einer solchen Statistik sind heute schon deutlich, und sie werden in Zukunft noch sichtbarer werden, weil mehr und mehr Menschen ausländischer Herkunft die deutsche Staatsangehörigkeit annehmen – und weil, seit der Einführung des neuen Staatsbürgerschaftsrechts am 1. Januar 2000, viele Kinder ausländischer Herkunft schon qua Geburt die deutsche Staatsangehörigkeit haben. Die Defizite einer auf das Kriterium der Staatsangehörigkeit fixierten Statistik lassen sich in vier Punkten zusammenfassen:

(1) Nationalstaatliche Homogenität versus nationalstaatliche Heterogenität der Bevölkerung: Die bundesdeutsche Statistik – ihre Rubriken, Kategorien, Erfassungsmethoden – wurde in einer Zeit entwickelt, als in Deutschland vor allem Inländer lebten, Deutsche also. Doch seit damals hat sich die Gesellschaft bekanntlich gewandelt. Eine Statistik, die ihrer Konzeption nach auf eine vorwiegend homogene deutsche Bevölkerung ausgerichtet ist, ist darauf nicht vorbereitet. Sie ist an vielen Punkten unfähig, die Lebensverhältnisse in einer zunehmend heterogenen und ethnisch gemischten Bevölkerung abzubilden

(2) Nationalstaatliche Kontinuität versus nationalstaatliche Mobilität im Lebenslauf: Die amtliche Statistik ist auf eine im nationalstaatlichen Sinn statische Gesellschaft ausgerichtet. Indem sie Menschen nach dem Adjektiv einer und nur einer nationalstaatlichen Zugehörigkeit einordnet (also deutsch *oder* türkisch *oder* französisch), geht sie implizit davon aus, daß Menschen in *einem* Land geboren werden, hier aufwachsen und leben, dabei stets auch die Staatsangehörigkeit dieses Landes besitzen. Tatsächlich aber gibt es im Zeitalter der Migration und der Globalisierung immer mehr Menschen, die sich über Ländergrenzen und Paßschranken bewegen – siehe die von mir dargestellten Beispiele der Rückwanderer, der Eingebürgerten, der Seiteneinsteiger und der Heiratsmigrantinnen. Für solche »beweglichen« Lebensformen ist in der amtlichen Statistik kein Platz.

(3) Nationalstaatliche Eindeutigkeit versus nationalstaatliche Mischformen der Biographie: Eine Statistik, die die Menschen nach dem Kriterium der Staatsangehörigkeit zuordnet und dabei nur zwei Kategorien kennt – entweder Deutscher oder Ausländer –, eine solche Statistik ist nicht fähig, mit den vielfältigen Überlappungen und Übergängen, Mischformen und Zwischenformen um-

zugehen, die heute in immer mehr Biographien auftauchen. Denn für immer mehr Menschen gilt: Ihr eigener Geburtsort und das Herkunftsland ihrer Eltern, ihre Sozialisationserfahrungen und ihre Sprache, ihre Kultur und Tradition lassen sich nicht auf eine und nur eine nationalstaatliche Zugehörigkeit reduzieren.

(4) Alte Kategorien versus neue Begriffe: Um die Komplexität der neuen Verhältnisse wenigstens annähernd faßbar zu machen, hat sich in Deutschland – in Wissenschaft wie Politik – inzwischen eine ganze Palette an neuen Begriffen und Differenzierungen herausgebildet. Sie sollen die vielfältigen nationalstaatlichen Zwischenstufen anzeigen, nicht zuletzt auch die falsche Polarisierung zwischen hier Inländern, dort Ausländern aufbrechen. So ist die Rede von »inländischen Ausländern«[295] und »fremden Deutschen«[296], von »Inländern mit fremdem Paß« und »Fremden mit deutscher Volkszugehörigkeit«[297], von »Bildungsinländern«[298] und »Bildungsausländern«, von »echten Ausländern« und »Ausländern nur im statistischen Sinn«.[299] In dieser Weiterentwicklung der Sprache kommt zum Ausdruck, was die amtliche Statistik, zunehmend anachronistisch geworden, immer noch zudeckt: Es gibt immer mehr Lebensformen und Lebensentwürfe, die sich im Kästchen einer und nur einer nationalstaatlichen Zugehörigkeit nicht abbilden lassen.

Für eine Statistik des »nationalstaatlichen Mix«

Am Ende stellt sich offensichtlich die Frage: Wie kann man den Irrgarten der Ausländerstatistik nicht nur beschreiben, sondern auch Wege aufzeigen, die daraus herausführen? Wie kann man die Statistik umbauen, damit sie den sich ausbreitenden transnationalen Lebensverhältnissen eher gerecht wird? Wie kann man im Bezugsrahmen der Statistik die Mobilität über nationalstaatliche Grenzen abbilden und die sich daraus ergebenden Mischformen, also den »nationalstaatlichen Mix«, der viele Lebensgeschichten heute durchzieht?

Die erste und grundlegende Regel heißt hier: Man muß den methodologischen Nationalismus aufgeben, also das Denken, das an den Grenzen des Nationalstaates haltmacht und alles darüber Hinausreichende als Störfaktor ausblendet. Das erfordert ein Umdenken weitreichender Art. Vor allem muß man, was auf der Ebene der Sprache schon geschieht, auch im Bereich der Statistik umsetzen, nämlich die falsche Polarisierung zwischen hier Inländern, dort Ausländern aufbrechen. Statt dessen ist eine Feindifferenzierung gefordert, die Mischformen über nationalstaatliche Grenzen nicht ignoriert und wegdefiniert, sondern umgekehrt einbezieht als Teil der Normalität.[300] Wie könnte das aussehen? Als ein erster Vorschlag bietet sich an: Wenn das Kriterium der Staatsangehörigkeit allein nicht mehr ausreicht, weil es nur eine Momentaufnahme darstellt, aber frühere Stationen im Lebenslauf ausblendet – dann muß man weitere Kriterien einführen, die die früheren Stationen mit aufnehmen. Hier dürften zwei Kriterien entscheidend sein, zum einen der Geburtsort (in Deutschland oder im Ausland?), zum anderen die Aufenthaltsdauer (wie lange in Deutschland?).

Sofern solche Daten vorliegen, kann man die Lebensverhältnisse sehr viel realistischer beurteilen, und zwar sowohl bei denen, die in der Statistik bislang als »Deutsche« geführt werden, als auch bei denen, die bislang ebenso pauschal als »Ausländer« gelten. Dann gerät in den Blick, daß auch unter denen mit deutschem Paß nicht wenige sind, die einen Migrationshintergrund haben (Aussiedler und Eingebürgerte vor allem); und daß unter denen mit ausländischem Paß ganz unterschiedliche Formen der Migrationsgeschichte sich finden. So geben die Daten über die Aufenthaltsdauer zum Beispiel darüber Auskunft, ob jemand seit Jahrzehnten hier ansässig ist, mit den Bedingungen des Lebens in Deutschland also wahrscheinlich vertraut; oder ob er ein Neuankömmling ist und in diesem Sinne tatsächlich ein Fremder. Wenn man den Geburtsort abfragt (was in der US-amerikanischen Forschung und Statistik ein durchaus übliches Verfahren darstellt), kann man erkennen, ob der sogenannte Ausländer ein Migrant ist im wörtlichen Sinn; oder ob er nie eingewandert ist, sondern in Deutschland geboren. Was man durch die Kombination von Daten erreicht, haben die Demographen Münz/Ulrich anhand einer Typologie demonstriert: Indem sie die Bevölkerung Deutschlands nicht nur nach Staatsangehörigkeit sortieren, sondern auch nach dem Kriterium des Geburtsortes, gewinnen sie eine Feindifferenzierung, die weit aussagekräftiger ist. Es ergibt sich dann folgendes Bild:

Typologie der Bevölkerung Deutschlands nach Geburtsort und Staatsbürgerschaft
Schätzungen für 1996/97

Staatsbürgerschaft	Geburtsort			
	Deutschland	z. Zt. der Geburt Inland, heute Ausland	immer Ausland	
Deutsch	Mehrheit der Deutschen; Eingebürgerte Kinder von ausländischen Zuwanderern[1]	Mehrheit der Vertriebenen[2]	Volksdeutsche Vertriebene[3] Umsiedler der NS-Zeit[3] Aussiedler[1] Eingebürgerte Zuwanderer[1]	72,7 Mio.
Deutsch und eine zweite Staatsbürgerschaft (Doppelstaatsbürgerschaft)	Geborene Deutsche mit ausländischem Elternteil Eingebürgerte Kinder von ausländischen Zuwanderern[4] Eingebürgerte Kinder von ausländischen Zuwanderern[5]		Aussiedler[6] eingebürgerte ausländische Zuwanderer[4] eingebürgerte Zuwanderer[5]	1,9 Mio.
Nur ausländisch	Kinder und Enkel ausländischer Zuwanderer		Mehrheit der zugewanderten Ausländer	7,4 Mio.
Gesamt	68,7 Mio.	2,2 Mio.	11,1 Mio.	82,0 Mio.

1 Bei Aufgabe der ursprünglichen Staatsbürgerschaft
2 Mit Geburtsort im Deutschen Reich in den Grenzen von 1937
3 Mit Geburtsort außerhalb der ehemaligen Reichsgrenzen von 1937
4 Einbürgerung unter Hinnahme von Mehrstaatigkeit
5 Nach Wiedererwerb der ursprünglichen Staatsbürgerschaft
6 Unter Beibehaltung der ursprünglichen Staatsbürgerschaft

Quelle: Münz/Ulrich 2000, S. 16

So wird durch die Kombination zweier Merkmale auch in der Statistik erkennbar, daß die strikte Trennlinie zwischen hier Deutschen, dort Ausländern eine Konstruktion ist, die sich von den realen Lebensverhältnissen immer weiter entfernt.[301]

Soviel als ein erster Vorschlag, um die Statistik angemessener zu gestalten. Doch er reicht sicher nicht aus, um die in diesem Kapitel dargestellten Probleme zu lösen. Und wahrscheinlich reicht auch das Instrument der Statistik nicht aus: Jenseits der Massendaten braucht man differenziertere sozialwissenschaftliche Untersuchungen, um die Verschiebungen und Umbrüche im Verhältnis zwischen »Inländern« und »Ausländern« sichtbar machen zu können.

Nachwort: Ist »Mehmet« ein Ausländer?

Daß bei den Feindifferenzierungen des nationalstaatlichen Mix mehr auf dem Spiel steht als bloße Semantik, zeigt der Fall »Mehmet«, der bundesweit für Aufsehen gesorgt hat. Dieser Mehmet war in Deutschland geboren und aufgewachsen, aber er war Sohn türkischer Eltern und hatte einen türkischen Paß – und deshalb wurde er, nachdem er sehr früh schon zahlreiche Straftaten begangen hatte, als 14jähriger in die Türkei abgeschoben; damit von seinen Eltern und Geschwistern getrennt, denn die lebten weiter, wo sie seit Jahrzehnten schon lebten, in München. An diesem Urteil entzündeten sich heftige Kontroversen: Darf ein Jugendlicher, der sein ganzes Leben in Deutschland verbracht hat, ins Ausland abgeschoben werden, in ein Land, das nur noch im Sinne des Passes sein »Heimat«land ist? Und darf er, als Minderjähriger, deshalb von seiner Familie getrennt werden, die ihre Existenz längst fern jener »Heimat« aufgebaut hat? Das waren die kritischen Fragen. Inzwischen ist das ursprüngliche Urteil vom Bundesverfassungsgericht aufgehoben worden. Die Richter verwiesen auf den besonderen Schutz der Familie – und darauf vor allem, daß Mehmet ein »faktischer Inländer« sei.[302] Auch dieses Urteil wurde zum Gegenstand zahlreicher Kommentare und Kontroversen, die sich nicht zuletzt auf die Frage des Passes und seiner Bedeutung bezogen. So schrieb die *Süddeutsche Zeitung*, dem Urteil zustimmend: Mehmet »ist in

München geboren, er ist hier aufgewachsen, er hat seine halbseidenen Kumpels in Neuperlach kennengelernt und er hat seine Überfälle, Schlägereien und sonstigen Untaten nicht irgendwo, sondern in München begangen. Er ist, sorry, ein Sohn dieser Stadt, wenn auch ein missratener ... Er war ein Krimineller, doch er war auch noch fast ein Kind. Jetzt ist er 18. Er hat eine neue Chance verdient. Wenn er sie nutzt – gut. Wenn nicht, bekommt er wieder Ärger mit der Polizei und Behörden. Wie ein ganz normaler Münchner.«[303] Der bayerische Innenminister Beckstein dagegen kritisierte das Urteil: »Für mich bleibt er [Mehmet] ein Ausländer.« Und er fügte hinzu: Er halte es »nicht für wünschenswert, einen Serienstraftäter mit vollen Bürgerrechten zu versehen«.[304]

Bei der Frage »Wer ist ein Inländer? Wer ist ein Ausländer?« geht es, das wird hier sichtbar, nicht nur um akademische Wortspiele, sondern um weitaus mehr: um die Zuweisung oder Nicht-Zuweisung von grundlegenden Rechten. Je mehr transnationale Lebensformen sich ausbreiten, desto mehr – das liegt auf der Hand – werden solche Fragen ins Rampenlicht rücken und zum Stoff werden für Debatten in Medien, Politik, Öffentlichkeit.

Was sind »italienische Zahlen«? Über interkulturelle Mißverständnisse und Fallen[305]

Ist Deutschland ein Einwanderungsland? Will es eines sein, soll es eines sein? Solche Fragen werden seit langem diskutiert. Aber während es einst nur spärliche Materialien gab, findet sich heute eine Fülle von Informationen, das Thema »Migranten in Deutschland« behandelnd. Ob Medien, wissenschaftliche Untersuchungen, praxisorientierte Veröffentlichungen zur Bildungs- und Beratungsarbeit, auf vielen Ebenen wird über die Lebenssituation von Migranten berichtet, und die verschiedensten Bereiche geraten dabei ins Blickfeld: von Wanderungsmotiven bis zu Freizeitinteressen, von Arbeitszufriedenheit bis zu sozialen Kontakten, von religiöser Bindung bis zu Wohnsituation, Einkommen, Erziehungsverhalten.

Die Autoren der Berichte sind zu allermeist Deutsche – Mitglieder der Mehrheitsgesellschaft, hier geboren und aufgewachsen. Sie schreiben über Menschen anderer Herkunft, meist auch anderer Kultur und Sprache. Das erscheint den Verfassern – und ebenso den Lesern der Mehrheitsgesellschaft – kaum sonderlich auffallend. Warum auch? Wissenschaft ist, so ihr immer wieder betonter Anspruch, objektiv und neutral, sie folgt universalistischen Maßstäben. Ob jemand in Rosenheim geboren ist oder in Rio, in Ankara oder in Augsburg, ist für den Wissenschaftsprozeß demnach ohne Belang.

Aber ebenso selbstverständlich und unproblematisch schien einst, wenn Wissenschaftler – früher in der Regel Männer – Frauen erforschten, wenn sie Aussagen machten über das »weibliche Wesen«, über die Begabungen, Schwächen, Charaktereigenschaften von Frauen. Die Problematik eines solchen Vorgehens geriet erst ins Bewußtsein, als Frauen selbst in die Gesellschaft und Öffentlichkeit und in die verschiedensten Wissenschaftsbereiche vordrangen: Die traditionelle Wissenschaft, so wurde jetzt sichtbar, war entgegen ihrem eigenen Anspruch eben nicht universalistisch, nicht geschlechtsneutral, sondern an vielen Punkten vom Erfahrungshorizont, Weltbild und Wertekanon von Männern bestimmt. Darin waren viele problematische Vorannahmen und unhinterfragte Voraussetzungen versteckt – und entsprechend einseitig und verzerrt waren die Aussagen über Frauen und »weibliches Wesen«.[306]

Ebenso selbstverständlich und unproblematisch schien es einst, wenn die weißen kolonialen Eroberer nicht nur in andere Kontinente eindrangen und fremden Völkern ihre Herrschaft aufzwangen, sondern darüber hinaus auch noch Theorien aufstellten über die »Eingeborenen« und deren Wesen. Demnach waren die Eingeborenen stets »primitiver«, auf einer niedrigeren Entwicklungs- und Kulturstufe als die sie erobernden Weißen. Ob »die Afrikaner«, »die Indianer« oder »der Orient« – die Weißen erschufen sich ihr Bild von »den Anderen«, ausgestattet mit vielen exotischen Zutaten; und sie taten dies nicht nur in Romanen, Gedichten, bildender Kunst, sondern auch und besonders mit der Stimme wissenschaftlicher Autorität. Daß solche Vorstellungsbilder bis in die zweite Hälfte des 20. Jahrhunderts hinein sich halten konnten, verweist auf die Machtverhältnisse, aus denen heraus sie entstanden und die sie lange Zeit trugen: Darin hatten die sogenannten Eingeborenen keine eigene Stimme, sie waren nicht Subjekt, sondern Objekt für die Phantasien und Projektionen der Weißen. Wie diese Gedankengebäude funktionierten und warum sie funktionieren, hat nicht zuletzt Edward W. Said herausgearbeitet. In seiner mittlerweile klassisch gewordenen Studie über *Orientalism* heißt es: »Die Beziehung von Okzident und Orient ist eine Beziehung von Macht, Herrschaft und verschiedenen Graden einer komplexen Hegemonie … Der Wissenschaftler, Gelehrte, Missionar, Händler und Soldat war im Orient oder dachte über ihn nach, weil er mit sehr wenig Widerstand von seiten des Orients her *da sein* oder über ihn nachdenken *konnte*.«[307]

Aus diesem Zusammenhang erklärt Said auch unser, d. h. das westliche Bild von der orientalischen Frau, das auf Flauberts Begegnung mit einer ägyptischen Kurtisane verweist: »Flauberts Begegnung mit einer ägyptischen Kurtisane hat ein weithin einflußreiches Modell der orientalischen Frau ergeben, denn sie sprach niemals über sich selbst, sie vertrat niemals ihre Gefühle, ihre Präsenz oder ihre Geschichte. *Er* sprach für sie und vertrat sie. Er war fremd, vergleichsweise reich, männlich, und dies waren die historischen Tatsachen der Herrschaft, die es ihm erlaubten, Kuchuk Hanem nicht nur physisch zu besitzen, sondern auch für sie zu sprechen und seinen Lesern zu sagen, in welcher Hinsicht sie ›typisch orientalisch‹ war. Mein Argument lautet hierbei, daß Flauberts Situation der Stärke im Vergleich zu Kuchuk Hanem kein isoliertes Beispiel war. Es gibt ziemlich genau das Muster relativer Stärke zwischen Ost und West wieder und den Diskurs über den Orient, den es ermöglichte.«[308]

Wenn man diese historischen Erfahrungen bedenkt, muß man vielleicht doch die Verfahren genauer betrachten, mittels derer die »Einheimischen« heute ihre Berichte über Migranten verfassen. Denn, das zumindest ist unmittelbar sichtbar, es besteht in vielerlei Hinsicht eine große Kluft zwischen den Schreibenden und denen, über die sie schreiben. Nach Herkunft, Sprache, Kultur, damit verbunden auch nach Lebensgeschichte und Erfahrungshorizont, oft auch nach Bildungsstand, Macht, Einkommen sind diese beiden Gruppen in der Regel weit voneinander entfernt. Folgt man dem universalistischen Wissenschaftsanspruch, bleibt diese Kluft für den Wissenschaftsprozeß ohne Bedeutung. Aber ist dies richtig?

Der Grundgedanke meiner folgenden Überlegungen lautet: Um über Migranten zu schreiben, können die Forscher, Praxisberater, Journalisten nicht nur auf Daten der amtlichen Statistik oder Aussagen einschlägiger Experten zurückgreifen. Sie müssen vielmehr in der einen oder anderen Form auch den Migranten selber sich nähern, mit ihnen Interviews oder Befragungen durchführen und ihre Antworten deuten. Ob sie es wollen oder nicht, ob sie es sehen oder nicht, zwangsläufig bewegen die Autoren sich hier auf dem komplizierten Terrain der interkulturellen Begegnung, notwendig sind sie einbezogen in dauernde Verständigungs- und Übersetzungsprozesse. Wie also wirkt die Tatsache der interkulturellen Kommunikation in das Forschungsgeschehen hinein? Wie schlägt sie sich nieder in den Befunden, Aussagen, Daten über Migranten? Das ist die Leitfrage dieses Kapitels.[309]

1. Interkulturelle Kommunikation: Vom Entziffern kulturell geprägter Signale, Erwartungen, Normen

»Italienische Zahlen«: Von den Schwierigkeiten des Übersetzens

In der in den letzten Jahren schnell anwachsenden Literatur über interkulturelle Kommunikation bzw. interkulturelle Verständigung wird durchgängig ein Thema behandelt: Es geht um das Entziffern kulturell geprägter Signale, Erwartungen, Normen. Ins Bewußtsein gerückt werden die Regeln der Kommunikation, im verbalen wie im nonverbalen Bereich, und wie diese Regeln in unterschiedlichen Kulturen unterschiedlich bestimmt sind. Dabei beginnen viele Mißverständnisse schon auf der Ebene der Sprache. Unter dem Stichwort »Sprachliche Verständigung« findet man in der einschlägigen Literatur folgende Hinweise:

»Kommunikation gilt als erfolgreich, wenn in einem Gespräch der Angesprochene das ›richtig‹ versteht, was der Aussagende mit seiner Aussage mitteilen will, was er also ›meint‹. Auf den ersten Blick scheint das ein einfacher Vorgang zu sein, doch erweist sich dieser Prozeß bei genauerem Hinsehen als außerordentlich komplex; und das bedeutet in vielen Fällen interkultureller Begegnung ein Mißverstehen oder ein Nichtverstehen … Die Problematik des Verstehens setzt schon bei den Begriffen ein …, [weil] Begriffe außer ihrer denotativ-lexikalischen Bedeutung auch noch ein konnotatives Umfeld haben, bestehend aus Assoziationen, Emotionen, Wertungen. Selbst wenn sich also auf der denotativen Ebene eine hinreichende Einigkeit über das mit einem Begriff Gemeinte erreichen läßt, bleiben oft noch konnotative Unterschiede übrig, die eine Verständigung stören und beeinträchtigen können, ohne daß sich die Beteiligten dieser Störquelle bewußt sind.«[310]

Dazu ein Beispiel aus der Praxis. Ein Deutscher hat eine Frau geheiratet, deren Familie in Süditalien beheimatet ist. Bei Urlauben und Festen lernt er viele ihrer Angehörigen kennen, und im Verlauf dieser deutsch-italienischen Begegnungen erlebt er allerlei Überraschungen. Gern erinnert er sich an ein Gespräch mit dem italienischen Schwiegervater, in dem letzterer wortreich seinen Mercedes anpreist: ein Wunderwerk von »deutsche Kunst von die Ingenieure« sei das, habe »Klimaluft und tippetoppe alles drin«, sei »schon 400 000 Kilometer gefahren ohne Dingeschaden«. Etwas erstaunt wirft der Schwiegersohn ein, das Auto sei doch gerade erst 120 000 Kilometer gefahren. Doch das stört den Schwiegervater mitnichten, er pariert, ohne eine Sekunde zu zögern: »400 000 ist eine italienische Zahl«.[311]

Wo immer Menschen unterschiedlicher Sprache/Kultur/Erfahrungshintergründe aufeinandertreffen, kommt es zu ähnlichen Überraschungen, manchmal auch zu Mißverständnissen, Irritationen und Vorwürfen. Was der eine beschreibt oder berichtet, klingt für den anderen seltsam. Und das nicht nur dann, wenn von Zahlen die Rede ist.

Die Autorin Eva Hoffman wurde in Krakau geboren. Als sie 14 Jahre alt war, wanderte sie mit ihrer Familie nach Kanada aus. Aufmerksam und genau beobachtend beginnt sie sogleich, zwischen ihrer alten Welt und der neuen zu vergleichen, die Eindrücke in Worte zu fassen. Aber das gelingt häufig nicht, wie sie feststellen muß. Immer wieder stößt sie darauf, daß die Worte sich als sperrig erweisen, als unbeweglich, als unpassend. In ihrem Buch *Lost in Translation* erzählt sie rückblickend von diesen Übersetzungsproblemen, vom allmählichen Ankommen im neuen Land und in seiner Sprache. Eine der Szenen aus den Monaten des Anfangs schildert sie so:

»Meine Mutter und ich lernten heute eine kanadische Familie kennen, die ein paar Ecken weiter wohnt ... Sie saßen steif auf ihrem Sofa, lächelten in den langen Gesprächspausen und schienen nicht zu wissen, was sie uns fragen sollten. Jetzt suche ich im Kopf nach einer Beschreibung für sie, aber nichts scheint zu passen. Sie sind anders als die Menschen, die ich in Polen gekannt habe, und die polnischen Wörter gleiten an ihnen ab, sie haften nicht. Die englischen Wörter passen zu gar nichts. Vorsichtig versuche ich, einige wenige anzuwenden. Sind diese Leute nett oder langweilig? Freundlich oder dumm? ... Selbst die einfachsten Adjektive stiften Verwirrung in meinem Kopf. Hinter der englischen Freundlichkeit steht ein ganzes moralisches System, ein System, das aus ›Freundlichkeit‹ eine uneingeschränkt positive Tugend macht. Polnische Freundlichkeit beinhaltet eine winzige Spur von Ironie. Außerdem empfinde ich bereits den Sog des Verbots, im Englischen unbarmherzige Wörter zu benutzen. In Polen darf man zu jemandem Idiot sagen, ohne besonders wütend zu sein und mit Behagen an dem starken Ausdruck. Ja, in Polen wären diese Leute wohl eher ›dumm‹ und ›langweilig‹ – aber ich zwinge mich in Richtung ›freundlich‹ und ›nett‹.«[312]

Genau das ist das Problem in der interkulturellen Kommunikation: Weil die Bedeutung der Wörter in verschiedenen Sprachen nur zum Teil deckungsgleich ist, können selbst die einfachsten Adjektive Verwirrung anrichten.

»Gesichtwahren«: Über Höflichkeitsregeln und Tabugrenzen

Bei der interkulturellen Kommunikation geht es aber nicht nur um die je angemessenen Varianten des sprachlichen Ausdrucks, sondern es geht weit grundsätzlicher noch um das gesamte Regelwerk der angemessenen Formen, in denen Menschen einander begegnen und miteinander Beziehungen aufnehmen. Das umfaßt Fragen etwa folgender Art: Wann soll man reden, worüber soll man reden, wann soll man schweigen, wie lange schweigen? Was ist das angemessene Verhalten in bezug auf Augenkontakt, Lautstärke der Stimme, Zeigen von Emotionen? Welche Höflichkeitsformeln, welche Komplimente, welche Geschenke werden erwartet – zu welchem Zeitpunkt, von wem und für wen? Welche dagegen wirken mißverständlich, peinlich bis anstößig?

Je mehr solche kulturell bestimmten Regeln der Kommunikation – die uns meist gar nicht bewußt sind – voneinander abweichen, desto eher kommt es zu Mißverständnissen, Irritationen und peinlichen Situationen. Dies gilt für geschäftliche Beziehungen, die unter Umständen abgebrochen werden und scheitern. Und es gilt ebenso im wissenschaftlichen Bereich, im Umgang zwischen den Forschern und denen, die sie erforschen.

Welche Störfaktoren sich daraus für die verschiedenen Formen der Befragung ergeben, schildert der Soziologe Joachim Matthes in einem Essay, der den bezeichnenden Titel trägt *Verständigung über kulturelle Grenzen hinweg: Gelingen und Scheitern.* Matthes beschreibt zunächst die Regel des »Gesichtwahrens«, die in Kulturen des Fernen Ostens elementare Bedeutung besitzt: In welchen Situationen auch immer die Menschen einander begegnen, sie sind stets darum bemüht, sich und dem anderen die Möglichkeit – die elementare Peinlichkeit – des Gesichtsverlusts zu ersparen. Dabei sind die entsprechenden Tabuzonen anders als im Westen definiert, und vor allem beginnen sie viel früher, als der Besucher aus dem Westen es ahnt. In der Folge erwachsen bei Begegnungen zwischen Menschen einer fernöstlichen und denen einer westlichen Kultur andauernde Komplikationen, die der Westler oft gar nicht bemerkt. Er wundert sich nur, warum Gespräche oder Verhandlungen nur schleppend vorangehen, warum der andere – nach westlichen Standards – immer wieder ausweicht und abweicht. Dies geschieht im alltäglichen Umgang, und es geschieht nicht zuletzt auch in der Interview-Situation:

Da »hütet sich der fernöstliche Befragte ..., dem fremden Fragenden in seinen Antworten etwas zur Kenntnis zu bringen, was ihm, dem Fremden, möglicherweise unvertraut oder unverständlich wäre, denn dies würde dem fragenden Fremden einen ›Gesichtsverlust‹ zumuten. Und so wird dann geantwortet nach den Vorstellungen, die der Befragte davon hat, was der Fragende schon weiß oder gern hören möchte – was dem europäischen Fragenden, wenn er es denn überhaupt merkt, sein Konzept verdirbt und ihn im Grenzfall zu einer Typisierung führt, die in der Tat unter westlichen Sozialforschern, die sich in dieser Region bewegen, durchaus ernsthaft gehandelt wird: die Typisierung nämlich, ›der Asiate‹ sei ein hintergründiger, undurchschaubarer, nicht vertrauenswürdiger Partner. Aber auch schon die Anmutung, sich einem Interview ohne vorgängige Verständigung zu stellen, wie es der quasi-experimentelle Charakter des Interviews methodisch erfordert, erscheint im asiatischen Kontext als befremdlich. Muß man sich nicht erst einmal kennenlernen, bevor man in einen stringenteren Gedankenaustausch tritt? ... Wie kann der eine nur fragen wollen, der andere nur antworten sollen – in einer doch gemeinsam geteilten Handlungssituation, die auf der Reziprozität des ›Gesichtsgebens‹ beruhen sollte? Das sind Fragen und Erwartungen, die dem methodischen Konzept des Interviews zuwiderlaufen, und an deren Bewältigung der westliche Sozialforscher schier verzweifelt.«[313]

Auch der Psychologe Alexander Thomas befaßt sich mit interkulturellen Begegnungssituationen, und auch er begreift das Interview als besonderen Problemfall der interkulturellen Begegnung. Um die Schwierigkeiten zu kennzeichnen, schildert er ausführlich folgenden Fall: Ein deutscher Interviewer befragt einen chinesischen Manager, der in Deutschland studiert hat und für eine deutsche Firma in Schanghai arbeitet. Er fragt ihn nach seinen Erfahrungen und Beobachtungen im Umgang mit deutschen Geschäftspartnern. Erfaßt werden sollen – das ist das Ziel des Vorhabens – Verhaltensweisen deutscher Manager, die für Chinesen unerwartet, ungewohnt und unverständlich sind. Doch was der Verständigung über Kulturgrenzen hinweg dienen sollte, gerät alsbald selbst an Grenzen. Die unterschiedlichen Verhaltensregeln und Peinlichkeitsschranken der Gesprächspartner prallen unvermittelt aufeinander: Während der Deutsche möglichst direkt die Probleme im Umgang zwischen Chinesen und Deutschen abfragen will, empfindet der Chinese das ganze Thema als heikel, er weicht in immer neuen Windungen aus. Beide Beteiligten verharren in ihren kulturell definierten Schranken. Das Interview wird äußerlich zwar zu Ende geführt, aber das eigentliche Vorhaben scheitert.[314]

Nun kann man einwenden, bei der Interaktion zwischen Chinesen und Deutschen müsse man sicher vorsichtig vorgehen, denn da spielten in der Tat große Kulturdifferenzen hinein; aber wenn deutsche Forscher Migranten befragten, dürfte die Situation doch wesentlich leichter sein: Die Migranten kämen im Regelfall aus näher gelegenen Ländern, auch aus näher verwandten Kulturen, und viele von ihnen leben schon lange in Deutschland. Entsprechend leichter, so die Annahme, dürften die Begegnungen ablaufen. Das klingt plausibel – und unterschätzt doch das Gewicht kultureller Einflußfaktoren, die selbst im Fall nah verwandter Kulturen präsent sind. Nehmen wir zwei Nachbarländer, nehmen wir Frankreich und Deutschland, geographisch direkt nebeneinander gelegen, politisch wie wirtschaftlich eng miteinander verflochten. Am fiktiven Beispiel einer deutsch-französischen Wissenschaftstagung zeigt Thomas auf, wieviele kulturelle Gewohnheiten hier in den Ablauf hereinspielen und untergründig Irritationen auslösen. Von den Arbeitsstilen bis zu den Diskussionsformen, von den Pünktlichkeitsstandards bis zu den Essensgewohnheiten, das Verhalten der je anderen Seite wird oft als befremdlich erlebt, Verärgerung und Enttäuschung entstehen.[315]

Wenn aber schon zwischen Frankreich und Deutschland interkulturell differierende Kommunikationsstile auftauchen, ja selbst im Verhältnis zwischen Ostdeutschen und Westdeutschen,[316] dann kann man vermuten, daß solche Differenzen erst recht da Einfluß entfalten, wenn Deutsche und Migranten zu Forschungszwecken einander begegnen – wenn Wissenschaftler aus Bonn oder Bottrop Interviews durchführen mit Arbeitsmigranten aus der Türkei, Aussiedlern aus Kasachstan, Flüchtlingen aus Ex-Jugoslawien. Und damit stellt sich die Frage: Was wissen die Forscher von den Schwierigkeiten, die beim interkulturellen Dialog auftreten können? Wie setzen sie sich damit auseinander? Wie gehen sie um mit dem Problem der Verständigung über Sprachschranken hinweg? Wie weit verlassen sie sich auf wörtliche Übersetzungen? Was tun sie, um die Mißverständnisse in Grenzen zu halten?

2. Wie die Migrationsforschung mit den Herausforderungen der interkulturellen Kommunikation umgeht

Jenseits der üblichen Forschungsroutinen

Praxisorientierte Veröffentlichungen verwenden nur selten Gedanken auf die Methodik des Vorgehens. Von daher ist wenig erstaunlich, wenn sich in solchen Texten kaum Überlegungen zur interkulturellen Kommunikation und ihren Voraussetzungen finden. Anders dagegen ist es in der wissenschaftlichen Forschung: Niemand kann sagen, diese Literatur ginge generell leichtfertig mit methodischen Fragen um. In vielen Untersuchungen findet man ausführliche Informationen über die Zusammensetzung und Merkmale der Stichprobe, über Ausfallquoten und Repräsentativität, über Skalenbildung, Operationalisierung und Indikatoren, mit anschließender Aufbereitung der Befunde in genauen Tabellen, Grafiken und Prozentzahlen. Dieses Vorgehen demonstriert Professionalität und Vertrautheit mit dem Repertoire der Forschungsregeln.

Aber zur interkulturellen Kommunikation findet man auch in wissenschaftlichen Darstellungen nur äußerst spärliche Hinweise –

wenn man überhaupt etwas findet. Eine Reflexion darüber liegt außerhalb der üblichen Forschungsroutinen. Nur in wenigen Untersuchungsberichten wird das Thema überhaupt erörtert. Zu den seltenen Ausnahmen gehört ein von Leonie Herwartz-Emden herausgegebener Band über Einwandererfamilien. Das Kapitel über Datenerhebung und Datenanalyse beginnt mit den Sätzen: »Eine interkulturelle Untersuchung birgt in der empirischen Umsetzung eine erhebliche Problematik: Die eingesetzten Erhebungsmethoden müssen für verschiedene kulturelle und gesellschaftliche Kontexte gültig, also transkulturell einsetzbar sein. Auf besondere Weise schwierig ist die Validierung standardisierter Untersuchungsinstrumente.«[317]

Solche Überlegungen gehören zu den Glücksfällen in der Migrationsliteratur. Im Normalfall geraten die Schwierigkeiten, die aus interkulturellen Differenzen entstehen, gar nicht ins Blickfeld. Zum Beispiel das Sprach- und Übersetzungsproblem: Meist darf man schon froh sein, wenn man erfährt, in welcher Sprache die Interviews durchgeführt wurden, ob in Deutsch oder in einer anderen Sprache. In den besseren Fällen bekommt man Informationen etwas weiter reichender Art, wie hier in zwei Untersuchungen über russisch-jüdische Einwanderer und russische Aussiedler:

»Mitglieder der Untersuchungsgruppe [wurden] bewußt in die Auswahl und Formulierung der Fragen einbezogen. Aus pragmatischen Gründen führten wir die Umfrage mit einem deutsch- und einem russischsprachigen Fragebogen durch, wobei die Entscheidung, welcher Fragebogen ausgefüllt wurde, den Probanden überlassen blieb. Die Verteilung zwischen deutscher und russischer Sprache diente in der Auswertung als ein Kriterium für die Sprachkenntnisse der Zuwanderer.«[318]

»Den Befragten wurde freigestellt, das Interview auf deutsch oder auf russisch durchzuführen, da die mit der Interviewdurchführung betrauten studentischen Projektmitarbeiter entweder selbst in der früheren Sowjetunion aufgewachsen waren oder zumindest sehr gut russisch sprachen. 24 der 28 Interviews wurden schließlich auf russisch durchgeführt, weil differenzierte Nachfragen auf deutsch nicht ohne weiteres möglich waren.«[319]

Was aber ist mit den Schwierigkeiten der Übersetzung, mit der mangelnden Übertragbarkeit vieler Begriffe, was mit den unterschiedlichen Bedeutungsräumen der scheinbar gleichen Begriffe und den daraus resultierenden Unschärfen? Nach methodischen Vorschlägen zum Umgang mit diesen grundlegenden Fragen sucht man fast immer vergeblich. Überlegungen dazu werden gar nicht erst angestellt, oder sie werden – vielleicht weil nicht wichtig genommen, vielleicht weil als problematisch empfunden – von der Veröffentlichung ausgenommen. Zu den wenigen einschlägigen Hinweisen gehören die folgenden Sätze einer Studie zum Bildungsverständnis in türkischen Migrantenfamilien:

»Zentrale Begriffe des sozialen Bedeutungsfeldes Schule haben in der türkischen Lebenswelt [der frühen Arbeitsmigranten] einen vom modernen Verständnis deutlich abweichenden Sinnakzent, wodurch eine rein quantitativ orientierte Forschung sich erheblichen Vorbehalten aussetzen kann. Wenn beispielsweise in der Erhebung von Schrader/Nikles/Griese (1976) türkische Eltern dem Erziehungsziel ›Lernen und Leistung‹ fast die gleiche Rangziffer geben wie deutsche Eltern, hat ein solches Untersuchungsergebnis ohne eine genauere Einordnung des Bedeutungsraums dieser Begriffe in das Netz lebensweltlicher Orientierungen kaum eine Aussagekraft. Kategorien wie Leistung, Wissen, Lernen, Selbständigkeit, Achtung usw. werden von modernen Eltern vor dem Hintergrund eines individualistischen Lebensentwurfs in bestimmten Hinsichten völlig anders als von traditionell denkenden Mitgliedern sogenannter Übergangsgesellschaften mit stärkerer Familien- und Kollektivorientierung verstanden. Es gibt unseres Erachtens einen großen Nachholbedarf an qualitativen Studien, die solche Unterschiede in den Bewußtseins- und Sprachwelten differenziert rekonstruieren.«[320]

Es ist bezeichnenderweise eine junge Sozialwissenschaftlerin deutsch-türkischer Herkunft, die ausführlicher auf die Voraussetzungen und Implikationen der Sprachfrage eingeht. Yasemin Karakaşoğlu-Aydin hat Studentinnen ebenfalls deutsch-türkischer Herkunft befragt und die Befragten selbst wählen lassen, ob sie lieber auf deutsch oder auf türkisch sich äußern wollten. Obwohl diese Option der Sprachwahl zunächst aus eher pragmatischen Gründen eingeführt wurde, erwies sie sich später als zentrale Weichenstellung, die bestimmte Themenbereiche dem Gespräch erst zugänglich machte. Bei der Auswertung der Interviews wird für Karakaşoğlu-Aydın nämlich erkennbar: Obwohl die befragten Studentinnen hervorragend Deutsch sprechen, ist es bei einigen Themen erst die türkische Sprache, die ihnen einen freien Ausdruck ihrer Gefühle erlaubt.

»Während in den ersten Interviews von mir der Versuch unternommen worden war, sich zu Beginn auf eine Sprache zu einigen, … stellte sich bald heraus, daß sich die Probandinnen nicht festlegen wollten. Je nach Gewohnheit mischten sie entweder die Sprachen oder bedienten sich themenbezogen einer der beiden Sprachen. Ich selbst orientierte mich konsequent am code-switching [Sprachwechsel] der Interviewpartnerinnen. Auch wenn außer Frage steht, daß alle befragten Bildungsinländerinnen das Interview problemlos monolingual Deutsch hätten durchführen können, sollten doch sprachliche Vorgaben nicht den natürlichen Redefluß stören. Zu erwarten war die Anwendung des code-switching im Gespräch mit mir, da wir beide, Interviewerin und Interviewte, Angehörige der zweiten Migrantengeneration sind und die Interviewten selbstverständlich von der mehr oder weniger ausgeprägten Bilingualität der Interviewerin ausgehen konnten. Die Ablehnung einer solchen Sprachpraxis meinerseits … hätte nur mit Hinweis auf fehlende Sprachkenntnisse in einer der beiden Sprachen erfolgen können, was unglaubwürdig gewesen wäre. Insbesondere in Anbetracht der das Persönliche und den emotionalen Bereich ansprechenden Themen wie zum Beispiel ›familiäre Erziehung‹, ›religiöse Prägung‹, ›Ehe und Partnerschaft‹ erwies sich die Option, zwischen Deutsch und Türkisch ›switchen‹ zu können, als wichtige Voraussetzung für eine vertrauensvolle Gesprächsatmosphäre und die Möglichkeit, Gefühle ausdrücken zu können. Die … starke Nutzung dieses Angebots … macht deutlich, daß es bei gewissen emotional besetzten Themen auch in Interviews mit hochkompetenten Sprechern des Deutschen in der türkischen community sinnvoll sein kann, Türkisch als Sprachalternative anzubieten.«[321]

Zu den Glücksfällen gehört auch, wenn man in der Literatur Autoren entdeckt, die im nachhinein die Problematik ihres Vorgehens zu ahnen beginnen und darüber auch offen berichten. Ein Beispiel hierfür ist die bereits erwähnte 13. *Shell*-Jugendstudie.[322] Auf Komplikationen stießen da die Forscher bei ihrem Bemühen, genügend Interviewpartner zu finden. Während die deutschen Jugendlichen in der Regel sehr gesprächsbereit waren, war es dagegen sehr mühsam, ausländische Jugendliche überhaupt für ein Interview zu gewinnen. Im nachhinein erkennen die Forscher, welche Ursachen diese Schwierigkeiten hatten: »Das Feld war ›deutschlastig‹ aus verschiedensten Gründen.«[323] Daraus entstanden unsichtbare Barrieren: »Zum einen ist unser Interviewerstamm überwiegend deutsch und tat sich schwerer, Kontakte zu ausländischen als zu deutschen Jugendlichen aufzubauen. Insofern schlug hier zu, was man gemeinhin unter dem Stichwort ›interkulturelle Kommunikation‹ zusammenfaßt. Die Hemmungen aufeinander zuzugehen lagen anscheinend auf beiden Seiten. Zahlreiche Jugendliche zögerten, sich auf ein ausführliches Gespräch mit einem deutschen Erwachsenen einzulassen … Manche Jugendliche sagten zu, wurden dann aber unsicher und nahmen wieder Abstand von ihrem Vorhaben. Häufig kam es zu Ausfällen, weil teilweise unterschiedliche Auffassungen von Pünktlichkeit bei den Interviewern und den Befragten bestanden, weil Verabredungen verschieden interpretiert wurden, weil Befragte trotz Zusage nicht zum Termin da waren. Manchen … war ein Gespräch peinlich, manche hatten Sorge, sie würden von ihren Freunden oder Geschwistern ausgelacht, manche hatten Angst, ihre Eltern würden es nicht akzeptieren.«[324]

Ein »deutschlastiges« Vorgehen – das genau ist es, wogegen die Migrationsforscher sich absichern müssen, wenn sie die versteckten Fallen der interkulturellen Kommunikation vermeiden wollen. Das erfordert eine ganz neue Stufe der Methodenreflexion, die weit über die immanent technischen Fragen wie Samplegröße oder Skalengewinnung hinausgeht.

Jedenfalls reicht es nicht, wenn deutsche Autoren, die das sensible Terrain der religiösen und politischen Orientierungen von türkischen Jugendlichen erforschen, Fragen nach ihrem eigenen kulturellen Vorwissen mit knappen Sätzen abwehren und die interkulturelle Kompetenz einfach behaupten. So geschehen in der bereits angesprochenen Studie *Verlockender Fundamentalismus* von Heitmeyer und Mitarbeitern, in der dem Leser versichert wird, die ethnisch-kulturelle und religiöse Zusammensetzung der Forschergruppe sei kein entscheidendes Kriterium, weil eine viel wichtigere Bedingung erfüllt sei: »Wichtiger als das Kriterium der personellen Zusammensetzung ist … ein interkultureller und interdiszplinärer Diskussionszusammenhang, in dem *mehrere* Perspektiven zur kritischen Interpretation beitragen. *Diese* Konzeption liegt dieser Untersuchung zugrunde.«[325]

Soll man einer so pauschalen Zusicherung einfach vertrauen? Oder wie kann man sie nachprüfen? Wie sah der »interkulturelle Diskussionszusammenhang« aus, den die Autoren behaupten? Warum erfahren wir darüber nicht mehr, wenn die Autoren selbst ihm eine so zentrale Bedeutung zuweisen?

3. Interpretationsschritte im interkulturellen Raum: Eine Auswahl

Gewiß wird bei nicht wenigen Untersuchungen, vor allem den qualitativ vorgehenden, zumindest implizit das Bemühen erkennbar, die Aussagen der Befragten auf ihren lebensgeschichtlichen Hintergrund zu beziehen und mit den darin angelegten kulturellen Vorgaben, Erwartungen, Gewohnheiten in Verbindung zu bringen. Ebendies ist eines der zentralen Anliegen der biographischen Forschung: die Weltsicht der untersuchten Personen sichtbar zu machen, deren eigene Sinnstrukturen und Wahrnehmungsräume herauszuarbeiten.[326]

Die entscheidende Frage ist freilich: Wie kann dieses Vorhaben in interkulturellen Kontexten gelingen? Die Antwort ist einfach, in der Theorie jedenfalls. Die Basisregel lautet: Damit dieses gelingt, muß der Forscher ein Vorwissen von der Besonderheit der Kulturräume haben, die er behandelt. Ansonsten bleibt er in seinen eigenen Wahrnehmungsräumen gefangen, wird er bestimmte Signale gar nicht aufnehmen, mißverstehen, falsch einordnen; er wird »italienische Zahlen« allzu wörtlich begreifen oder Antwortmuster, die einen Gesichtsverlust abwehren sollen, gar nicht als solche erkennen. Kurz, der Forscher muß sich zwischen den Kulturräumen bewegen, ständig Übersetzungsleistungen vom einen Horizont in den andern vollbringen. Dabei kann er leicht auf Abwege geraten. Auch der Einsatz qualitativer Methoden schützt nicht davor, Bedeutungsunterschiede zu übersehen, in den eigenen Vorurteilen hängen zu bleiben und die Sinnhorizonte der erforschten Gruppen zu verfehlen. »Auch Studien, die ... klassische Verfahren wie die ›Biographische Methode‹ oder ... die ›Objektive Hermeneutik‹ einsetzen, operieren häufig mit impliziten Universalien oder unterstellen gemeinsam geteilte Interpretationshorizonte.«[327]

Um so wichtiger ist es, daß der Forscher seine Interpretationsschritte offenlegt. Denn nur so können die Leser sie als solche erkennen und selber beurteilen. Solange dagegen die Interpretationsarbeit des Forschers mehr bis minder implizit bleibt, so lange können die Leser ihre Grundlage – ihre Validität, technisch gesprochen – bestenfalls ahnen. Das reicht nicht, um den Anspruch der Wissenschaft – intersubjektiv nachprüfbar zu sein – zu erfüllen.

Im folgenden will ich an ausgewählten Beispielen aus der Migrationsliteratur zeigen, welche Interpretationsschritte stattfinden und welches Vorwissen dabei eingesetzt wird.

Vorwissen I: Türken sind traditionsorientiert

Am Deutschen Jugendinstitut wurde eine Untersuchung über *Orientierungen ausländischer Jugendlicher in Deutschland* durchgeführt. Eine der Fragen zielte auf die Wichtigkeit verschiedener Lebensbereiche: Auf einer vorgegebenen Skala von zehn Stichworten – beginnend bei »Eltern und Geschwister« über »Freizeit und Erholung« bis zu »Religion« – sollten die Befragten angeben, welche Bedeutung diese Themenfelder für sie besitzen.[328] Bei vielen der abgefragten Bereiche unterschieden sich die Antworten der Jugendlichen mit nichtdeutschem Paß kaum von denen der deutschen Vergleichsgruppe. Anders dagegen bei der Religion: Diesem Bereich ordneten viele der türkischen Jugendlichen (und auch vergleichsweise viele der italienischen und griechischen Jugendlichen) hohe Bedeutung zu, dagegen nur wenige der deutschen. Aus diesem

Befund schließen die Autoren der Studie: »Die hier in der Bundesrepublik lebenden türkischen Jugendlichen und jungen Erwachsenen halten mit ihrer hohen Wertschätzung von Religion eine wichtige Tradition ihres Herkunftslandes aufrecht.«[329]

Aber genau das steht nicht in den empirischen Befunden. Dort findet sich nur die hohe Wertschätzung der Religion. Der darüber hinaus weisende Schluß – daß die jungen Türken damit an eine »wichtige Tradition ihres Herkunftslandes« anknüpfen – ist eine freie Interpretation, die die Autoren selbst hinzugefügt haben. Warum? Weil sie ein bestimmtes, nicht explizitiertes Vorwissen haben. Es ist das Bild, das viele Deutsche von »den« Türken sich machen, wonach diese, die Türken, stets traditionsorientiert sind, loyal an den Sitten und Gebräuchen der Heimat festhaltend.[330] Genau dieses Bild scheint wieder auf, nun mit Daten, scheinbar, »bestätigt«.

Denn die hohe Bedeutung, die die Religion für viele Migranten besitzt, ist zwar aus zahlreichen Studien bekannt. Aber wenn man genau hinschaut, kann man in diesen Studien auch viele Hinweise darauf entdecken, daß die Religion einen charakteristischen Bedeutungswandel erfährt. Die Religionsbindung der Migranten ist demnach besonderer Art, nicht einfach das, was sie aus der Heimat schon mitgebracht haben, vielmehr sind es die Bedingungen der Migration bzw. des Exils, aus denen die Religionsbindung vieler Migranten erwächst.[331] Doch nicht einmal eine Ahnung davon hat die zitierten Autoren erreicht. Ihre Interpretationsschritte bauen auf dem Vorwissen auf, das dem Alltag entstammt, und dessen Formel heißt hier: Türken sind traditionsorientiert.

Auch Wilhelm Heitmeyer und seine Kollegen haben sich mit den Orientierungen türkischer Jugendlicher befaßt. Um die Hintergründe genauer ausleuchten zu können, haben die Forscher nach dem Erziehungsstil und Familienklima in türkischen Familien gefragt. So sollten die Jugendlichen zum Beispiel angeben, welchen Einfluß die Eltern auf die Partnerwahl ihres Sohnes bzw. ihrer Tochter nähmen. Darauf sagte die große Mehrheit der Jugendlichen (knapp 60 Prozent): geringen Einfluß, sehr geringen Einfluß oder gar keinen Einfluß. Eine weitere Frage lautete, ob die Jugendlichen, wenn sie gegen grundlegende Gebote ihrer Religionsgemeinschaft verstoßen würden, mit einer Bestrafung von seiten der Eltern rechnen müßten. Hier antworteten drei Viertel der Jugendlichen: Sie würden leicht oder gar nicht bestraft.[332] Das sind die empirischen Befunde. Und was machen die Forscher daraus? Sie sprechen immer wieder vom »Traditionalismus« in türkischen Familien, vom »traditionsgeprägten Erziehungsstil türkischer Eltern mit seinen (nach wie vor) autoritär-patriarchalischen … Verhaltensweisen.«[333] Darüber hinaus fragten die Forscher nach möglichen Konfliktfeldern im Verhältnis zwischen den Jugendlichen und ihren Eltern. Die Jugendlichen konnten unter sieben vorgegebenen Feldern wählen: sie nannten als häufigste Konfliktanlässe »Kleidung/Aussehen«, dann »schulische Leistungen«, sodann »abends länger ausgehen«[334] – alles Bereiche, die auch in deutschen Familien den Stoff für Generationskonflikte abgeben. Doch die Interpretation der Forscher liest sich anders: Sie finden, so sagen sie, ein Konfliktpotential, welches »eindeutig mit der Betonung einer kulturellen Differenz durch die Eltern zusammenhängt«.[335]

Auch hier also wieder: Türken sind traditionsorientiert. Auch hier wieder ein Schluß, der nicht aus den empirischen Daten sich ableiten läßt, ja geradezu eine Blindheit gegenüber den Daten verlangt. Zu Recht schrieb Bernhard Santel, selbst Migrationsforscher, in einer Rezension in der *Frankfurter Allgemeinen Zeitung*: »Die Schlußfolgerungen stehen teilweise … in offenem Widerspruch zu den erhobenen Daten. Viel wird behauptet, wenig bewiesen.«[336] Doch woher die Diskrepanz? Wie ist es möglich, daß anerkannten und erfahrenen Forschern so elementare Fehler unterlaufen? Die Antwort lautet abermals: Vermutlich weil unter der Hand ein Vorwissen der Forscher sich durchsetzt, dem allgemeinen Repertoire der Mehrheitsgesellschaft entstammend, und weil dieses Vorwissen sich am Ende als stärker erweist als all die methodischen Anstrengungen der großangelegten Studie.

Vorwissen II: Grenzgänger im Kulturkonflikt

In einer seriösen und großen Wochenzeitung schildert die Journalistin Canan Topçu – in der Türkei geboren, seit langem in Deutschland lebend – Szenen aus ihrem bikulturell geprägten Alltag mit seinen Paradoxien, Irritationen und gleichzeitig auch komischen

Seiten. Zum Beispiel erzählt sie von der wechselseitigen Ahnungslosigkeit im Verhältnis zwischen Deutschen und Türken, von ihrem Ärger über die einen wie über die anderen, und wie sie jede Gruppe gegenüber der je anderen verteidigt. Sie schildert, wie sie viele Szenen gewissermaßen doppelt wahrnimmt, daß sie je nach Situation den einen oder den anderen Blickwinkel einnimmt, dazwischen wechselt, sich mal mit den Türken identifiziert, mal mit den Deutschen. All dies beschreibt sie anschaulich, selbstbewußt, provokant und temperamentvoll, nicht zuletzt mit einer Prise Selbstironie. Doch was macht die Zeitung daraus? Sie kommentiert in hervorgehobener Schrift, die Autorin schildere als »Grenzgängerin« die »Gefühle der Zerrissenheit, die sie als deutsche Türkin empfindet«.[337]

In einer seriösen und weitverbreiteten Tageszeitung beschreibt eine junge Frau – Tochter eines marokkanischen Vaters und einer deutschen Mutter – in einer Art Kurzprotokoll die Stationen ihres bisherigen Lebens. In Marokko geboren und aufgewachsen, dazwischen immer wieder für ein paar Ferienwochen in Deutschland – in diesem Rhythmus hat Yasmine Berriane sich zwischen den beiden Ländern bewegt. Jedesmal, wenn sie in Deutschland ankommt, ist ihr zunächst ängstlich zumute, weil sie nicht weiß, ob sie zurechtkommt mit der deutschen Umgebung, den deutschen Gleichaltrigen. Doch meist lebt sie sich schnell wieder ein, schließt viele Freundschaften. Jetzt ist sie 18 und betont nachdrücklich die Verbindung zu beiden Seiten, die ihre Herkunft ausmachen: »Ich [bin] Teil einer neuen Generation, die sich in zwei Welten befindet. Nein, ich bin nicht Deutsche. Ich bin auch nicht Marokkanerin. Ich bin Deutsch-Marokkanerin. Das ist was ganz anderes.« Jetzt kommt sie nach Deutschland, um hier zu arbeiten und zu studieren. Wieder ist ihr etwas bange zumute, doch am Ende ist die Zuversicht stärker; voll Aufbruchstimmung begrüßt sie ihren neuen Anfang: »A nous deux, Allemagne!«[338] So schildert die Autorin offen das Wechselbad ihrer Gefühle – mal heiter, mal zweifelnd – und wie der Wechsel der Umgebungen für sie immer wieder ein Anstoß zum Vergleichen und Nachdenken wird.

Die Zeitung aber macht etwas anderes daraus. Indem sie im Aufmacher einseitig die zwiespältigen Gefühle der Autorin aufgreift und besonders hervorhebt, wird die Geschichte dramatisch getönt.

Schon die Titelzeile klingt dunkel: *Yasmine kann nicht sagen, wer sie ist* – als wäre sie ein sprachloses, hilfloses Wesen. Danach folgt, in Großbuchstaben gesetzt: »Sie ist auf der Suche«, »will rausfinden, wohin sie wirklich gehört«. Als nächstes ein Foto der Autorin, daneben in riesiger Schrift, über eine ganze Seite verteilt, nur ein Wort: »Grenzgängerin«. Nicht eine junge Frau, die genau beobachtet und ihre eigenen Gefühle präzise zu schildern vermag, wird uns hier präsentiert, sondern ein armes, verirrtes Wesen, voll Sehnsucht nach einem sicheren Hafen.

Es ist kein Zufall, daß beide Zeitungen das Wort »Grenzgängerin« groß herausstellen, in dem immer schon Assoziationen von Kulturkonflikt mitschwingen. Dies Stichwort ist inzwischen ein fester Bestandteil im Wissensrepertoire der deutschen Mehrheitsgesellschaft, ein Topos, seit langem vertraut und immer wieder von neuem erzählt, in Wissenschaft, Belletristik und Medienberichten. Menschen aus binationalen bzw. bikulturellen Familien, so geht die Geschichte, sind Außenseiter, nirgendwo zugehörig, von Selbstzweifeln gequält, zu einem Leben zwischen den Welten verurteilt. Und das Gewand dieses traurigen Außenseiters haben die Zeitungen auch Canan Topçu und Yasmine Berriane übergezogen.

Vorwissen III: Aussiedler sind patriarchalisch

Im Rahmen einer großangelegten Studie über Einwandererfamilien wurden Aussiedler, Türken und als Vergleichsgruppe Deutsche befragt, jeweils Männer und Frauen, und sie sollten sich äußern über Geschlechterverhältnisse, Erziehung und Familienorientierung. Unter den veröffentlichten Ergebnissen findet sich auch eine ausführliche Interview-Passage, die sich um das Stichwort »Emanzipation« dreht. Der Befragte – ein Aussiedler aus der ehemaligen Sowjetunion – will diese Entwicklung nicht nur negativ sehen: »Emanzipation ist gut«, sagt er wörtlich. Aber seiner Meinung nach gibt es in Deutschland inzwischen des Guten zuviel: Emanzipation sei »nicht immer gut. Alles muß in den Grenzen liegen, ausgewogen sein.« Als die Interviewerin mehrfach nachhakt, antwortet er in immer wieder ähnlichen Worten: »Frau muß Frau sein ... Sie muß Frau bleiben ... Sie muß weiblich, zärtlich bleiben.«[339] Nachdem der Mann dem Thema Emanzipation zunächst allgemein zugestimmt hat, kommt dann also, auf die genaueren Nachfragen, immer mehr ein patriarchaler Gestus zum Ausdruck – eine konservative Weltsicht, die die Unterschiede zwischen Männern und Frauen hervorhebt, ja auf die Bewahrung von »Weiblichkeit« pocht. Kurz, der Leser, erst recht die Leserin findet bestätigt, was sie vorher schon ahnten: Aussiedler sind patriarchalisch.[340]

Aber man kann die zitierten Sätze auch anders lesen. Nicht zufällig nämlich hat Leonie Herwartz-Emden, die Leiterin der Studie, diese Passage so ausführlich dokumentiert. Sie tut dies in methodischer Absicht, um die Hürden und Fallen der interkulturellen Kommunikation vorzuführen. In keinem Fall, so Herwartz-Emden, dürfe der interpretierende Forscher bloß einzelne Stichworte herausgreifen, die ihm auffällig erscheinen. Statt dessen müsse er die Aussagen in ihrem Gesamtrahmen sehen, auf den kulturellen Hintergrund des Befragten beziehen, auf die dem Befragten vertrauten Symbole und Sprachmuster achten, kurzum: der Forscher müsse »die Bedeutung im Kontext erhellen«.[341] Wo diese vermittelnde und übersetzende Reflexionsstufe fehle, seien die Irrtümer gewissermaßen vorprogrammiert: Da »kann es leicht zu erheblichen Mißverständnissen kommen, die Interviewerin [in der zitierten Passage] erscheint ›verloren‹ und hilflos in ihren Begrenzungen befangen. In dem Beispiel wird ein solches Mißverständnis für die Leser und Interpreten leicht gemacht«.[342]

Im weiteren Verlauf entwickelt Herwartz-Emden ihre eigene Lesart der zitierten Passage, wobei sie die Interpretationsschritte sorgfältig darlegt und im einzelnen vorführt. Sie erinnert (1) an die offiziellen Leitbilder, die in der ehemaligen Sowjetunion vorherrschend waren und auch das Bewußtsein der dort lebenden Aussiedler prägten. Auf der einen Seite wurde die Beteiligung der Frau am öffentlichen Leben und Erwerbsleben nachdrücklich propagiert und gefördert – aber gleichzeitig enthielt die offizielle Rhetorik auch stark traditionelle Elemente, ja biologistische Annahmen, abzielend auf ein Leitbild der »weiblichen Frau«, mit weiblichen Aufgaben und Arbeitsbereichen. Als nächstes verweist Herwartz-Emden (2) auf andere Passagen im Interview, wo der befragte Aussiedler ganz selbstverständlich erzählt, daß er sich oft an Aufgaben der Familienarbeit beteiligt: Er zeigt sich »in der Schilderung der alltäglichen Verrichtungen ... im gemeinsamen Haushalt ... eher partnerschaftlich«. Danach nimmt Herwartz-Emden (3) Befunde aus der Befragung der deutschen Vergleichsgruppe auf. Hier haben die deutschen Männer sich zum Thema Gleichberechtigung durchweg sehr zustimmend geäußert – aber diese Zustimmung ist offensichtlich weit mehr eine der Worte als eine der Taten, weil sie sich im Alltag längst nicht so partnerschaftlich verhalten. All dies zusammengenommen bringt Herwartz-Emden zu dem Fazit: Nicht im tatsächlichen Handeln, nur auf der Ebene der Rhetorik erweist sich der befragte Aussiedler als patriarchalisch. Ihm ist die moderne Partnerschaftsrhetorik noch fremd, die in der Bundesrepublik heute das offizielle Leitbild abgibt. »Der deutsche Mann weiß, welche Geschlechterbilder ... nach mehreren Jahrzehnten Frauenbewegung ... im gegenwärtigen Deutschland dominant sind.« Der Aussiedler dagegen weiß noch nicht, in welchen sprachlichen Formen das Thema Geschlechterverhältnisse in Deutschland verhandelt wird. Er hat die »Anpassung an die ... kulturellen Erwartungen der Interviewerin ... nicht geleistet«.[343]

Vorwissen IV: Die Anspruchshaltung russischer Juden

In einer Studie, die sich mit der Lebenssituation russisch-jüdischer Einwanderer befaßt, wird dies Thema in verschiedenen Beiträgen und aus unterschiedlichen Blickwinkeln behandelt. Unter den Autoren ist auch die Sozialwissenschaftlerin und Journalistin Judith Kessler, selbst Mitglied der Jüdischen Gemeinde Berlins und dort als Sozialarbeiterin tätig bei der Betreuung russischer Zuwanderer. In ihrem Beitrag berichtet Kessler von den Erfahrungen, die sie während ihrer Arbeit gemacht hat – und es sind, um es milde zu sagen, nicht immer nur angenehme Erfahrungen. Nicht selten ist sie frustriert, nicht selten am Rand der Verzweiflung. Zwar gibt es unter den Neuangekommenen einige Personen, die sich schnell einleben, in der ihnen ungewohnten Umgebung keine Spur von Berührungsangst und Scheu zeigen. Aber es gibt unter ihnen eben auch eine zweite Gruppe, durchaus nicht klein, die sogenannten »Problemfälle«, und diese bilden das Klientel der Beratungsarbeit.

Sie verhalten sich passiv, abhängig, abwartend, fordern gleichzeitig Unterstützungsleistungen der verschiedensten Art. Sie hören nicht zu, wenn man ihnen das Leben in Deutschland erklärt; sie kommen mit großen Informationslücken, mit schöngefärbten, verklärten, überzogenen Erwartungen – und reagieren vorwurfsvoll und beleidigt, ungeduldig und auftrumpfend, wenn diese Erwartungen nicht sogleich eingelöst werden.

Wenn man Kesslers Bericht so zusammenfaßt, scheint er ein Bild zu bestätigen, das in Medien wie Öffentlichkeit vielfach kursiert. Anspruchsvoll seien die Flüchtlingsmigranten, unbescheiden, unseren Wohlstand wollen sie haben – solche Geschichten erzählt man sich gerne in Deutschland.

Aber das ist nicht die Geschichte, die Judith Kessler erzählt. In den ersten, den einleitenden Sätzen macht die Autorin klar, worum es ihr geht: »Fast zehn Jahre sind vergangen, seit die große (post-)sowjetische Zuwanderungswelle in unsere Gemeinden begonnen hat. Inzwischen sind wir, die Alteingesessenen [in den jüdischen Gemeinden], zur Minorität geworden. Und beide – ›Alte‹ und ›Neue‹ – klagen noch immer über arge Verständigungsprobleme. Ich habe ein paar … Beispiele über unser gegenseitiges Verständnis gesammelt. Oder besser gesagt: Mißverständnis. Vieles davon ist nicht recht greifbar, ist ›mental‹, hat mit Verletzungen, Ängsten und unterschiedlichen Codes zu tun, die aus unseren verschiedenen Herkünften und Lebenskontexten resultieren.«[344] Kessler will den »Mentalitätsunterschieden« auf die Spur kommen – und zwar, wohlgemerkt, nicht etwa denen zwischen Deutschen und Juden, sondern zwischen den alten und den neuen Gemeindemitgliedern innerhalb der Jüdischen Gemeinde. Sie will begreifbar machen, was die Hintergründe ihrer wechselseitigen Fremdheit ausmacht. Da sind vor allem die Unterschiede der politischen Systeme zwischen Ost und West: »Die Zuwanderer kennen … die institutionalisierte Sozialisation des ›homo sovieticus‹, bei der man an die Hand genommen und zugleich fremdbestimmt war, Handlungsspielräume nicht besaß oder einfach nicht nutzen konnte, Verantwortung und Entscheidungskompetenz oftmals außerhalb des eigenen Ichs lagen. Wir Alteingesessenen haben in unserer westlichen ›Risikogesellschaft‹ ein weniger institutionalisiertes System durchlaufen, in dem wir … selbst optieren mußten und müssen.«[345] Während viele Zuwanderer schlecht vorbereitet sind auf die Anforderungen der westlichen Gesellschaft, stehen sie gleichzeitig unter hohem Erfolgsdruck, der sich aus ihrer Migrationsgeschichte ableitet. Daher nicht zuletzt die Litanei der vielen Ansprüche: »Da wandert jemand ein, der hat – ganz allgemein – einen Erfolgszwang. Sein Lebensrhythmus beschleunigt sich, die Migration muß sich lohnen. Nicht unbedingt monetär, aber es muß irgend einen Sinn gemacht haben, daß jemand sein Land verlassen hat, daß er jetzt hier sitzt. Er muß es irgendwie schaffen, sonst war das alles umsonst … Wenn wir das im Hinterkopf behalten, wird ein bißchen klarer, warum viele Klienten überreagieren, wenn sie ihre Ziele nicht sofort erreichen oder wir ihre Erwartungen nicht bedienen.«[346]

So nimmt Kessler sich immer wieder die Erwartungshaltungen vor – und zwar nicht nur die der neuen, sondern auch die der alten Gemeindemitglieder –, und sie zeigt, wie leicht diese Erwartungen sich in Illusionen verwandeln und dann abstürzen: »Wir lieben unsere Klischees – beide Seiten. Die eine sagt: ›Ihr könntet ja, ihr wollt bloß nicht helfen.‹ Oder: ›Ihr wollt uns nicht als Menschen.‹ Die andere Seite will zunächst einmal Dankbarkeit sehen nach dem Motto: ›Hör mal, der Billigkugelschreiber, den ich dir anbiete, der muß dir doch genügen. Was willst du noch, da wo du herkommst?‹«[347] Mit einem Mal sind es nicht mehr nur die Zuwanderer, die überzogene, überspannte Erwartungen haben: »Wir haben gemeint …, da würde jetzt ein Dissident nach dem anderen und ein David Oistrach nach dem anderen durch die Tür kommen, um uns zu ›bereichern‹. Die gibt es natürlich auch, aber meistens ist es ein Bauingenieur, Otto Normalverbraucher eben, und der will uns nicht ›A jiddische Mame‹ vorsingen, sondern der braucht eine Wohnung oder einen deutschen Führerschein.«[348]

Indem Kessler immer wieder einen Perspektivwechsel vornimmt, immer wieder auch den Blickwinkel der Migranten einnimmt, erzählt sie uns eine neue Geschichte. Hinter dem, was vordergründig als Anspruchshaltung der Migranten erscheint, zeigt sich jetzt eine Dynamik der wechselseitigen Hoffnungen, Mißverständnisse, Enttäuschungen. Kessler verteidigt nicht pauschal, aber sie verurteilt auch nicht pauschal; sie versucht zu begreifen, und zwar aus der kulturellen Differenz der Gruppen und ihrer Erfahrungen. Statt an der Oberfläche zu bleiben, fragt sie nach kulturellen Hintergründen und Entstehungsgeschichten. So gelingt es ihr, die Klischees aufzubrechen oder zumindest ein Stück weit durchlässiger zu machen – statt sie immer neu fortzuschreiben.

Vielleicht liegt hier, in dieser Form des Perspektivwechsels, auch ein in politisch-praktischer Hinsicht hilfreicher Ansatz. Vielleicht könnte man so nicht nur die Situation der russisch-jüdischen Zuwanderer darstellen, sondern auch die anderer Zuwanderergruppen, die der ehemaligen Gastarbeiter zum Beispiel. Die Frage könnte dann heißen: Was haben die Türken, Griechen, Italiener damals erwartet, als sie auf der Suche nach Arbeit in Deutschland ankamen – und was davon war realistisch, was nicht? Und nicht zu vergessen der andere Blickwinkel: Was haben die Deutschen damals erwartet, als sie immer mehr Arbeitskräfte in anderen Ländern anwarben – und was davon war realistisch, was nicht? Aus dem Vergleich der jeweiligen Erwartungen, nicht zuletzt auch der jeweiligen Illusionen könnte sich eine Geschichte entfalten, in der wir vielleicht die Wurzeln vieler der Mißverständnisse entdecken, die das Verhältnis zwischen »Eingeborenen« und Zuwanderern bis heute bestimmen.

4. Lernschübe durch innere Globalisierung?

Die Zahl der Veröffentlichungen im Themenfeld Migration wächst ständig an, und fast immer sind es »eingeborene« Autoren, sprich Deutsche, die die »anderen«, die Migranten beobachten, befragen und über sie schreiben. Daraus resultiert eine Asymmetrie der Kommunikation und Interaktion, die für die Art der Befunde nicht folgenlos bleibt: Begegnungen über kulturelle Distanzen hinweg erfordern neben Übersetzungsleistungen, Geduld und Geschick, Erfahrung und Übung auch ein Wissen von transnationalen Räumen und Lebensformen. Doch an all dem mangelt es in vielen der Untersuchungen, die die Lebenssituation der Migranten beschreiben wollen. Was McVey über westliche Forscher schrieb, die sich nicht-westlichen Gesellschaften zuwenden, das gilt in ähnlicher Form auch für viele der deutschen Forscher, die sich mit Migranten in Deutschland befassen: »Die typische Grobheit der Kategorisierung steht in scharfem Kontrast zu den hochausgefeilten mathematischen Testverfahren der so gewonnenen ›Daten‹: Wissenschaft besteht in Koeffizienten und Chi-Quadrat-Werten – in der Methode, nicht im Inhalt … [Viele] Autoren haben ihre Energien fast gänzlich darauf verwandt, Befragungsverfahren zu entwerfen, durchzuführen und auszuwerten, deren Kategorien von außen herangetragen werden und die etwas belegen sollen, was den politischen und kulturellen Vorannahmen des Westens entstammt.«[349]

Zwar kennt die Philosophie eine ganze Tradition des Fremdverstehens. Ebenso gibt es in der Kulturanthropologie bzw. Ethnologie eine lange Diskussion um den Kulturvergleich, seine Anforderungen und Schwierigkeiten. Erst recht ist in den angelsächsischen *cultural studies* das Verhältnis zwischen Mehrheitskultur und ethnischen Minderheiten seit Jahrzehnten zum zentralen Thema geworden. Doch in der deutschen Migrationsforschung – die zumeist von Soziologen betrieben wird – ist davon nur wenig angekommen. Hier regiert vielfach ein naiver, kulturblinder Positivismus. Das hängt wesentlich mit den Professionalisierungszwängen, dem eingeengten Verständnis von Wissenschaftlichkeit zusammen, die gerade die Soziologie in immer stärkerem Maß prägen: Die westliche Soziologie ist, wie Matthes schreibt, geprägt vom »Verlust an kulturgeschichtlicher Sensibilität«.[350] Doch die Soziologen, so Matthes weiter, werden umlernen müssen: Der Soziologe muß »heraustreten aus dem ehernen, aber auch vertrauten Gehäuse von Annahmen und Praktiken, das er sich aus kulturellen Selbstverständlichkeiten gezimmert und mit dem Anstrich der Eigengeltung versehen hat. Er wird wieder lernen müssen, … über sich selbst kulturgeschichtlich nachzudenken … Er wird sich auch daran gewöhnen müssen, daß ›gesellschaftliche Wirklichkeit‹, zumal *woanders*, etwas anderes ist als das, was sich über seine Antennen auf die Bildschirme seiner ›Empirie‹ bringen läßt, – daß seine Erfahrung eine ›Erfahrung der Erfahrung anderer‹ ist … Vom Ethnologen wird er dabei vieles lernen können.«[351]

Ein solches Umlernen wird gerade im Zeitalter der Globalisierung und der zunehmenden Migrationsströme immer wichtiger werden. Denn während vorher durch die relative Homogenität der Bevölkerung die Kulturblindheit der Forscher wenigstens da ohne größere Folgen blieb, wo die Forscher sich auf die Untersuchung der eigenen Gesellschaft beschränkten, wird nun, mit der zunehmenden »Globalisierung von innen«, der wachsenden Heterogenität auch im eigenen Land, eine solche Kulturblindheit auch da fatal, wo man sich mit den Lebensverhältnissen innerhalb der deutschen Grenzen befaßt. Noch einmal Matthes: »Ums kulturelle ›Vergleichen‹ auch nach innen kommen sie [die europäischen Gesellschaften] schon heute weniger herum als noch vor einigen Jahrzehnten, als die Erfahrung des ›Anderen‹ nur in sehr begrenzten Bevölkerungsgruppen zum Alltag gehörte. So entstehen womöglich in den westlichen Gesellschaften auch von innen heraus Zwänge aufs soziologische Denken.«[352] Man kann nur hoffen, daß die soziologischen Migrationsforscher diese Zwänge baldmöglichst erkennen – und daraus lernen. Vielleicht können solche Lernschübe einsetzen, wenn in den nächsten Jahren die »Globalisierung von innen« auch in Wissenschaft und Forschung hineinwirkt: wenn mehr Sozialwissenschaftler nachwachsen, die selbst einen Migrationshintergrund haben und ihre Erfahrung mit kulturellen Differenzen in die Wissenschaft einbringen.

Kapitel 7

Machtverhältnisse und Masken

We wear the Mask

We wear the mask that grins and lies,
  It hides our cheeks and shades our eyes –
This debt we pay to human guile;
With torn and bleeding hearts we smile,
And mouth with myriad subtleties
Why should the world be over-wise,
In counting all our tears and sighs?
Nay, let them only see us, while
We wear the mask.
We smile, but, O great Christ, our cries
To thee from tortured souls arise.
We sing, but oh, the clay is vile
Beneath our feet, and long the mile;
But let the world dream otherwise,
We wear the mask!

Der afroamerikanische Dichter
Paul Laurence Dunbar (1872-1906)[353]

1. Herrschaft und Widerstandsformen

Die Sozialwissenschaften, so schreibt der amerikanische Politik-
wissenschaftler James C. Scott, haben sich zumeist mit den offiziellen oder formalen Beziehungen zwischen den Mächtigen und den
Machtlosen in der Gesellschaft beschäftigt.[354] Doch die Geschichte
des Umgangs zwischen »denen da oben« und »denen da unten« –
zwischen Armen und Reichen, Schwarzen und Weißen, Herrschaft
und Dienstboten, Mehrheit und Minderheit, Einheimischen und
Fremden – umfaßt, so Scott, noch ganz andere Seiten. Was diese
Gruppen wirklich denken – und vor allem: was sie wechselseitig
voneinander denken und halten –, das weicht oft deutlich ab von
der offiziellen Version, die aus Gründen der Höflichkeit, der
Machtstabilisierung, des Mißtrauens, des Selbstschutzes nach außen präsentiert wird. Und auf genau diese verborgenen Seiten, die
die Sozialwissenschaften bislang vernachlässigt haben, will Scott

unseren Blick lenken: auf das, was sich »hinter der offiziellen Geschichte«[355] verbirgt.

Dazu analysiert Scott Fallbeispiele aus verschiedenen Situationen, die durch ein starkes Machtgefälle gekennzeichnet sind, etwa aus der Geschichte der Sklaverei und der Kolonialzeit, aus Gesellschaften mit Kastenhierarchien oder ethnischen Hierarchien. Dabei untersucht er durchaus auch die Mächtigen, ihre Regeln und Rituale im Umgang mit den je Unteren. Doch insbesondere sind es die Machtlosen, die Unterdrückten, die im Mittelpunkt seiner Darstellung stehen. Ob der Sklave gegenüber dem Herrn, der Pächter gegenüber dem Landbesitzer, der Gefangene gegenüber dem Wächter, der Angehörige der Minderheitsgruppe gegenüber einem Vertreter der Mehrheitsgruppe – sie alle können sich nicht erlauben, vor den Mächtigen offen ihre Meinung zu sagen. Zwar gibt es, laut Scott, in bestimmten Situationen auch Ausnahmen, aber im Normalfall sind die Untergeordneten darauf bedacht, ihr öffentliches Verhalten und Auftreten an den Erwartungen der Mächtigen auszurichten – aus Vorsicht, aus Angst oder weil sie auf eine Erleichterung, eine kleine Vergünstigung hoffen. Sie müssen, um überleben zu können, ein Repertoire der taktischen Strategien und Täuschungsmanöver entwickeln. Sie müssen in Darstellungskünsten sich üben. Sie müssen ihr wahres Gesicht verbergen, ja, eine Maske sich zulegen. Und dies um so mehr, je stärker die Abhängigkeit ist: »Je größer das Machtgefälle zwischen den Machthabern und den Machtlosen, und je willkürlicher die Macht ausgeübt wird, desto mehr nimmt das öffentliche Auftreten stereotype, ritualisierte Formen an. Mit anderen Worten, je bedrohlicher die Macht, desto undurchdringlicher die Maske.«[356]

Dazu zwei Beispiele aus Scotts Analyse. Auch in Situationen anhaltender Demütigung, wenn die Machtlosen vor innerer Wut, Haß und Verzweiflung geradezu kochen, dürfen sie, so Scott, sich nichts davon anmerken lassen. Sie müssen das tun, was das Machtgefälle von ihnen verlangt. Sie müssen vor den Oberen respektvoll sich neigen, Gesten der Ehrerbietung und Hochachtung möglichst glaubwürdig erbringen. So zum Beispiel ein französischer Pachtbauer aus dem 19. Jahrhundert, der in seinem Lebensbericht rückblickend erzählt, wie er sich in Akten demonstrativer Demut geübt hat:

»Wenn er [der Landbesitzer, der meinen Vater entlassen hatte] von Le Craux nach Meillers fuhr, hielt er immer wieder an und sprach mich an, und ich zwang mich zu einem freundlichen Gesicht, obwohl ich innerlich voller Verachtung war.« Stolz erzählt der Bauer auch, daß er gelernt hat, was sein ungeschickter und unglücklicher Vater niemals gekonnt hat, nämlich: »die Kunst der Verstellung, die im Leben so notwendig ist«.[357]

Zu diesem Verstellen als elementarem Überlebensgebot gehört auch, daß der Machtlose sich in bestimmten Situationen dumm stellt, ahnungslos gibt, sein Wissen versteckt. Nicht zufällig ist von den Sklaven Jamaikas als Sprichwort überliefert: »Play fool, to catch wise.«[358] Davon erzählt auch ein amerikanischer Schwarzer, im 19. Jahrhundert in den Südstaaten lebend, der sein Repertoire an Vorsichtsmaßnahmen schildert:

»In meinem Verhalten setzte ich alles daran, bei den Weißen keinen Anstoß zu erregen, kannte ich doch sowohl ihre Macht wie ihre Abneigung gegen alle Schwarzen … Zum einen zeigte ich nichts von dem wenigen Besitz oder Geld, das ich hatte, und legte statt dessen so weit wie möglich das Gebaren eines Sklaven an den Tag. Zweitens ließ ich auch meine Intelligenz niemals nach außen erkennen. Das sind Regeln, die alle Schwarzen in den Südstaaten, gleichgültig ob Freigelassene oder Sklaven, besonders beachten müssen, um ihres Wohls und ihrer Sicherheit willen.«[359]

Migranten in der Machthierarchie

Scotts Überlegungen sind auf die verschiedenen Gruppen bezogen, deren Verhältnis durch ein ausgeprägtes Machtgefälle bestimmt ist. Doch nicht von ungefähr betreffen die zuletzt zitierten Beispiele das Verhältnis zwischen Schwarzen und Weißen. Wo immer man sich mit Themen von Ethnizität, Migranten, Minderheiten befaßt, kann Scotts Grundmotiv – die Dynamik von Herrschaft und Widerstandsformen – eine wichtige Leitlinie und Suchstrategie vorgeben. Denn das Verhältnis zwischen Schwarzen und Weißen, Juden und Nichtjuden, Migranten und Einheimischen ist oft in besonderer Weise spannungsgeladen, mit Emotionen besetzt, ja, mit Gewalt aufgeladen. Um so wichtiger ist es, den Blick zu lenken auf das, was

sich hinter den Fassaden, hinter der offiziellen Version der Geschichte verbirgt. Masken, Schutzstrategien, Täuschungsmanöver –
das gehört zum klassischen Repertoire der Lebenskünste und
Überlebenskünste, die Minderheitsgruppen sich zulegen müssen.
Solche Strategien werden gegenüber der dominanten ethnischen
Mehrheit angewandt, aber auch –manchmal erst recht – im Binnenverhältnis der jeweiligen Minderheitsgruppen. Wie letzteres funktioniert, hat der afroamerikanische Schriftsteller James Baldwin
gezeigt. In seinen autobiographischen Erinnerungen *Notes of a Native Son* beschreibt er das Verhältnis der Schwarzen gegenüber den
Juden – das waren diejenigen Weißen, die ihnen im Alltag am häu-
figsten begegneten – als nach außen hin freundlich, jedoch untergründig äußerst spannungsgeladen. Die Juden, meist kleine Händler, Pfandleiher, Makler, galten als Feind, als Unterdrücker und
wurden entsprechend gehaßt. Aber von ihrer Abneigung, ihrer
Verachtung ließen die Schwarzen nach außen nichts durchdringen:

»I remember meeting no Negro in the years of my growing up, in
my family or out of it, who would really ever trust a Jew, and few
who did not, indeed, exhibit for them the blackest contempt. On
the other hand, this did not prevent their working for Jews, being
utterly civil and pleasant to them, and, in most cases, contriving to
delude their employers into believing that, far from harbouring any
dislike for Jews, they would rather work for a Jew than for anyone
else. It is part of the price the Negro pays for his position in this
society that, as Richard Wright points out, he is almost always
acting. A Negro learns to gauge precisely what reaction the alien
person facing him desires, and he produces it with disarming art-
lessness. The friends I had, growing up and going to work, grew
more bitter every day; and, conversely, they learned to hide this
bitterness and to fit into the pattern Gentile and Jew alike had fixed
for him.«[360]

Nun ist, wer als Migrant in Deutschland heute lebt, sicher nicht
in gleicher Weise bedroht wie ein Sklave zu Zeiten feudaler Herrschaft oder ein Schwarzer in den USA des frühen 20. Jahrhunderts.
Und doch, das vergessen die Mitglieder der Mehrheitsgesellschaft
so leicht, ist auch das Leben des Migranten von vielerlei Ängsten
begleitet. Ist er illegal hier, befindet er sich in dauernder Angst vor

Entdeckung. So er nicht aus einem der EU-Staaten kommt, muß er warten auf Verlängerung der Aufenthaltsgenehmigung, Erteilung der Arbeitserlaubnis, ein Visum für Familienmitglieder. Bei Vermietern, Banken, Geschäftsleuten muß er gegen Mißtrauen ankämpfen. Wenn er hier heiraten will, bangt er um die erforderlichen Papiere und Stempel, die in seiner Heimat oft unbekannt sind. Wenn er die deutsche Staatsangehörigkeit beantragt, hat er Angst, ob er den Sprachtest besteht. Und manchmal, wenn er »anders« aussieht, hat er ganz elementar auch Angst um seine Haut und sein Leben.

Kurzum, Migranten in Deutschland (und ähnlich in vielen anderen westlichen Staaten) erfahren eine besondere Form der Machthierarchie. In dieser Machthierarchie ist der Status der Einheimischen zweifelsfrei und gesichert, ihnen gegenüber ist der Staat zum Schutze verpflichtet. Der Status der Migranten dagegen ist unsicher, prekär, in vielerlei Hinsicht verdächtig. Ihre Anwesenheit in diesem Land ist von komplizierten Vorschriften und Formularen abhängig, von wirtschaftlichen Konjunkturen und politischen Kurswechseln, nicht zuletzt von Zufällen und dem zähen Lauf der Bürokratie, vom Wohlwollen oder der Willkür einzelner Beamter.

Migranten im Umgang mit Forschern

So gesehen ist es naheliegend, ja sehr wahrscheinlich, wenn auch Migranten – ähnlich wie andere Gruppen am unteren Ende der Machthierarchie – eigene Widerstandsformen entwickeln, »Listen der Ohnmacht«,[361] dem Selbstschutz und der Absicherung dienend. Zum Beispiel im Umgang mit Polizei und Behörden. Oder mit Arbeitgebern und Wohnungsvermittlern. Oder auch im Umgang mit Sozialforschern: Die kommen daher, mit Fragebögen oder Aufnahmegeräten bewaffnet, und stellen endlose Fragen, wollen alles wissen bis ins Detail. Warum und wofür? Wer steht dahinter? Was passiert mit den Antworten? Was wollen sie hören? Was soll man ihnen erzählen? Was besser nicht? Was kann wie ausgelegt werden?

Folgt man der Analyse von Scott, so ist zu erwarten, daß solche

Fragen – solche Ängste – untergründig sehr oft präsent sind, wenn Sozialforscher Migranten befragen. Das sollten Sozialforscher bedenken, in der Interview-Situation schon und erst recht bei der Auswertung der Aussagen. Nicht umsonst schreibt Scott über die Stimmen der Machtlosen: »Nothing is entirely straightforward here.«[362] Das bedeutet, frei übersetzt, man darf Aussagen, die in der Situation eines Machtgefälles gemacht werden, nie ganz direkt und wörtlich begreifen. Und ebenso heißt es bei Scott, und man kann dies durchaus als methodische Warnung auffassen: »The public transcript is not the whole story«,[363] oder, wiederum frei übersetzt, die öffentliche Darstellung ist nur ein Teil der Geschichte. Sie täuscht hinweg über den anderen, den verborgenen Teil, nämlich das Tragen der freundlichen Maske.

Herrschaft und Widerstandsformen – dieses Leitmotiv will ich im folgenden aufnehmen und auf die Migrationsforschung anwenden. Auf Scotts Spuren begebe ich mich, und meine Leitfrage soll heißen: Welche Verzerrungseffekte, welche Fehlurteile kommen zustande, wenn die »Einheimischen« – die Normaldeutschen, die Angehörigen der Mehrheitsgesellschaft – die Machtverhältnisse nicht sehen, in denen sie selbst sich bewegen; und wenn sie erst recht die Machtverhältnisse nicht sehen, in denen sich – auf der anderen, der abhängigen Seite – Migranten und Minderheiten bewegen?

2. Der Blick von oben, der Blick von unten

Es ist eine bekannte Erfahrung, daß die Angehörigen der Mehrheitsgruppe meist nur sehr ungenaue Vorstellungen von der Lebenssituation der Minderheitsgruppen haben und vor allem von den Bedrängnissen, mit denen diese konfrontiert sind. Natürlich wissen sie – die Einheimischen, die Weißen, die Deutschen –, daß die »Anderen« hin und wieder Vorurteilen ausgesetzt sind. Aber vom tatsächlichen Ausmaß der systematischen Demütigungen und alltäglichen Verletzungen können sie sich keine Vorstellung machen. Angespucktwerden, Beleidigungsworte, Haß, Fäuste, Bedrohung? Nicht für sie. Als diejenigen, die die richtige Hautfarbe, das richtige Aussehen, die richtige Aussprache haben, sind sie relativ geschützt. Sie genießen, ganz selbstverständlich, die Privilegien des Nichtwissens.

Um so wichtiger ist es, diese Privilegien zunächst einmal ins Bewußtsein zu rufen. Hier liegt eine entscheidende Voraussetzung, um das Verhalten von Migranten und Minderheiten verstehen zu können – und um die Zwänge zum Tragen der freundlichen Maske erkennen zu können.

Nichtwissen: Das Privileg der weißen Haut

Selbst diejenigen, die sich für die Rechte von Minderheitsgruppen einsetzen, unterschätzen meist das tatsächliche Ausmaß der Gewalt und Unterdrückung, die zum Alltag von Minderheiten gehören. So zum Beispiel die Amerikanerin Jane Lazarre. Sie ist Weiße, Schriftstellerin, mit einem Schwarzen verheiratet. Obwohl sie seit langem politisch engagiert ist, beginnt sie doch erst allmählich – und nicht zuletzt durch das Leben mit ihrem Mann und ihren Söhnen – zu ahnen, wie es in ihrer Gesellschaft denen ergeht, die nicht über das Privileg der weißen Hautfarbe verfügen. In ihrem autobiographischen Bericht, genannt *Memoir of a White Mother of Black Sons*, beschreibt sie diesen langen Erkenntnisprozeß: »This is the story of a change in a white person's vision ... It is the story of the education of an American woman.«[364] Ihre eigene Blindheit, die Blindheit der Weißen: Das ist es, was sie langsam zu sehen beginnt.

»I am hearing a story about common, everyday racism from one of my sons. It is a prototypical story of young Black maleness in an American city, 1990s. Khary's [the son's] friend has rung the bell one night and is waiting for him to come downstairs. The friend, also Black and nineteen years old, drives the family car, a Toyota. We live on a racially mixed street in a racially mixed neighbourhood, yet when Khary comes downstairs, he finds three cops surrounding his friend who is spread-eagle on the front of the car, being searched. Suspecting he had stolen the car, the cops approached him while he was standing against it, and when he objected, turned him around roughly and began their search. I am outraged and shout: ›But this is unbelievable!‹ ›Unbelievable?‹ my son says angrily. ›Unbelievable, Mom? It happens to me all the time. If I'm not searched I'm still stopped and questioned, whenever I'm driving a decent-looking car.‹ ›It was just a word, a manner of speaking‹, I insist weakly. Because I already see that neither Douglas [the husband] nor any other Black person would ever respond with that particular word. It is a small failure on my part, ... but it signifies the vast space of white blindness to the dailyness of racism. My son feels that anxiety every time he steps out onto the street. I forget, am privileged to remain innocent.«[365]

Das Nichtwissen, das Ahnungslossein als grundlegendes Persönlichkeitsmerkmal der Weißen: Auch bei Nadine Gordimer, der südafrikanischen Nobelpreisträgerin, findet sich dieses Motiv. In ihrem Roman *The Pickup* schildert sie eine schwarz-weiße Liebesbeziehung, hier Julie, die weiße Frau, aus der wohlhabenden Mittelschicht stammend, dort Abdu, ein Dunkelhäutiger, ein illegaler Einwanderer aus einem der ganz armen und hoffnungslosen Länder der Welt. Als Abdu entdeckt und ausgewiesen wird, erklärt Julie, sie werde mit ihm in sein Heimatland ziehen. Doch Abdu, statt darüber glücklich zu sein, reagiert ablehnend. Es beginnt ein innerer Monolog, in dem er von Julie abrückt, weil ihre gutgemeinte Liebesbekundung für ihn ein Zeichen völliger Ahnungslosigkeit ist.

»This girl ... twenty-nine, one year older than I am. But it's not the days and years, it's the living that calculates the age! She's a child, they're all children, and what she wants to do now is not something for her, the living she's totally innocent of, hasn't any real idea of, innocence is ignorance, with them ... Too indulged and pampered to understand that's what she is, she thinks she can have everything ... I thought she was intelligent. *Stupidity*. That's it.«[366]

Um das Nichtwissen der Weißen, die sich der Privilegien ihrer Hautfarbe gar nicht bewußt sind, geht es auch in vielen der politischen Kontroversen, die in den USA wie Großbritannien in den letzten Jahrzehnten stattfinden. »Colourblindness«, frei übersetzt: wir wollen nicht auf die Hautfarbe achten, so lautet das Stichwort, an dem sich die Emotionen entzünden, und die Rollen sind immer wieder ähnlich verteilt. Auf der einen Seite stehen die sich als liberal verstehenden Weißen, die die Prinzipien der Aufklärung und des Universalismus hochhalten. Sie wollen den alten Rassismus bekämpfen, der stets und mit so furchtbaren Folgen die Unterschiede zwischen den Menschen betont hat. Sie wollen dem eine Absage erteilen, und deshalb heißt ihre Gegenparole: Ob Schwarz oder Weiß, ob Rot oder Gelb, alle Menschen sind gleich. Doch diejenigen, auf die sie damit zukommen wollen, in deren Interesse sie zu sprechen vermeinen – das sind vor allem die Schwarzen –, die stimmen nicht ein. Statt für die Wende in den Köpfen der Weißen dankbar zu sein, betonen nun viele von ihnen – viele der Schwarzen – die Bedeutung der Hautfarbe. Auf das Plädoyer für »Colourblindness« antworten sie: Wer in einer von Rassismus geprägten Gesellschaft von der Hautfarbe absehen will, der nimmt die Realität dieser Gesellschaft nicht wahr; der weiß nicht, ja der will im Grunde nicht wissen, wie es denen mit anderer Hautfarbe ergeht. So zum Beispiel der Journalist Gary Younge, ein schwarzer Brite karibischer Herkunft:

»Being black is not the most interesting thing about me … But it is definitely the most obvious. When people proudly tell me that, when it comes to race, they are colour blind, I want to shake them and remind them that blindness is a disability. Nobody would choose to be blind. And in any case, blindness doesn't mean that the grass is not green or the sky blue or my skin brown. It just means that a blind person can't see it.«[367]

Nichtwissen: Das Privileg der arischen Geburt

Als die Nationalsozialisten 1933 an die Macht kamen, begannen sie sogleich das umzusetzen, was sie in ihren Schriften längst angekündigt hatten. Sie betrieben erst die Ausgrenzung, dann die Verfolgung und schließlich die Vernichtung der Juden. Diese Geschichte ist von den Historikern inzwischen genau dokumentiert. Bis heute umstritten ist freilich die Rolle der Mehrheit der Deutschen, genauer der Mehrheit der nichtjüdischen Deutschen. Wurde die Judenvernichtung ganz »von oben« betrieben, ohne Mitwissen und deshalb auch ohne Mitschuld der meisten Deutschen? Oder waren die meisten Deutschen damals wenn schon nicht Täter, so doch willige Helfer, Komplizen, zumindest Mitwisser? Kurzum, was wußten »die« Deutschen von dem, was mit ihren jüdischen Nachbarn geschah?

Es ist Saul Friedländer, der die bisher wohl umfassendste Untersuchung zum Thema »Das Dritte Reich und die Juden« vorgelegt hat. Darin kommt er zum Fazit, der größte Teil der Bevölkerung habe keine Gewaltakte geliebt, hatte aber auch nichts gegen die Aussonderung und Entrechtung der Juden.[368] »Die Mehrheit der Deutschen akzeptierte einfach die vom Regime unternommenen Schritte und sah … weg«,[369] wenn einem Juden Unrecht geschah.

Ich bin keine Historikerin, und ich habe mich nicht wissenschaftlich mit dem Nationalsozialismus befaßt. Dennoch will ich hier eine kleine Geschichte erzählen, weil aus ihr vielleicht deutlich wird, wie das »Wegsehen« im Alltag verlief. Die Geschichte betrifft meine eigene Familie, die – da meine beiden Großväter Juden waren – im Nationalsozialismus als »nichtarisch« galt. Meine Mutter, 1920 geboren, besuchte zunächst die Luisenschule in München, eine »Höhere Töchterschule«, wie es damals hieß. Da sie eine eifrige und gute Schülerin war, schien der Weg zum Abitur selbstverständlich. Doch es kam anders. Im Jahr 1936 – die sogenannt »volljüdischen« Mädchen in ihrer Klasse hatten bereits alle die Schule verlassen – wurde sie zum Direktor gerufen. Dieser erklärte ihr, sie müsse zum Ende des Schuljahres von der Schule abgehen. Das stand zwar so nicht einmal im Gesetz, das gegen nichtarische Schuler und Studenten gerichtet war und das die Nazis gleich im April 1933 verabschiedet hatten.[370] Aber Widerspruch, auch wenn im Prinzip möglich, war in der Praxis sicher nicht ratsam. Also verließ meine Mutter 1937 die Schule.

Um so überraschter war ich, als ich in einem Artikel der *Süddeutschen Zeitung* eine ganz andere Darstellung jener Zeit fand. Da wurde, anläßlich des 175jährigen Gründungsjubiläums der Luisenschule, eine ehemalige Schülerin interviewt – auf dem Zeitungsfoto eine freundlich lächelnde alte Dame –, die 1938 dort das Abitur gemacht hatte. Die Journalistin fragte unter anderem auch nach der NS-Zeit: »Spürte man 1938 schon die NS-Propaganda? Wurden jüdische Schülerinnen diskriminiert?« Darauf die Frau mit dem sympathischen Lächeln: »Nein, mit mir haben neun Jüdinnen das Abitur gemacht. Indoktrination gab es aber beim Liedgut. Der Musikprofessor durfte etwa keinen Mendelssohn-Bartholdy drannehmen.«[371] Aber wenn die nichtarischen Schülerinnen keinen Problemen ausgesetzt waren – wieso kam dann die Schulkarriere meiner

Mutter zu einem unfreiwilligen Ende? Wie war die Diskrepanz der Aussagen zu erklären? Diese Frage beschäftigte mich, und ich begann eine kleine Recherche. Auf einschlägige Hinweise und Zahlen stieß ich zunächst in einer von der Schule herausgegebenen Festschrift, ebenfalls anläßlich des 175jährigen Gründungsjubiläums erschienen. Darin heißt es:

»Gegenläufig [zur Zunahme der dem BDM (Bund deutscher Mädchen) angehörenden Schülerinnen] entwickelten sich die Zahlen der ›nichtarischen‹ Mädchen. Besuchten 1933 noch 65 Schülerinnen die Schule, zählten sie 1935 noch 57, 1936 noch 39, 1937 noch 22. Einschneidend war das Jahr 1935 mit dem Erlaß der Nürnberger Rassengesetze. Generell galt, daß Jüdinnen bis 1938 ›bleiben konnten‹, dann wurde ihnen ›nahegelegt‹, die Schule zu verlassen. Sogenannte ›Mischlinge‹, also Halbjüdinnen wurden mit gewissen Auflagen … weiterhin an der Schule geduldet und waren im allgemeinen keinen Repressalien ausgesetzt.«[372]

In einem anderen Zeitungsartikel, von der Vorsitzenden des Vereins ehemaliger Schülerinnen geschrieben, fand ich weitere einschlägige Hinweise. Offensichtlich gab es während der NS-Zeit eine besondere Art der Schuldiplomatie:

»Die israelitischen Mitschülerinnen konnten bis 1938 bleiben. Aber auch Nazi-›Größen‹ schickten ihre Töchter auf das Luisen. Just hier setzte die höhere Schuldiplomatie ein: Es gab Klassen, in denen es keine Israelitin, aber dafür nationalsozialistisch eingestellte Mädchen gab und umgekehrt, wie man noch in den Jahresberichten nachlesen kann. Man hatte es damals als ›reinen Zufall‹ registriert«.[373]

So hatte meine Mutter vielleicht einfach Pech, weil sie die falsche, die gesäuberte Klasse besuchte. Aber was davon – das ist die hier interessierende Frage – sahen, wußten, bemerkten die anderen Mädchen in ihrer Klasse? Meinten sie auch, an ihrer Schule habe es keine Diskriminierung gegeben? Oder fiel ihnen auf, daß einige Mitschülerinnen – eben diejenigen jüdischer Herkunft – allmählich verschwanden? Nahmen sie, die sogenannt arischen, dies als selbstverständlichen Gang der Geschichte? Oder eben als »Zufall«? Wir wissen es nicht. Wir können aber vielleicht soviel erkennen: Was die Angehörigen der Mehrheit erzählen, ist nur ein Teil der Geschichte. Es ist *ihre* Geschichte, *ihre* Version, auf der Erfahrung derer sich gründend, die sich in einer privilegierten und sicheren Position befinden. Sie wissen oft nicht – wollen nicht wissen? –, wie es denen ergeht, die, weil sie in weniger komfortabler Position sich befinden, vielen direkten und indirekten Repressalien, kleinen und großen Gemeinheiten ausgesetzt sind.

Die Herkunftsfrage: Für die einen harmlos, für die anderen nicht

Wer Michael Schmid oder Petra Paulhuber heißt, dazu blaue Augen hat, blond oder braunhaarig ist, der wird, wenn er sich auf öffentlichen Plätzen, in deutschen Geschäften, Schulen, Diskotheken bewegt, selbstverständlich als Einheimischer gelten: Er – oder sie – paßt ins Bild des Normaldeutschen. Anders dagegen bei denjenigen, die zwar einen deutschen Paß haben, aber einen fremd klingenden Namen, eine dunklere Hautfarbe, etwas anders geschnittene Gesichtszüge. Sie werden, weil sie vom standarddeutschen Format abweichen, regelmäßig mit der Frage konfrontiert: »Wo kommen Sie her?« Es beginnt dann, was Santina Battaglia – selbst eine mit ausländisch klingendem Namen – den Herkunftsdialog nennt. Er verläuft in ritualisierten Bahnen, nach immer wieder ähnlichem Muster. Zum Beispiel so:

»Woher kommst du?« – »Aus Essen.«
»Nein, ich meine ursprünglich?« – »Ich bin in Essen geboren.«
»Aber deine Eltern?« – »Meine Mutter kommt auch aus Essen.«
»Aber dein Vater?« – »Mein Vater ist Italiener.«
»Aha …!« – …
»Ist das ein italienischer Name?« – »Ja.«
»Woher aus Italien kommst du denn?« – »Ich komme nicht aus Italien.«
»Aber deine Eltern?« – …[374]

So absehbar, so immer wieder ähnlich solche Gesprächssituationen verlaufen, so unterschiedlich sind gleichzeitig die Wahrnehmungen der Interaktionspartner. Der »Einheimische« (der Normaldeutsche, der weiße US-Amerikaner, der weiße Brite) sieht jemanden vor sich, der seinem mononationalen, monokulturellen Erwartungsblick nicht entspricht. Er reagiert darauf mit Neugier, ja, wie er meint, mit Offenheit und Interesse am Gegenüber. Doch der ist oft peinlich berührt, ja, fühlt sich diskriminiert, ausgegrenzt im wörtlichen Sinn:

»Wer nicht als anders auffällt, wird in seiner/ihrer Heimat nicht nach der Herkunft gefragt. Da diese Frage in der Regel nicht darauf zielt, herauszufinden, was sie vorgibt, sondern auf die Bestätigung einer ausländischen Abstammung, vermittelt sie Binationalen die Botschaft, daß sie nicht in Deutschland zu Hause seien, sondern ›eigentlich‹ in einem anderen Land. Sie fördert somit ein Gefühl von Nichtzugehörigkeit … Begünstigt wird darüber hinaus auch ein Gefühl, … nicht normal, nicht in Ordnung zu sein.«[375]

Nicht zufällig nennt Battaglia den Herkunftsdialog ein »Verhandeln über die Verwurzelung«.[376] Darin ist stets ein Rechtfertigungszwang enthalten: Man muß begründen, wohin man gehört und inwiefern dies, dem Augenschein zum Trotz, dennoch Deutschland sein könnte. Dazu muß man intime Details der Familiengeschichte benennen, weitere nachschieben, immer weiter ausholen. Derart bringt die Fragenkette den Befragten in eine »double-bind«-Situation, in der sich, so oder so, nur schlechte Alternativen anbieten: »Wenn Betroffene Grenzen setzen, fühlen sich Fragende unangemessen zurückgewiesen. Wenn die Befragten darauf eingehen, entsteht unvermeidlich eine Situation einseitiger Entblößung.«[377] In solchen Kommunikationsritualen werden Menschen binationaler/bikultureller Herkunft dauernd gedrängt, widersprechen, erklären, sich rechtfertigen und gegen ungläubige Einwände verteidigen zu müssen.

Von all dem weiß der Normaldeutsche nichts, da er ja selbst nie in die Lage kommt, sich derart rechtfertigen zu müssen. Er hat doch nur eine harmlose Frage gestellt: Was ist denn daran so schwierig? Und er versteht keineswegs, wieso die Frage beim Gegenüber ganz anders ankommen, ganz anders aufgefaßt werden könnte. Warum der *sich selbst* in Frage gestellt fühlt. Weil der Normaldeutsche von all dem nichts ahnt, denkt er, wenn sein Gegenüber beim Frage-und-Antwort-Spiel nicht mitmachen will: Ach, ist der aber empfindlich. Und das heißt natürlich, er ist überempfindlich. Der reagiert irgendwie seltsam. Womit dieser wieder in eine Außenseiterrolle gerät.

Ähnliches passiert aber nicht nur in den europäischen Ländern, die sich plötzlich mit dem Faktum schnell zunehmender Zuwanderung konfrontiert sehen, es passiert selbst im klassischen Einwanderungsland USA. Die Sozialwissenschaftlerin Mary C. Waters, die für die USA die Verschränkung von Ethnizität und Identität untersucht hat, hat immer wieder feststellen können, daß die weißen US-Amerikaner gar nicht verstehen, welchen Einfluß die Hautfarbe und die Zugehörigkeit zu einer Minderheitsgruppe tagtäglich für die Lebenssituation der Minderheitsgruppen haben. Um das mangelnde Verständnis der Weißen deutlich zu machen, zitiert Waters aus einem Briefwechsel, der in der Spalte »Liebe Abby« in einer amerikanischen Zeitung zu lesen war.[378] Der folgende Dialog findet zwischen einem Amerikaner irischer Abstammung und einem Amerikaner asiatischer Abstammung statt und betrifft die Frage, ob es höflich oder unhöflich ist, sich nach dem ethnischen Hintergrund eines Menschen zu erkundigen. Der Amerikaner irischer Herkunft kann nicht verstehen, warum sich die Amerikaner asiatischer Herkunft dadurch verletzt fühlen:

»Liebe Abby,
Ich beziehe mich auf den Amerikaner orientalischer Abstammung, der sich darüber beklagt, daß er, wenn er einem Weißen vorgestellt wird, innerhalb der nächsten fünf Minuten gefragt wird: ›Was sind Sie?‹ Sie antworten, daß es unhöflich sei, überhaupt persönliche Fragen zu stellen, aber da der durchschnittliche Weiße einen Chinesen nicht von einem Japaner, einem Kambodschaner, einem Vietnamesen, einem Koreaner oder einem Thai unterscheiden könne, scheine die Frage vernünftig zu sein – aber sie sei trotzdem unhöflich. Unhöflich? Das finde ich nicht. Fragen nach den Wurzeln eines Menschen sind nicht unbedingt unhöflich. Sie zeigen ein aufrichtiges Interesse an ihrem Erbe. Die Geographie des Orients ist sehr vielfältig. Das Gesicht eines Orientalen zeigt sein Erbe. Sein Aussehen erzählt von Dörfern, Kulturen und Sprachen – aber von welchen? Seine Geschichte ist vielleicht ganz faszinierend. Ich glaube nicht, daß es unhöflich ist, wenn man feststellt, daß ein solches Gesicht eine lange Ahnenreihe hat. Ich glaube, daß dies eine positive Komponente der internationalen Verständigung ist.«

Auf diesen Brief gingen bei der Zeitung viele Zuschriften ein. Alle Schreibenden, die asiatischer Herkunft waren, äußerten Ablehnung dagegen, bei jeder Vorstellung gleich gefragt zu werden: »Was sind Sie?« Hier eine typische Antwort:

»Liebe Abby,

auch ich bin 100 Prozent amerikanisch, und weil ich asiatischer Abstammung bin, werde ich oft gefragt: ›Was sind Sie?‹ Es ist nicht die persönliche Art dieser Frage, die mich stört, es ist die Frage selbst. Diese Frage scheint mein Menschsein in Frage zu stellen. ›Was bin ich?‹ Ich bin ein Mensch wie jeder andere! Eine andere Frage, die mir häufig gestellt wird, ist: ›Woher kommen Sie?‹ Dies wäre eine harmlose Frage, wenn ein Weißer sie einem anderen Weißen stellt, aber wenn sie einem Asiaten gestellt wird, hat sie einen anderen Klang …«.

An diesen Briefen wird unmittelbar deutlich, welch tiefsitzende Emotionen durch die Herkunftsfrage angerührt werden. Denn auch in den USA (erst recht in Deutschland) ist durchaus nicht gleichwertig, zu welcher der ethnischen Gruppen jemand gehört. Auch wenn Amerikaner asiatischer Herkunft inzwischen dieselben Rechte haben wie andere, stoßen sie im Alltag doch immer wieder auf Vorurteile und Ablehnung von seiten der Weißen. Die Erfahrung der Ausgrenzung: Das ist es, was die Amerikaner asiatischer Herkunft »empfindlich« macht, hellhörig, vorsichtig. Daher auch ihr tiefsitzendes Mißtrauen gegenüber allen Fragen nach der Herkunft. Die weißen Amerikaner dagegen kennen die Erfahrung der Ausgrenzung nicht. Deshalb ist die Herkunftsfrage für die einen harmlos – und für die anderen nicht.

3. Migrationsforschung in der Machthierarchie

Migranten und Minderheiten, soviel ist bisher deutlich geworden, haben hinreichend Grund zu Vorsicht und Mißtrauen. Es haben sich bei ihnen nicht zuletzt auch viele Emotionen angestaut, von Angst bis Wut und Verzweiflung. In diesem Kontext gewinnen Fragen der »Einheimischen«, selbst wenn sie gut gemeint sind, oft einen bedrängenden, ja bedrohlichen Beiklang, weil sie Erinnerungen anderer Art hochkommen lassen. Das löst Alarmsignale aus, und entsprechend vorsichtig werden die Antworten ausfallen. Ob bei Alltagsbegegnungen oder bei wissenschaftlichen Befragungen:

Migranten und Minderheiten sind in ihrem gesamten Verhalten darauf bedacht, sich vor Zugriffen von außen zu schützen.

Von all dem ahnt, wie gesagt, der Normaldeutsche zuallermeist nichts. Nur in Ausnahmesituationen wird er davon erfahren, etwa dann, wenn ein besonderes Vertrauensverhältnis besteht. Ein anschauliches Beispiel bietet wiederum jener italienische Schwiegervater, der die Vorzüge seines deutschen Mercedes mit überschwenglichen Worten und »italienischen Zahlen« anpreist.[379] Beiläufig fragt ihn der Schwiegersohn eines Abends, wieso er, nach all den Jahren in Deutschland, noch immer so schlecht Deutsch spreche. Daraufhin gibt ihm der Schwiegervater eine einfache Antwort: »Weisse du, ist eine Trick, Leute denken, Antonio kapiere nix, aber er kapiert alles.«[380] Hier wird mit offenen Karten gespielt, der Fragende wird eingeweiht in die kleinen Listen der Ohnmacht. Das verdankt sich der besonderen Gesprächssituation, bestimmt vom Verwandtschaftsverhältnis: Nicht als Außenstehender, als Mitglied der Mehrheitsgesellschaft wird der Fragende wahrgenommen, sondern als Mann der eigenen Tochter, damit als Teil der Familie, als »einer von uns«. Ihm gegenüber fühlt Antonio, der Südländer, sich sicher. Ihm kann er preisgeben, was er ansonsten nicht zeigt.[381]

Das Feld, in dem sich Migrationsforscher bewegen, ist derart immer ein sensibles Terrain, und nicht zuletzt auch ein unbekanntes Terrain, selbst wenn es sich geographisch mitten in Deutschland befindet. Um so dringlicher steht die Frage im Raum: Welche besonderen Suchstrategien haben die Forscher entwickelt, um sich auf dem fremden Gelände orientieren zu können? Wie etwa gehen die Forscher mit der Herausforderung um, daß – hier weit mehr noch als bei anderen Themen – die öffentliche Darstellung nur ein Teil der Geschichte ist, nicht das Ganze? Wie bereiten die Forscher sich auf Situationen vor, in denen die Auslassungen – das, was nicht gesagt wird – oft wichtiger sind als die Aussagen selbst? Wie lernen sie, solche Situationen vorweg zu erkennen? Last but not least, inwieweit sind die Forscher darauf gefaßt, daß die Befragten ihnen mit freundlichen Masken begegnen?

Wenn man die sozialwissenschaftliche Migrationsforschung in Deutschland daraufhin anschaut, muß man den Eindruck gewinnen, daß die meisten Forscher solche Fragen gar nicht erst stellen, jedenfalls nicht systematisch, als selbstverständlichen Bestandteil der vorausschauenden Planung ihres Vorhabens. Zumindest bekommt der Außenstehende nichts davon zu lesen, und das macht stutzig, weil die Qualität der Befunde ohne solche Hinweise gar nicht beurteilbar ist. Am ehesten teilen die Forscher noch mit, wenn sie im Forschungsprozeß selbst plötzlich an Hindernisse geraten, die offensichtlich mit Widerständen auf seiten der Befragten zu tun haben. Dann merken die Forscher, daß sie sich irgendwie in schwierigen Gewässern bewegen. Aber ansonsten? Fast immer das große Schweigen. Was Scott über die Sozialwissenschaften im allgemeinen sagt, das gilt auch für die Migrationsforschung im besonderen. Sehr viele der Forscher schauen nur auf die offizielle Version der Geschichte, auf das offizielle Verhältnis zwischen Mächtigen und Schwachen. Sie ahnen nicht, oder wollen nicht wissen, was sich dahinter verbirgt. Wie bei den interkulturellen Mißverständnissen, so auch bei den Machtverhältnissen und ihren Folgen: Eine Reflexion darüber liegt abseits der üblichen Forschungsroutinen.

Und das hat, wie leicht zu erraten, erhebliche Folgen für die Qualität der Befunde. Wenn der Forscher die Effekte ignoriert, die sich aus dem Machtgefälle ergeben, wenn er blind dafür ist, sind die so erzeugten Befunde nicht »valide«, technisch gesprochen, oder anders gesagt: Sie sind problematisch, verzerrt. Dies gilt um so mehr, je sensibler die Themen sind, die der Forscher berührt, je mehr die Fragen Mißtrauen und Ängste bei den Migranten aufkommen lassen. Um so wahrscheinlicher ist, daß diese – weil sie eine Falle vermuten – ausweichen, sich unwissend stellen oder bewußt irreführende Antworten geben.

Auch hier wieder könnten die Soziologen aus dem Erfahrungsschatz der Anthropologie einiges lernen. Zum Beispiel von R. S. Khare, einem Anthropologen, der, selbst einer hohen Kaste entstammend, mit Angehörigen der Schamaren, einer Kaste der Unberührbaren, Interviews durchführte. Dabei fiel ihm folgender Zusammenhang auf: »Je trivialer und alltäglicher das Thema, desto ›besser‹ die Antworten der Schamaren. In unbekanntem Gelände dagegen wurden gewandt allerlei Ausweichmanöver benutzt – von Ablenkung, Verzögerung, Schweigen bis zu Klischeebildern, rhetorischen Fragen, angeblichem Nichtwissen.«[382]

Sozialwissenschaften als Instrument der Macht und Kontrolle

Zu den wenigen Migrationsforschern, die solche Verzerrungseffekte bewußtmachen, gehört wiederum Leonie Herwartz-Emden. In den methodischen Überlegungen zu ihrem Buch über Einwandererfamilien thematisiert sie explizit die Machtverhältnisse, die im interkulturellen Interview stets präsent sind:

»Die wichtigste strukturierende Bedingung ist die hier sehr spezifisch wirkende *Asymmetrie*. Häufig befragen Angehörige der dominanten Gruppe einer Gesellschaft Minderheitenangehörige ..., oder – wie in der international vergleichenden Forschung – Angehörige herrschender Gesellschaften in der Weltordnung befragen Mitglieder nachgeordneter Gesellschaften. Ein Machtgefälle tritt demnach in mehrfacher Hinsicht auf, und zwar zwischen Gesellschaften ebenso wie zwischen Gruppen und Individuen.«[383]

Aus diesem Machtgefälle, so Herwartz-Emden, entsteht eine inhaltliche Steuerung der Antworten und Aussagen. Weil ihr Status unsicher ist, werden die Migranten oft sagen, was ins Weltbild der Obrigkeit (Ämter, Behörden, Richter) paßt, was die Oberen erwarten, was ihnen gefällt. Oder das jedenfalls, was die Migranten meinen, das den Oberen gefällt – und weil sie davon existentiell abhängig sind, haben sie hierfür feine Antennen. Kurz, weil die Migranten vorsichtig sein müssen, weil sie nicht auffallen und nicht anecken wollen, weil sie sich so bessere Chancen erhoffen, aus all diesen Gründen werden sie oft »erwartungskonforme« Antworten bieten.

»Ein wesentlicher Aspekt, der den Kommunikationsverlauf des interkulturellen Interviews bestimmt ..., liegt in der Funktion, die ... Interviews mit Einwanderern oder Minoritätengruppen ... erfüllen. Oft stehen solche Interviews im Dienste bestimmter Auftraggeber und institutioneller Reglements und Bedürfnisse; sie erfüllen möglicherweise kontrollierende und plazierende Funktionen. Die Vorerfahrung von Interviewten aus Minoritätengruppen umfaßt genau diesen Hintergrund. Sie haben meist Erfahrungen mit Gesprächen in Behörden, Wohlfahrtseinrichtungen oder ähnlichen Institutionen und werden von grundsätzlich anderen Erwartungen geleitet als Mitglieder der dominanten gesellschaftlichen Gruppe. Interviewer – auch wenn sie nicht Auftragsforschung, sondern Grundlagenforschung betreiben – sollten sich über diese Erfahrungen und die Funktion des Interviews im klaren sein, wenn sie Interviewpartnern ... begegnen und ihre Aussagen und Verhaltensweisen interpretieren. Interviews ... zeigen oft mehr, was verschiedene Institutionen erwarten ..., als ... Weltsicht und Einstellungen der Interviewten.«[384]

Aus der Geschichte der Sozialwissenschaften ist hinlänglich bekannt, daß diese immer wieder – und zwar im Dienst unterschiedlichster Herrscher – als Instrument der Macht und Kontrolle, manchmal auch der Verfolgung und der Unterwerfung eingesetzt wurden. Deshalb waren und sind Zahlen nie einfach nur unschuldig – im Gegenteil. In einem Band über *Social Science and the Politics of Modern Jewish Identity* schreibt Mitchell B. Hart: »Von Anfang an waren die Zahlenlawinen eng mit den Techniken der Herrschaft und des Staates verknüpft. Indem die staatlichen Behörden klassifizierten und durchnummerierten, nutzten sie dies immer auch als Werkzeug, um Autorität auszuüben.«[385]

Und in diesem Kontext nun Migranten und Minderheiten! Mit der Obrigkeit und ihren Behörden haben diese Gruppen ihre eigenen Erfahrungen gemacht – und, um es milde zu sagen, meist keine guten. Allzu oft hat man sie gezählt, um ihnen dann besser Geld abzupressen, besondere Aufgaben aufzuerlegen, ihre Söhne zum Militärdienst zu zwingen, um sie besser ausweisen, abschieben oder umsiedeln zu können. So etwas wird nicht vergessen. Es bleibt im kollektiven Gedächtnis präsent, wird von den Eltern auf die Kinder vererbt als stumme oder offene Warnung. Und den Vertretern dieser Obrigkeitsmacht, den Sozialforschern mit ihren Fragebögen und Kassettenrecordern, sollen die Migranten und Minderheiten nun antworten, ihr Leben erzählen, ganz offen und frei über ihre Zukunftspläne und Hoffnungen, ihre Ängste und Niederlagen berichten? Welch kühne Erwartung.

Distanz versus Nähe

Das ist ein Zusammenhang, der den meisten Migrationsforschern in Deutschland nicht weiter nachdenkenswert oder jedenfalls nicht diskussionswert erscheint: ihr eigener Part, der des Forschers, und wie dieser Part in den Augen von Migranten erscheint. Ganz offensichtlich gehört der Forscher zu den »Studierten«, was, zumindest im Verhältnis zu den klassischen Arbeitsmigranten, bereits einen erheblichen Abstand markiert. Dazu ist er ein Studierter der ganz besonderen Art, Vertreter der Ordnungsmacht nämlich: Er will ausfragen, zählen, sortieren; er will prüfen, erfassen, Kontrolle ausüben. Oder so jedenfalls scheint es. Welche Reflexe und Widerstände das selbst bei der einheimischen Bevölkerung auslösen kann, weiß man aus vielen Volkszählungsprojekten. Was man in Deutschland vor einigen Jahren erlebt hat, was man vor kurzem in Rußland beobachtet hat,[386] das ist auch in den USA längst eine bekannte Erfahrung: »Die intensiven politischen Auseinandersetzungen, die seit den 6oer Jahren die amerikanischen Volkszählungen begleiten, machen unmittelbar sichtbar, daß das, was Sozialwissenschaftler, Demographen und Statistiker als rein technische Fragen der objektiven Datensammlung betrachten, enorme politische Bedeutung gewinnen kann, ja vielleicht immer hat.«[387]

Dies gilt um so mehr, wenn die Befragten nicht zur gesicherten Kaste der Einheimischen gehören, sondern Migranten sind oder Migrantenfamilien entstammen: Erst recht hier dürften Volkszählungsprojekte und ähnliche Aktionen auf besonders anhaltenden Widerstand stoßen. Ein anschauliches Beispiel dafür wird aus Großbritannien berichtet. Nachdem, im Gefolge der großen Einwanderungswellen der fünfziger und sechziger Jahre, der Anteil der farbigen Briten dort deutlich anstieg, sollte diese Entwicklung in den Volkszählungen genauer erfaßt werden. Deshalb wurde in den neunziger Jahren unter anderem auch danach gefragt, wie viele Menschen »mixed race« waren, also Familien mit unterschiedlichen Hautfarben entstammten. Nach den Angaben, die die Volkszählungsbehörden erhielten, lebten 228 000 Personen entsprechender Herkunft in Großbritannien.[388]

Die Frage ist, ob diese Angaben auch nur annähernd vollständig sind. Hier gibt es Anlaß zu zweifeln. Die Journalistin Yasmin Alibhai-Brown – die selbst einer gemischten Familie entstammt, zu diesem Thema auch mehrere Bücher vorgelegt hat[389] – kommentiert den Aussagewert der offiziellen Statistiken jedenfalls kritisch. Nachdrücklich warnt sie davor, solche Zahlen zu schnell als direkte Beschreibung der Realität zu begreifen.[390] Nach ihrer Einschätzung ist die Zahl der Menschen gemischter Herkunft deutlich größer, als es in offiziellen Ausgaben erscheint. Dies hat, neben anderen Gründen, wesentlich damit zu tun, daß diese Gruppen auf alle Fragen nach ethnischer/rassischer Herkunft äußerst empfindlich reagieren. Viele wollen, so Alibhai-Brown, nichts unterstützen, was mit einer Klassifizierung nach Hautfarbe zu tun hat; manche fühlen sich auch irritiert und beleidigt, wenn sie zu einer Art »Selbstentblößung« in biologischen Kategorien aufgefordert werden, während sie selbst sich einfach als Teil der Menschheit sehen wollen, als Menschen wie andere auch. Deshalb machen Menschen gemischter Herkunft oft keine Angaben, wenn auf offiziellen Formularen entsprechende Fragen auftauchen. Von all diesen Vorbehalten und Ängsten, die durch ihre Fragen angerührt werden, haben diejenigen Wissenschaftler, die selbst zur Mehrheitsgesellschaft gehören, meist kaum eine Ahnung; und wenn sie dann doch darauf stoßen, werden sie die Reaktionen der Betroffenen als »Empfindlichkeit«, ja Irrationalität auslegen. Nicht so Alibhai-Brown. Sie erinnert an die lange Erfahrungsgeschichte, aus der Ängste und Mißtrauen erwachsen:

»The reluctance of many Britons either to describe themselves or others as ›mixed-race‹ comes … from an unspoken anxiety. It is the same fear that is felt by many Jewish people who remember all too well how such counts then became programes for destruction. Counting Jews has always preceded progroms and institutionalized persecutions against Jewish people. Numbers have a potency which political leaders keenly use, as the rhetorics on ›floods‹ of asylum seekers demonstrate all too well. Throughout history people of mixed ancestry have been misrepresented, vilified, excluded and even punished by various societies … Historical memories go deeper than either white people or people of colour like to imagine.«[391]

»Fragebögen sind ein stumpfes und grobes Untersuchungswerkzeug, wenn es um Familien mit Angehörigen unterschiedlicher Hautfarbe geht«,[392] schreibt Alibhai-Brown. Sie selbst hat mit den Mitgliedern solcher Familien – Männern und Frauen, Eltern und Kindern – ausführliche Interviews durchgeführt. Im Lauf dieser Gespräche baute sich ein Vertrauensverhältnis auf, und das nicht zuletzt deshalb, weil die Fragende nicht zu den weißen Briten gehörte, sondern sichtbar »eine von uns« war, eine aus den gemischten Familien. Wenn man sich an Scotts Überlegungen über Masken und Machthierarchien erinnert, ist dies nicht überraschend. Vielmehr kann man als allgemeine Erwartung formulieren, daß die Offenheit um so größer sein dürfte, je geringer die Kluft in der Machthierarchie ist. Das heißt, auf die Erforschung von Migranten und Minderheiten bezogen: Die Befragten werden eher ihre Ängste und ihren Argwohn überwinden, wenn der Fragende/ Forscher offensichtlich selbst Migrant ist oder zu einer der Minderheitengruppen gehört. In den angelsächsischen Ländern, wo man mit Studien über Migration und Ethnizität auf eine weit längere Tradition zurückblicken kann als hierzulande, ist dies ein seit langem bekannter Effekt. Er wird bewußt eingesetzt, gerade in thematisch sensibleren Feldern, um den Vorbehalten der Befragten entgegenzuwirken. Oft versucht man, durch eine gezielte Auswahl der Interviewer Distanz abzubauen, Nähe zu schaffen. So zum Beispiel in einer amerikanischen Untersuchung über schwarz-weiß gemischte Paare. In den Hinweisen zum methodischen Vorgehen wird nicht nur die professionelle Qualifikation der Interviewer beschrieben, sondern ebenso ihr ethnischer Hintergrund genau dargelegt: »Alle Interviews wurden von Terri Karis und Richard Powell durchgeführt … Terri und Richard sind selbst ein gemischtes Paar – Terri ist Weiße, Richard ist Afroamerikaner.«[393]

Dieses Vorgehen erwies sich offensichtlich als nützlich. Das schwarz-weiß gemischte Paar tat sich leichter, manche der im Interview angeschnittenen Themenkomplexe zu verstehen. Und vor allem fiel es ihm leichter, andere gemischte Paare für die Studie zu gewinnen und eine entspannte Gesprächssituation herzustellen.

»It was preferable for an interracial couple to carry out the interviews because they might better understand the issues that interracial couples deal with and might help the couples being interviewed to be more comfortable. In fact, some people said they were more willing to participate because the interviewers were an interracial couple.«[394]

4. Spurensicherung: Welche Widerstandsformen begegnen den Forschern?

Was aber, wenn die Forscher über Machthierarchien, über das Verhältnis von Nähe und Distanz nicht nachdenken? Wenn sie es nicht einplanen im Aufbau der Studie, etwa indem sie die im Feld tätigen Mitarbeiter entsprechend auswählen, möglichst auch entsprechend vorbereiten und schulen? Dann, so kann man nach dem bisher Gesagten vermuten, wird der gegenteilige Effekt eintreten: Den Forschern/Interviewern begegnet ein Klima untergründigen Mißtrauens. Dann begegnet ihnen das, was Scott die »Subpolitik der Machtlosen« nennt.[395]

Ausweichen, Verweigern

Dann zeigen die, die befragt werden sollen, sich verschlossen und wenig auskunftsbereit. Für Außenstehende sind solche Widerstandsformen freilich nur schwer zu erkennen, weil die veröffentlichten Forschungsberichte vorwiegend »Ergebnisse« dokumentieren, eine Leistungsbilanz vorweisen sollen (nicht zuletzt deshalb, damit man später neue Forschungsgelder beantragen kann). Alles, was nicht so reibungslos lief, bleibt aus Gründen derartiger Vorsicht oft Familiengeheimnis. Dennoch kann man auch Forscher finden, die offen berichten – und das ist ein Zeichen von Mut –, daß sie bei den Untersuchungspersonen nicht nur auf Begeisterung und Bereitwilligkeit stießen. Hier ein paar Beispiele aus deutschen Studien:

Felicitas Hillmann, die lateinamerikanische und somalische Hausarbeitsmigrantinnen befragen wollte, gelang es nicht, die angesprochenen Frauen zu einem Interview zu bewegen: »Der kleine Kassettenrecorder erweckte in der Regel Furcht: etwa ein Viertel der potentiellen Interviewpartnerinnen nahm beim Anblick des Gerätes die gemachte Zusage zurück … Etwa 60 Prozent der angesprochenen Immigrantinnen lehnten ein Interview ab.«[396] Nicht viel besser erging es Heinz Ingenhorst, der eine Studie über Rußlanddeutsche durchführte. Er mußte feststellen: Das »Mißtrauen der Aussiedler gegenüber schriftlichen Formularen und Befragungen (durch die Behörden) konnte … nicht zufriedenstellend ausgeräumt werden. Trotz zugesicherter absoluter Anonymität befürchteten einige wohl doch persönliche Probleme durch die Beantwortung des Fragebogens.«[397] Ähnliche Erfahrungen machte auch die Konrad-Adenauer-Stiftung, als sie eine Umfrage bei Personen türkischer Herkunft durchführen wollte: »Nicht verschwiegen werden darf, daß von den insgesamt ca. 800 in der Befragung Angesprochenen etwa die Hälfte der Kontaktversuche wegen Verweigerungen nicht zustande kam. Diese Schwierigkeiten wurden auch schon aus anderen Befragungen in dieser Personengruppe berichtet. Unter Umständen könnten die Verweigerungen zu systematischen Verzerrungen geführt haben.«[398] Noch höher waren die Mauern, auf die Philip Anderson stieß, als er eine Untersuchung über illegale Zuwanderer in München durchführte. Das Grundproblem war von vornherein klar: Wie konnte er deren Vertrauen gewinnen? Bewußt wich Anderson von den üblichen Regeln der Sozialforschung ab und verzichtete bei den meisten Interviews auf ein Tonbandgerät, um die Gesprächspartner nicht von vornherein abzuschrecken oder zum Verstummen zu bringen. Aber dennoch konnte die Angst der Befragten oft nicht hinreichend ausgeräumt werden, sondern blieb durchgängig spürbar. Sobald Angst und Mißtrauen wuchsen, reagierten die Befragten sogleich mit Rückzugverhalten: Sie haben »manchmal mit einer Antwort gezögert, manche Fragen bewußt nicht beantwortet, auf umfassende Informationen verzichtet oder … sich … zu einem Interview nicht bereit erklärt.«[399]

All das sind Darstellungen in bewährt wissenschaftlicher Form, nämlich nüchtern und knapp zusammengefaßt. Von Widerständen auf seiten der Migranten berichtet auch Malgorzata Irek – aber in anderer Form, sehr detailliert und lebendig. Irek wollte eine besondere Gruppe der Kleinunternehmer untersuchen, nämlich die Reisenden im Schmugglerzug zwischen Warschau und Berlin, also Pendelmigranten am äußeren Rand der Legalität bzw. in den Grauzonen der Illegalität. Für dieses Projekt hatte sie sich ein differenziertes methodisches Instrumentarium ersonnen. Aber damit, so mußte sie bald erkennen, kam sie nicht weit. Das Scheitern verlief spektakulär:

»Nach einer ersten Phase der Beobachtung und nach ersten Gesprächen bereitete ich ausgefeilte standardisierte Interviews und einen Fragebogen vor. Sobald ich mich aber als Soziologin vorstellte, versuchte man, meine Gesellschaft zu meiden, und es wurde unmöglich, ein Interview durchzuführen. Die ausgeteilten Fragebögen fand ich beim Aussteigen auf dem Fußboden des Zuges wieder. Ein typisches Interview verlief folgendermaßen:

›Ich bin Soziologin, und ich möchte gern, daß Sie mir ein Interview geben.‹

›Sozio …? Tja, warum ich? Fragen Sie jemand anderen. Es gibt hier so viele Schmuggler. Ich reise nur so. Und außerdem muß ich jetzt leider meinen Schwager im Zug aufsuchen.‹

Daraufhin verließ mein Forschungsobjekt, ein großer Mann um die Vierzig mit ›kleinem‹ Gepäck (zwei riesige Taschen, die eher auf einen Schwarzarbeiter als auf einen Schmuggler schließen ließen), in großer Eile das Abteil. Die anderen sechs Reisenden saßen schweigend auf ihren Plätzen, gingen nur häufiger als sonst hinaus, um eine Zigarette zu rauchen. Man muß dazu bemerken, daß die Ausrede ›ich muß jemanden aufsuchen‹ ein typischer Vorwand ist, wenn man sich höflich aus einem Abteil zurückziehen möchte oder wenn die Gesellschaft als gefährlich beurteilt wird …

Ebenso abschreckend wie das Wort ›Soziologin‹ war mein Versuch, Tonbandaufnahmen zu machen. Wegen der Assoziationen mit der Geheimpolizei … waren die Reaktionen noch negativer. Nach dem vierten Versuch konnte ich meine harmlosen Absichten nur noch dadurch beweisen, daß ich das Tonband kurzerhand aus dem Fenster warf. Als ich daraufhin den Waggon verlassen wollte, hörte ich im Hintergrund Rufe wie: ›Solche Huren werden wir aus dem Zug schmeißen!‹«[400]

Irek gab freilich nicht auf, sondern lernte aus ihren ersten Versuchen: Sie machte weiter auf anderen Wegen, mit informellen Interviews und viel teilnehmender Beobachtung. Die Forscher der anderen Studien dagegen waren nicht so flexibel, sie blieben bei ihren Methoden; sie nahmen hin, daß viele der angesprochenen Personen zu keiner Auskunft bereit waren. Das aber muß offensichtlich kritische Fragen aufwerfen: Wenn ein großer Teil der Migranten oder der Angehörigen von Minderheitsgruppen sich von vornherein der Untersuchung verweigert – was sagt das dann aus über die »Repräsentativität« der Daten, die der Forscher am Ende erhält? Sind vielleicht nur solche Personen zu einer Aussage bereit, die, aus welchen Gründen auch immer, weniger Anlaß zu Angst und Mißtrauen haben – während die anderen, die schwierigen Fälle, im Blickfeld der Wissenschaft gar nicht erst auftauchen? Gilt hier vielleicht wieder, wie so oft anderswo in Politik und Gesellschaft, das bekannte Gesetz: Die im Dunkeln sieht man nicht? Ein solches Ergebnis muß nicht zwangsläufig eintreten, gibt es doch verschiedene methodische Wege, um Verzerrungseffekte wenigstens teilweise auszugleichen. Zum einen kann der Forscher versuchen, durch verstärkte Rekrutierungsbemühungen doch noch einige derjenigen Personen, die zunächst ablehnend waren, zur Teilnahme zu bewegen; aber das kostet zusätzliche Zeit, auch zusätzliches Geld, und die meisten Forschungsbudgets sind begrenzt. Zum anderen können die Wissenschaftler versuchen, bei der Interpretation ihrer Befunde darauf einzugehen, daß sie nur einen Teil der Gruppe erreicht haben; sie können, mit anderen Worten, den Auswahl-Effekt mitberücksichtigen. Aber tun sie dies auch? Wie gehen sie vor, wie weit gelingt der Versuch? Über all dies müßte man mehr erfahren, um die Befunde der Migrationsforscher beurteilen zu können.

Solche Fragen sollen den Wert der eben zitierten Studien durchaus nicht bezweifeln. Im Gegenteil. Hier erfahren wir wenigstens, wo die Forscher an Grenzen geraten und daß sie zumindest aufmerksam sind, wenn nicht alles so läuft, wie sie wollen. Weit verdächtiger sind die anderen Studien: diejenigen, die *nicht* von Schwierigkeiten berichten. Sind hier die Migranten oder Angehörigen von Minderheitsgruppen wirklich alle bereitwillig, offen, auskunftsfreudig gewesen? Haben sich die angesprochenen Personen nie verschlossen gezeigt? Das ist äußerst unwahrscheinlich nach dem bisher Gesagten. Weit wahrscheinlicher ist, daß die Forscher gar nicht bemerkten, wo sie an entsprechende Hindernisse gerieten; oder daß sie beschlossen, alles Störende zu ignorieren, weil es unbequem war und irritierend. Ob das eine oder das andere zutrifft – ob die Forscher nichts sahen oder nichts sehen wollten –, eines ist in jedem Fall klar: Wenn man das Störende einfach ausblendet, verschwindet es nicht. Es wirkt, und das ist viel schlimmer, hinterrücks in die Daten hinein. Mit anderen Worten, es verfälscht die Befunde. Wenn da, wo Migranten und Minderheiten befragt werden sollen, viele bei der Untersuchung nicht mitmachen – sich zurückziehen, Auskunft verweigern –, dann ist der Bericht, den die Wissenschaftler am Ende verfassen, voller Auslassungen und Lükken. Er bietet uns nur einen Teil der Geschichte – und wahrscheinlich den um Problemzonen, Konfliktfelder bereinigten Teil. Er ist wie eine Wegkarte, auf der die Abhänge und Abgründe fehlen.

Defensivstrategien

Am offensichtlichsten zeigt sich das Mißtrauen von Migranten und Minderheitsgruppen, wenn sie von vornherein die Teilnahme an einer Untersuchung verweigern. Aber auch da, wo sie mitmachen, sind sie keineswegs frei von Vorbehalten und Ängsten. Deren Einfluß äußert sich dann häufig im Antwortverhalten. Auch darüber berichten einige Forscher: Ihnen fällt auf, daß die Aussagen der Migranten manchmal seltsame Formen annehmen. Augenscheinlich geht es um Vorsichtsmaßnahmen. Wo es heiß wird – wo die Fragen ihnen zu nah rücken oder sonstwie bedrohlich erscheinen –, da wiegeln die Befragten ab, beschwichtigen, blenden Problematisches aus oder retten sich in diplomatisches Schweigen. Auch dazu einige Beispiele:

Roland Eckert und seine Kollegen haben zwei Jugendcliquen eines Dorfes untersucht, in der einen Einheimische, in der anderen Jugendliche aus Aussiedlerfamilien.[401] Die beiden Gruppen hatten jenseits der Schule wenig miteinander zu tun. Wenn sie sich aber begegneten, da kam es nach den Recherchen der Forscher nicht selten zu Streit, auch zu Massenschlägereien. In den Interviews mit den jungen Aussiedlern aber drang davon kaum etwas durch – zum Erstaunen der Forscher. Die Jugendlichen aus Aussiedlerfamilien waren nicht – oder nur sehr vorsichtig – bereit, sich über die Einheimischen zu äußern. Wenn sie direkt gefragt wurden, was sie von den Dorfbewohnern hielten, fielen die Aussagen meist »positiv oder beschwichtigend« aus (zum Beispiel, so wörtlich: »Wir haben keine Probleme, alles gut«). Wenn die jungen Aussiedler überhaupt einmal Kritik äußerten, dann nur in sehr verallgemeinernder Weise, nie direkt. Eine deutliche Kluft also zwischen Alltagsrealität und Beschreibung, für die Forscher ein Hinweis auf ein tiefsitzendes

Mißtrauen, mit dem die Aussiedlerjugendlichen den Normaldeutschen begegnen: »Mißtrauen und Angst, das Gesagte könnte negative Folgen haben – schließlich waren auch die Interviewer ›Deutsche‹ –, sind sicherlich ein wichtiges Motiv«, aus dem sich die auffallende Zurückhaltung der Befragten erklärt.

Das nächste Beispiel stammt aus einer Untersuchung der Ethnologin Franziska Becker, die sich mit russisch-jüdischen Zuwanderern befaßt hat. Für Becker war auffallend, daß in der Interview-Situation regelmäßig eine charakteristische Wende eintrat, sobald das offizielle Interview beendet und das Tonbandgerät abgeschaltet war. Dann nämlich begannen ihre Gesprächspartner, bestimmte Themenbereiche aufzugreifen, die nach ihrer Einschätzung tabuisiert waren und die sie aus Gründen des Selbstschutzes besser vermeiden sollten. Aber weil sie diese Situation als sehr schwierig und belastend erlebten, kamen sie – gewissermaßen inoffiziell – immer wieder doch darauf zu sprechen. »Als tabuisiert empfanden meine Gesprächspartner zum Beispiel, die Eigeninteressen der deutschen Politik, russische Juden aufzunehmen, zu hinterfragen und die Kriterien dieser Aufnahme zu kritisieren. Außerdem müsse die Reisetätigkeit der Migranten in die Herkunftsländer verschwiegen werden, da sie den Verdacht des ›illoyalen Wirtschaftsflüchtlings‹ nähre, obwohl das Reisen oder Pendeln eigentlich legal ist. Schließlich dürfe auch nicht öffentlich benannt werden, daß jüdische Identität gelegentlich nur zum Zweck der Einreise geltend gemacht werde. Wer solche Themen offen ... anspreche, so erklärten mir einige Interviewpartner, setze sich dem Vorwurf aus, die russisch-jüdische Einwanderung zu diskreditieren. Werden Aspekte benannt, die nicht ins offizielle Bild und in die Erwartungen der Aufnahmegesellschaft passen, komme dies einer Enttabuisierung gleich, die vor allem deshalb gefährlich ist, weil damit der Antisemitismus in der deutschen Gesellschaft befördert oder bestätigt werden könnte.« All dies konnte nur deshalb zur Sprache kommen, weil die Interviewten sich nicht mehr in einer offiziellen Situation befanden und von sich aus zu einem persönlichen, vertraulichen Gespräch übergingen – und weil Franziska Becker als geschulte Ethnologin genug Sensibilität besaß, um zu erkennen, daß hier erst ein wichtiger Teil der Informationen begann. Hätte sie dagegen versucht, solche Themenbereiche direkt abzufragen, wäre sie sicher auf Mauern des Schweigens gestoßen. Wie es einer ihrer Gesprächspartner formulierte: »Wenn wir uns solche Aussagen leisten, … dann können wir hören: ›Psst, sonst werden wir zurückgeschickt.‹ Die Angst existiert.«[402]

Das dritte Beispiel handelt von türkischen Jugendlichen in Deutschland, die sich oft zwischen zwei Welten bewegen – einer türkischen in der Familie, einer deutschen in Schule, Ämtern, Institutionen. Das erfordert Übersetzungsleistungen besonderer Art, auch jenseits der rein sprachlichen Hürden. Der Anthropologe Werner Schiffauer, der sich seit langem mit den türkischen Gemeinden in Deutschland befaßt hat, schildert dazu folgende Episode:[403] In einer Berliner Schule mußten sich türkische Mädchen immer wieder die Vorurteile und Klischeebilder anhören, die Klassenkameraden über »die Türken« mitbrachten. Um sich gegen die geballte Macht solcher Vorstellungen zu wehren, behaupteten sie, sie hätten die gleichen Freiheiten wie deutsche Mädchen, ihre Eltern seien genauso freizügig wie deren Eltern. Dies widersprach freilich Aussagen, die die türkischen Mädchen an anderer Stelle machten. Ist das ein Beweis, daß sie die Unwahrheit sagen? Ganz sicherlich nicht, schreibt Schiffauer. Für ihn ist der Widerspruch ein Hinweis darauf, daß sich die Mädchen von den Äußerungen ihrer deutschen Umwelt in die Defensive gedrängt fühlten. In dieser Zwangslage versuchten sie, »etwas manifest Falsches zu sagen, um wenigstens den richtigen Sinn zu vermitteln«. Sie glauben, »nur so den Mitschülern vermitteln zu können, daß die eigene Familie keineswegs so repressiv und intolerant ist«, wie die anderen annahmen.

Erst Aussiedler, dann russische Juden, dann türkische Mädchen – die genannten Beispiele betreffen ganz unterschiedliche Gruppen. Und doch wird ein roter Faden erkennbar. Als methodische Regel zeichnet sich ab: Wenn Migranten und Minderheiten untersucht werden, und wenn die Fragen aus der Sicht der Betroffenen sensible Bereiche berühren, darf man viele der Aussagen nicht direkt und wörtlich begreifen. Vielmehr muß man genau hinhören, interpretieren, manchmal auch übersetzen (oder rückübersetzen), um den gemeinten Sinn zu verstehen. Bei all dem ist der Forscher gut beraten, wenn er die Machthierarchie nicht vergißt und die Differenz der Sichtweisen, die darin angelegt ist. Fragen, die ihm selbst harmlos erscheinen, können aus der Sicht der Anderen – der Migranten und Minderheiten – längst schon in sensible Bereiche hineinreichen, vielleicht Tabuzonen betreffen, vielleicht Empfindlichkeiten berühren. Um so mehr muß der Forscher auf Zwischentöne und Untertöne achten, auf sich widersprechende Aussagen, auf Auslassungen, Beschwichtigungen oder Betonungen. In dem, was ihm am Gesprächsablauf befremdlich erscheint, ist vielleicht der eigentliche Kern der Geschichte enthalten, die die Migranten erzählen.

Erwartungsanpassung und Täuschungsmanöver

Aber in Antwortverweigerung und Defensivstrategien dürften sich die Versuche der Migranten, sich vor dem Zugriff der Wissenschaft zu schützen, kaum erschöpfen. Folgt man James Scott, so sind auch raffiniertere Widerstandsformen zu erwarten. Also Versteckspiele, Täuschungsmanöver, freundliche Masken.

Doch trotz eifrigen Suchens konnte ich dazu zunächst keine direkten Hinweise finden. Welcher Forscher mag auch seine eigenen Daten öffentlich anzweifeln? Mag zugeben, daß er ein Opfer von Täuschungen war?

Immerhin habe ich allmählich einige indirekte Hinweise entdeckt. Ich möchte die Fundorte zunächst kurz benennen, weil sie wahrscheinlich sich anbieten, um weitere Suchstrategien zu entwickeln. Meine vier Fundorte sind: erstens Untersuchungen, deren Autoren selbst zu den Migranten bzw. Minderheitsgruppen gehören; zweitens die ethnologische Forschung, in der die Auseinandersetzung mit dem »Fremden« eine lange Tradition hat; drittens die historische Migrationsforschung, die ebenfalls über lange Erfahrung mit der Untersuchung des Migrationsgeschehens verfügt; und viertens Romane, Erzählungen, Erfahrungsberichte, die von Migranten oder Angehörigen der Minderheitsgruppen geschrieben wurden.

(1) Forscher, die selbst zu den Migranten oder Minderheiten gehören, befinden sich in einer Zwischenposition, gewissermaßen zwischen den Fronten. Weil sie bei den betreffenden Gruppen meist mehr Vertrauen genießen, kann ihnen eher ein Blick hinter die Kulissen gelingen. So zum Beispiel Yasmin Alibhai-Brown,

die Mitglieder gemischter Familien befragt hat und selbst einer gemischten Familie entstammt. Sie schildert ein Interview, in dessen Verlauf der Befragte ihr gegenüber offen erzählt, was er als seine persönliche Art des Widerstands sich ausgedacht hat: Er macht bei allen offiziellen Befragungsaktionen bewußt falsche Angaben, er hält »die da oben« zum Narren. Der junge Mann – halb jamaikanischer, halb britischer Herkunft – gibt folgende Auskunft über sein Auskunftsverhalten:

»Auf dem einen Fragebogen sage ich, ich sei ein Weißer, auf dem nächsten, ich sei Schwarzer. Beim letzten Mal sagte ich, ich käme aus Österreich-Ungarn. Es ist alles Scheiße, und ich will dieses Spielchen nicht mitspielen. Fragebogen ausfüllen, damit sie sagen können, sie nähmen uns ernst. Scheiße. Das ist alles eine Verschwörung. Um uns zu kriegen, Mensch. Um uns in ein Konzentrationslager zu stecken, wenn Leute wie Haider und Le Pen ganz Europa regieren. Sie hassen Leute gemischter Herkunft noch mehr als die ganz Schwarzen.«[404]

Auch Fernando M. Henriques ist einer der Forscher, dem aufgrund seiner Herkunft – er ist Jamaikaner dunkler Hautfarbe – das Verhaltensrepertoire der Migranten und Minderheitsgruppen nicht fremd ist. In seinem 1953 erschienenen Buch über *Family and Colour in Jamaica* gibt er ein einschlägiges Beispiel. Der Autor verweist zunächst auf die besonderen Bedeutungssignale, die das Thema Hautfarbe für Jamaikaner besitzt. Die Einwohner dort, das muß man wissen, unterscheiden bei der Hautfarbe nicht nur nach schwarz oder weiß, sondern nach verschiedenen Pigmentierungsgraden bzw. Abstufungen der Hautfarbe, und die entsprechende Einstufung spielt für die gesellschaftliche Position einer Person eine enorm wichtige Rolle. Deshalb sind Fragen, die das Thema Hautfarbe berühren, für den Einheimischen stets ein sensibler Bereich – um so mehr dann, wenn sie von einem Europäer, einem Weißen gestellt werden. Dann wird, so Henriques, der Jamaikaner sich peinlich bemühen, nur solche Antworten zu bieten, die einer günstigen Selbstpräsentation dienen. Er wird untergründig gewisse »Korrekturen« vornehmen – vielleicht ausgiebigst von einem europäischen Vorfahren erzählen, dagegen die schwarze Großmutter gar nicht erwähnen –, um in der Hautfarben-Hierarchie und in den Augen des weißen Forschers einen höheren Platz zu erlangen.

Von all diesen Mühen, diesen verbalen Verbesserungskünsten wird der Westler, der Europäer meist gar nichts bemerken, weil er mit dem komplizierten System der jamaikanischen Wahrnehmungs- und Werthierarchie nicht vertraut ist (statt dessen wird er die meisten Einheimischen wohl einfach als Schwarze ansehen). Nach Henriques kann der Europäer zwar viele Daten sammeln, aber er wird dennoch nie wissen: Was an seinen Materialien ist echt? Was ist im beschriebenen Sinne »verbessert«, weggelassen oder sehr freizügig ergänzt?

»Because of the very nature of the material, and because of the colour-conscious personality of the individual involved, the European investigator is at a great disadvantage in gathering data. The acute colour-consciousness of the West Indian inhibits him from giving information to someone who represents the values he himself is lacking but trying to attain. Some information will be forthcoming, but much of it will be garbled and dressed to suit what the informant thinks are the ideas of the white investigator … The real difficulty lies in the fact that the European is unable to discover whether his material is authentic or not.«[405]

(2) Weil die Ethnologie bei der Erforschung des »Fremden« auf eine lange Erfahrungstradition zurückblicken kann, hat sie die Schwierigkeiten und Fallen eines solchen Vorgehens auch schon früh zu spüren bekommen. In ihren Anfängen war die ethnologische Forschung bekanntlich dem Studium sogenannt »primitiver« Völker und Stämme gewidmet; ein Feld, das wesentlich von der Machthierarchie zwischen Kolonialherren und den von ihnen Beherrschten bestimmt war. Entsprechend waren die »Eingeborenen« stets gut beraten, wenn sie sich gegenüber den Forschern – die ja auch zu den Weißen, den Kolonialherren gehörten – gefügig und zuvorkommend zeigten. Der Qualität der Befunde war diese Art der Gefälligkeit jedoch nicht immer nur zuträglich, wie die Ethnologen allmählich zu ahnen begannen. Denn die Eingeborenen lernten rasch, ihre Aussagen an den Erwartungen der Forscher auszurichten, sie gewissermaßen bedarfsgerecht zu präsentieren: Sie entwickelten eine eigene »Kunst der Aussage«. Was etwa sollten sie sagen, wenn die Forscher sie nach ihrem Alter fragten, während sie selbst aber zu einem der Völker gehörten, zu den Tuareg etwa, bei denen Lebensalter nie numerisch nach Jahren gezählt wird? Die

Tuareg, so wird in der ethnologischen Literatur inzwischen berichtet, fanden ihren eigenen Ausweg, um die Neugier der weißen Forscher nicht zu enttäuschen: Sie erfanden ganz einfach die Altersangaben. In einer Untersuchung von Spittler wird diese Art der Erwartungsanpassung beschrieben:

»Fragt man einen Mann oder eine Frau nach ihrem Alter, dann sagen sie zunächst, sie wissen es nicht. Wenn man als Europäer dann insistiert und den Mann fragt, wie alt er ungefähr sei, nennt er vielleicht 30 Jahre. Wenn man das ungläubig zur Kenntnis nimmt und ihm sagt, er müsse älter sein, dann schlägt er 100 Jahre vor, um den Europäer zufriedenzustellen. Schätzt man ihn auf 70 Jahre und nennt ihm diese Zahl, dann akzeptiert er das bereitwillig und wird diese Altersangabe von 70 Jahren auch in den folgenden Jahren wiederholen, wenn ihn ein anderer Europäer danach fragt.«[406]

(3) In Wissenschaft, Politik, Öffentlichkeit werden immer wieder bestimmte Kategorien benutzt, um das Migrationsgeschehen genauer erfassen und sortieren zu können. Die Rede ist dann von »freiwilligen« oder »unfreiwilligen« Migranten, von »Wirtschaftsmigranten«, »Flüchtlingen«, »Asylsuchenden« usw. Solche Einteilungen mögen auf den ersten Blick plausibel und sinnvoll erscheinen. Tatsächlich aber werden sie der Komplexität von Migrationsverläufen und Migrationsmotiven oft nicht gerecht. Die entsprechenden Einteilungen sind oft »wenig hilfreich und eher irreführend«, schreibt der Historiker und ausgewiesene Migrationsexperte Klaus J. Bade. Er setzt dagegen, die historische Migrationsforschung als Grundlage benutzend: »Auch ›freiwillige‹ Migrationen wurden meist von vielerlei materiellen und immateriellen … Bestimmungsfaktoren angetrieben. Zwischen ›freiwilligen‹ und ›unfreiwilligen‹ Migrationen liegt die eigentliche historische Wirklichkeit des Wanderungsgeschehens mit vielerlei Übergangsformen zwischen den verschiedensten und auf die verschiedenste Weise motivierten Wanderungsbewegungen.«[407]

Nun sind die entsprechenden Unterscheidungen aber nicht nur akademische Spielerei, sondern haben politische Konsequenzen, ja sie sind für die betroffenen Personen oft schicksalsentscheidend. Dies insbesondere in den wohlhabenden Ländern des Westens, die die Migrationsströme von außen heute immer mehr abzuhalten versuchen. Ob jemand in die eine oder andere Kategorie fällt –

als »Wirtschaftsflüchtling« gilt oder als »politisch Verfolgter« anerkannt wird –, davon hängt unter solchen Bedingungen ab, ob er abgewiesen wird oder ins Land kommen darf. Wollen die Migranten der Abweisung oder Ausweisung entgehen, so sind sie gezwungen, ihre eigene Migrationsgeschichte – die ja, wie gesagt, fast immer eine vielschichtige ist – entsprechend zu gewichten und zu gestalten, sprich: kreativ anzupassen an die je geltenden Bestimmungen und Aufnahmevorschriften. Auch hier kann man in der historischen Migrationsforschung viele einschlägige Beispiele finden.

Aus der Geschichte kennt man Zeiten, in denen es weitgehend uneingeschränkte Wanderungsfreiheit gab, so zum Beispiel beim europäischen Massenexodus nach Nordamerika im 19. Jahrhundert. Zu anderen Zeiten dagegen waren die Migranten darauf angewiesen, »sich in ihren Selbstzuschreibungen diesen öffentlichen Fremdzuschreibungen anzupassen, um sich über Grenzen bewegen zu können. Sie hinterließen damit in den amtlichen Dokumenten und Statistiken nicht selten ›falsche‹ Spuren, weil es bei der Zulassung oder Nichtzulassung im Sinne festgelegter Kriterien oft um ein Spiel mit falschen Karten auf beiden Seiten ging.«[408]

Je mehr die Festung Europa (oder Festung USA) ausgebaut wird – und das ist seit dem späten 20. Jahrhundert immer stärker der Fall –, desto eher werden Migranten versuchen, durch Anpassungsleistungen der beschriebenen Art doch noch Einlaß zu finden. Mit Blick nicht mehr auf die Geschichte, sondern auf die Gegenwart schreibt Bade: Diesen von der Politik »zugeschriebenen Identitäten müssen Migranten zu entsprechen suchen, wenn sie eine Chance auf Zugang haben wollen«. Wo es kaum »Haupteingänge« für reguläre und als solche deklarierte Einwanderung gibt, da gewinnen die »Nebeneingänge« im Bereich von Flucht und Asyl immer mehr an Bedeutung. Deshalb »geht es für asylsuchende Flüchtlinge heute oft weniger um die Frage, was ihnen im Herkunftsland widerfahren ist oder drohte, als darum, ob ihre Geschichte in den Katalog der verfügbaren Zuschreibungen und damit in die Spielregeln des Aufnahmelandes paßt«.[409]

Auch solche »Anpassungsleistungen« gehören zu den Widerstandsformen von unten, die James Scott ins Blickfeld der Wissenschaft gerückt hat. Es liegt auf der Hand, welches die Konsequenzen für die Migrationsforschung sind: Wer als Migrant gelernt hat, wie seine Geschichte aussehen muß, damit sie den Spielregeln der politischen Anerkennung genügt, der wird (selbst wenn Anonymität, Vertraulichkeit der Daten usw. zugesagt werden) auch im Kontext wissenschaftlicher Untersuchungen äußerst vorsichtig sein. Er wird bei allen Gelegenheiten, die obrigkeitsnah sind oder sein könnten, meist peinlich bemüht sein, diese Geschichte beizubehalten. Das aber heißt, daß der Forscher dann nur die »offiziellen«, die gegenüber den Behörden präsentierten Daten erfährt – was seinen Blick auf die Wirklichkeit des Migrationsgeschehens erheblich verengt, um es vorsichtig auszudrücken. Der Blick »hinter die Kulissen« wird so nicht gelingen. Dazu ein Beispiel, das Georg Elwert berichtet.

In einem Aufsatz über die illegale Zuwanderung nach Deutschland kritisiert Elwert die methodischen Schwächen der zu diesem Thema vorliegenden Literatur und die daraus resultierenden Verzerrungen. Insbesondere wendet er sich gegen die weitverbreitete Annahme, die illegalen Zuwanderer kämen alle aus Not, sie seien geflüchtet vor Verfolgung oder vor Hunger. Um solche Annahmen prüfen zu können, hat Elwert selbst umfangreiche Recherchen initiiert, die methodisch bewußt auf einem Nähe-Verhältnis zwischen Interviewern und Befragten aufbauten.[410] Dabei ist deutlich geworden, daß viele der illegalen Zuwanderer mit unternehmerischen Zielen nach Deutschland kamen: Sie wollten hier Geld verdienen, dann in die Heimat zurückkehren und mit dem erworbenen Geld dort einen Kleinbetrieb aufbauen. Nun Elwert wörtlich:

»Das unternehmerische Ziel kollidiert gelegentlich mit der für andere Zwecke notwendigen Selbstdarstellung. Zwei Migranten berichteten mir von der ironischen Situation, daß sie sich in einem Asylverfahren bzw. in den Beratungsgesprächen mit wohlmeinenden Deutschen zwecks Vorbereitung eines Asylverfahrens als verfolgte Gewerkschaftler darzustellen hatten. Bezogen auf den väterlichen Betrieb [in der Heimat] äußerten beide, daß Gewerkschaften das letzte wären, was sie sich dort wünschten.«[411]

(4) Schließlich kann man auch das als Fundgrube nehmen, was schon James Scott als solche genutzt hat: die nichtwissenschaftliche Literatur von Migranten und Minderheitsgruppen. Ob Schwarze, ob Juden, ob türkische Deutsche oder pakistanische Briten – an

einschlägigen Erfahrungsberichten, Romanen, Erzählungen mangelt es nicht. Darin werden ausgiebig die manchmal absurden, oft tragischen, manchmal auch tragisch-komischen Geschichten vom Leben am Rande der Mehrheitsgesellschaft erzählt, von Mißverständnissen und Verwechslungen bis zu Schikanen und Demütigungsritualen. Erzählt wird dann auch von den Widerstandsformen – den Schlichen, Manövern und Listen –, mit denen die Randgruppen immer wieder versucht haben, sich das Leben erträglich zu machen. Wieviel Einfallsreichtum, wieviel Schelmenstücke findet man da, den Umgang mit Obrigkeit, Ämtern, Behörden betreffend! Liegt da die Vermutung nicht nahe, daß die Migranten sich manchmal ähnlicher Manöver bedienen, wenn sie denen ausgesetzt sind, die sie mit Forschungseifer und wissenschaftlichem Anspruch, mit Theorien und Tabellen bedrängen? Zur Illustration wieder ein Beispiel. In seinem Buch *Juden auf Wanderschaft* erzählt Joseph Roth – der österreichische Schriftsteller und Jude – auch vom Verhältnis zwischen Polizei und Migranten. Es geht um die Ankunft von Ostjuden in Wien, und zwar zu Beginn des letzten Jahrhunderts. Natürlich, schreibt Roth, muß sich der Jude zuerst auf dem Polizeibüro melden. Dort treffen dann zwei Welten aufeinander, und die Fragen der einen sind nicht mit den Antworten der anderen zusammenzubringen. Solange der Ostjude wahrheitsgemäß zu antworten sucht, erscheint er äußerst verdächtig. Bis er dann lernt, solche Antworten zu geben, die nach den Erwartungen und Vorstellungen der Polizei passend erscheinen. Dann wird ihm geglaubt. Dann darf er bleiben.

»Hinter dem Schalter sitzt ein Mann, der die Juden im allgemeinen und die Ostjuden im besonderen nicht leiden mag. Dieser Mann wird Dokumente verlangen. Niemals verlangt man von christlichen Einwanderern derlei Dokumente. Außerdem sind christliche Dokumente in Ordnung. Alle Christen haben verständliche, europäische Namen. Juden haben unverständliche und jüdische. Nicht genug daran: sie haben zwei und drei durch ein *false* oder ein *recte* verbundene Familiennamen. Man weiß niemals, wie sie heißen. Ihre Eltern sind nur vom Rabbiner getraut worden. Diese Ehe hat keine gesetzliche Gültigkeit. Hieß der Mann Weinstock und die Frau Abramofsky, so hießen die Kinder dieser Ehe: Weinstock recte Abramofsky oder auch Abramofsky false Weinstock. Der Sohn wurde auf den jüdischen Vornamen Leib Nachmann getauft. Weil dieser Name aber schwierig ist und einen aufreizenden Klang haben könnte, nennt sich der Sohn Leo. Er heißt also: Leib Nachmann genannt Leo Abramofsky false Weinstock.

Solche Namen bereiten der Polizei Schwierigkeiten. Die Polizei liebt keine Schwierigkeiten … Man schickt ihn also zurück, einmal, zweimal, dreimal. Bis der Jude gemerkt hat, daß ihm nichts anderes übrigbleibt, als falsche Daten anzugeben, damit sie wie ehrliche aussehen. Bei einem Namen zu bleiben, der vielleicht nicht sein eigener, aber doch ein zweifelloser, glaubwürdiger Namen ist. Die Polizei hat den Ostjuden auf die gute Idee gebracht, seine echten, wahren, aber verworrenen Verhältnisse durch erlogene, aber ordentliche zu kaschieren. Und jeder wundert sich über die Fähigkeit der Juden, falsche Angaben zu machen. Niemand wundert sich über die naiven Forderungen der Polizei.«[412]

Von den fremden Völkern, die die Ethnologie einst erforscht hat, bis zu den Ostjuden in Wien, die Joseph Roth schildert: So weit voneinander entfernt diese Beispiele auch sind, sie haben doch einen gemeinsamen Kern. Sie enthalten vor allem eine Lehre, und die gilt für die Migrationsforschung in Deutschland wie anderswo auch. Wer als Wissenschaftler zur Mehrheitsgesellschaft gehört, kann viele Fragen stellen und wird oft auch Antworten bekommen, weil die Machthierarchie gefügiges Verhalten verlangt. Aber wo die Fragen den Migranten- bzw. Minderheitsgruppen zu fern sind, zu abwegig, da werden die Antworten oft gefüllt mit Einfallsreichtum, Geschick, Phantasie (darin haben Migranten und Minderheiten, dank ihrer Stellung am unteren Ende der Machthierarchie, genug Lebenserfahrung). Und wo die Fragen ihnen zu nah kommen, gefährlich erscheinen, da werden die Antworten ähnlich gefüllt – mit Einfallsreichtum, Geschick und Phantasie.

Kapitel 8

Ausblick: Anatomie und Kritik
des mononationalen Blicks

»Nach wie vor sehen die Deutschen jedweder Gesinnung in uns die Fremden«, schreibt Zafer Şenocak. »Selbst wenn man in ihrer Sprache schreibt, bleibt man Exot, ein Eindringling, wird teils bewundert, teils mißtrauisch beäugt. Ein Türke liest den Koran, geht nicht in die Oper. Rassismus dieser Art braucht keine Keule, keine Nürnberger Gesetze, er wirkt intellektuell über die Bilder im Kopf... Selbst diejenigen ›Ausländer‹, die in Deutschland geboren sind, werden auf diese Weise niemals in diesem Land ankommen, sie werden ihr Leben lang Zwischenräume ausfüllen, von Beruf Lückenbüßer sein, werden ihr Leben lang Fragen zum Leben zwischen den Kulturen gestellt bekommen.«[413]

Solche Bilder kommen nicht zufällig zustande. Sie entstehen aus dem, was ich den mononationalen, monokulturellen Blick der Einheimischen genannt habe. Ihn habe ich in den vorangegangenen Kapiteln analysiert, wobei die Argumentation sich aus zwei Teilen aufbaute. Im ersten Teil des Buchs (Kapitel 1-4) habe ich klassische Leitannahmen bzw. Klischees des mononationalen Blicks dargestellt und auf ihre Grundlagen befragt. Den Anfang (Kapitel 1) machte die Frage: Wie traditionsorientiert sind Migranten? Hier wurde sichtbar, wie im mononationalen Blick zwei Pole zunächst einander gegenübergestellt und dann in eins gesetzt bzw. vermengt werden: die Gegenüberstellung von Tradition und Moderne. Bei einem solchen Vorgehen wird ausgeblendet, ja grundsätzlich verkannt, daß das, was der Schublade der Tradition zugeordnet wird, wesentlich eine *moderne* Antwort auf Ausgrenzungen, Widersprüche und Assimilationszwänge darstellt, denen Migranten von seiten der Mehrheitsgesellschaft ausgesetzt sind.

Der Nationalstaat und die Falle
des Nationalismus

Warum aber, so ist jetzt zu fragen, konnten sich derartig vereinfachende Unterscheidungen überhaupt durchsetzen, ja sich bis heute im Bewußtsein der Mehrheitsgesellschaft beharrlich halten? Warum ist in den Köpfen der Einheimischen immer noch das Entweder-Oder präsent, die starre Gegenüberstellung von Tradition versus Moderne, obwohl in der Lebenswelt der Migranten sich längst vielerlei Mischformen durchgesetzt haben, aus denen ein eigenständig Neues erwächst? Warum sehen wir, wenn wir von Ausländern, Migranten, Minderheiten sprechen, immer noch »Fremde« vor uns, Landarbeiter aus Ostanatolien oder von sonst wo fernen Gestaden – und nicht die, die seit langem unter uns leben, ja vielleicht nirgendwo sonst je gelebt haben, Jugendliche etwa, die sich im Dschungel der Großstadt – im Dschungel *unserer* Großstädte, sei's Berlin, Frankfurt, Nürnberg – behende bewegen? Das ist die Frage. Will man sie näher ergründen, wird man, geleitet von der neueren, selbstkritischen historischen Forschung, sich befassen müssen mit der Entstehungs- und Erfolgsgeschichte des modernen National-staates in Europa – und mit dessen Kehrseite.[414] Die Verwandlung jener kulturellen und politischen Vielfalt, die die Vielvölkerstaaten der vormodernen Epoche kennzeichnete, in die Einheit und Homogenität des Nationalvolkes geschah demnach durchaus nicht von selbst, in einem naturwüchsigen Ablauf, sondern wurde durchgesetzt mittels Zwang und Gewalt: Gewalt nach außen, um das nationalstaatliche Territorium abzusichern und neuen Lebens-raum, neue Ressourcen zu erschließen; Gewalt nach innen, um jene soziale und politische Homogenität herzustellen, die den mononationalen, monokulturellen Blick der Einheimischen erzeugt.[415]

In seinem Roman *Erfolg* hat Lion Feuchtwanger die aus dem Nationalstaat erwachsenden Bornierungen des Nationalismus beschrieben: »Die Bevölkerung des Planeten zählte in jenen Jahren 1800 Millionen Menschen, darunter etwa 700 Millionen Weißhäutige. Die Kultur der Weißhäutigen wurde für besser gehalten als die der anderen, Europa galt als der beste Teil der Erde ... Die Weißen hatten unter sich vielerlei Grenzen aufgerichtet, sehr willkürliche. Sie redeten verschiedene Sprachen ... Man bekriegte sich beispielsweise aus nationalen Gründen, das heißt deshalb, weil man an verschiedenen Punkten der Erdoberfläche geboren war. Man schaltete den Gruppenaffekt ein, erklärte es für eine Tugend, Menschen, die außerhalb der eigenen, von Behörden festgesetzten regionalen Grenzen geboren waren, für minderwertig zu halten und in gewissen, von der Regierung bestimmten Zeiten auf sie zu schießen. Solche den Kindern von früh an gelernte und ähnliche Tugenden faßte man zusammen unter dem Begriff *Patriotismus.*«[416] Hier wird die Fragwürdigkeit einer territorial abgegrenzten, homogenen Kultur des Nationalstaates auf den Punkt gebracht: Nationale Grenzen und die entsprechende Vorstellung des nationalen Blicks, daß diese Grenzen anthropologisch notwendig seien, überdecken die administrative Willkür, auf der jede scheinbar eindeutige Unterscheidung zwischen Wir und den Anderen basiert. Die Unterscheidung von Freund und Feind beruht auf einem fragwürdigen Verwaltungsakt. In der Selbstgewißheit der Moderne, der europäischen Moderne, kommt die Hybris einer weißhäutigen Weltminderheit zur Sprache und Macht.

Mißverstandene Solidarität: Die Falle des Universalismus

Das darauffolgende Kapitel 2 stellt die Gestalt der »armen Ausländerfrau« ins Zentrum, ein Topos, der in den Medien, und nicht zuletzt in der Frauenliteratur, große Bekanntheit erlangt hat. In der Analyse wird hier erkennbar, wie westliche Frauen »fremde Frauen« verstehen, genauer mißverstehen, weil sie sie an ihren westlichen Maßstäben messen – weil sie als allgemeingültig annehmen, was ihren eigenen Erwartungen, Gewohnheiten, Lebensformen entspringt. Es ist die Falle des Universalismus, in die man/frau dabei läuft, nämlich die fraglose Verallgemeinerung westlicher Erfahrungen.[417] Zwar wird hier ein »Wir« unterstellt, das nationale Grenzziehungen durchbricht, das aus der natürlichen Gemeinschaft der Frauen entstehen soll und aus der Gemeinsamkeit ihrer Unterdrückungserfahrung, eine Grundlage, aus der der Aufruf zur Solidarität dann erwächst. Aber unter der Hand, das eben zeigt sich, bleibt dieses »Wir« rückgebunden an einen mononationalen, monokulturellen Erfahrungsraum. Die Existenz anderer Erfahrungsräume wird nicht einmal als Möglichkeit sichtbar. Das könnte man auch den »hegemonialen Blick« nennen, Produkt einer Dominanz, die so selbstverständlich und mächtig sich durchsetzt, daß sie selbst dem Gegenappell – dem Appell zur Solidarität – noch ihren Stempel aufdrückt.

Hier wird, allgemeiner gesprochen, eine Schwierigkeit angerührt, die seit den achtziger Jahren in der Frauenforschung/Frauenbewegung zunehmend sichtbarer wird: die Frage nämlich, wie der Umgang mit Differenz – mit den Differenzen unter den Frauen – gestaltet werden kann, ohne die Gemeinsamkeit der Frauen als Frauen aufzubrechen. Und es sind vor allem Frauen von der »anderen« Seite der Machthierarchie (Minderheitsgruppen und Nicht-Weiße), die diese Frage immer beharrlicher stellen, weil sie sich in den Konzepten und Darstellungen der weißen Mittelschicht-Frauen nicht wiederfinden. So schreibt zum Beispiel Ien Ang, eine Forscherin chinesischer Herkunft, in Indonesien geboren und in den Niederlanden aufgewachsen: »Statt anzunehmen, daß sich letztlich doch ein gemeinsamer Grund finden läßt, um eine Gemeinschaft der Frauen zu entwerfen, … ist es wohl besser, wenn wir vom Nullpunkt ausgehen und erkennen, daß in bestimmten Momenten vielleicht gar kein gemeinsamer Grund existiert … Aus meiner Sicht erreichen wir mehr, wenn wir die zähe Festigkeit der ›Kommunikationsbarrieren‹ erkennen und bewußtmachen – als wenn wir versuchen, sie so schnell wie möglich niederzureißen im Namen einer idealisierten Einheit.«[418] Das sind deutliche, ja provozierende Sätze. Wie lange wird es noch dauern, bis Überlegungen dieser Art wenigstens wahrgenommen, ja vielleicht auch aufgenommen und umgesetzt werden in der deutschen Forschung, die sich mit Migrantinnen und Frauen aus Minderheitsgruppen befaßt?

In Kapitel 3 schließlich untersuche ich am Beispiel öffentlicher Reaktionen auf Necla Keleks Buch »Die fremde Braut« eine besonders subtile Form medialer Vorurteilsverbreitung. Keleks Buch liest sich als Anklage gegen »den« autoritären und parasitären Islam bzw. die davon geprägten Türken in Deutschland. Mit dem Anspruch, einen »Bericht aus dem Inneren des türkischen Lebens in Deutschland« zu liefern, spielt sie aber eher jenen zu, die den Islam schon immer als Bedrohung freiheitlicher Werte gesehen haben. Ihre türkische Herkunft verleiht der Autorin dabei ein Maß an Authentizität, das in der öffentlichen Wahrnehmung offenbar wissenschaftliche Validität übertrumpft. Im Ergebnis führen derlei pauschalisierende Darstellungen zum Erstarken des »Feindbild Islam«.

Entwurzelung oder kontrapunktische Wahrnehmung

Warum wird die zweite Generation als verloren zwischen den Kulturen wahrgenommen? Das ist die Frage, um die Kapitel 4 kreist. Die Antwort verweist wiederum darauf, daß der Nationalstaat sich als selbstverständlicher Bezugsrahmen des Wahrnehmens und Denkens durchgesetzt hat. In diesem Ordnungsschema ist für Kinder aus Migrantenfamilien bzw. aus binational gemischten Familien kein Platz. Im vorherrschenden Entweder-Oder – sei Deutscher oder sei Türke, sei Einheimische oder sei Fremde – sind sie die Unpassenden, Unangepaßten. Die scheinbare Natürlichkeit der Gegensatzpaare macht die, die in das Raster des Entweder-Oder sich nicht einfügen lassen, zu »Heimatlosen«, »Entwurzelten«, »Unglücklichen«. Daß im Nationalstaat die Heimat zu finden ist und jenseits dieser Heimat Unruhe, Rastlosigkeit, ja Verzweiflung sein muß – das wird hier als allgemeines Gesetz der Menschheit unterstellt.

Es ist vielleicht kein Zufall, daß der einheimische Blick, seine Merkmale und seine Bornierungen insbesondere denen deutlich werden, die in der einen oder anderen Form zu den Nicht-Einheimischen zählen, sprich die sich im Exil, in der Diaspora, in transnationalen Lebensformen bewegen, in Lebensformen mithin, in denen das Vergleichen, Übersetzen, Verbinden zwischen dem »Hier« und dem »Dort«, das Aushalten von Widersprüchen zum Alltag gehört, ja eine Überlebensmaxime darstellt. Eine solche Aussage darf nicht zur geschichtsoptimistischen Fehlinterpretation verleiten: Wer in einem fremden Land leben muß, dessen Sprache nicht versteht, dort nur über mindere Rechte verfügt, stets um seine Aufenthaltsgenehmigung bangen muß, ist deshalb nicht notwendig zu einem freien, von kleinlichen Bornierungen gelösten Weltblick prädestiniert oder gar dazu, die Welt kosmopolitisch zu revolutionieren. Aber dennoch kann man mit aller Vorsicht vielleicht so viel sagen: Wer in der ihn umgebenden Welt ein »Ausländer«, ein »Fremder« ist, der wird sich in den Selbstverständlichkeiten des monokulturellen Blicks nicht fraglos einrichten können, weil er, in einem stets parallel laufenden Subtext, immer um die Existenz anderer Regeln, Gebote, Gewißheiten weiß. Edward Said hat dafür den aus der Musik entliehenen Begriff des »Kontrapunktischen« vorgeschlagen: »Die meisten Menschen sind sich prinzipiell einer Kultur, einer Ordnung, eines Zuhauses bewußt. Wer im Exil lebt, kennt all dies in mindestens doppelter Form, und diese Pluralität der Sichtweise läßt ein Bewußtsein von der Gleichzeitigkeit mehrerer Dimensionen entstehen, ein Bewußtsein, das – um einen Begriff aus der Musik zu entlehnen – kontrapunktisch ist«.[419]

Derjenige, der »in der Fremde« seinen Aufenthalt hat, kann die selbstverständlichen Gewißheiten der Kultur, die ihn umgibt, nicht fraglos annehmen. Denn immer schon weiß er, immer schon wird er erinnert an die anderslautenden Gewißheiten anderer Orte, in denen er früher gelebt hat oder in denen er – als Pendler zwischen den Ländern und Welten – weiterhin lebt. Anders formuliert: Daß zwei monokulturelle Blicke sich ungebrochen in einer Person, einem Bewußtsein verbinden, das ist, wenn auch vielleicht nicht völlig ausgeschlossen, so doch eher unwahrscheinlich. Sie widersprechen sich, vermischen sich, bilden ein Spannungsverhältnis, und verwandeln sich daraus zu einer Art »kontrapunktischem Bewußtsein«, »kontrapunktischem Blick«, dem die kulturellen Gegensätze alles zugleich sind: Irritation, Frage, Last, Reichtum und Tiefe, Krise und Chance.

Vom methodologischen Nationalismus zum Programm einer selbstreflexiven Soziologie

Im zweiten Teil dieses Buchs (Kapitel 5-7) wird die Frage untersucht, wie sich die »Beobachter« – die amtliche Statistik und die Sozialwissenschaften – zum mononationalen, monokulturellen Blick der Einheimischen verhalten. Man sollte meinen, wenn schon nicht die amtliche Statistik, so bricht doch wenigstens die Sozialwissenschaft, die soziologische Migrationsforschung mit dem einheimischen Blick auf die Anderen, kritisiert und korrigiert dessen Bornierungen. Aber weit gefehlt. Nach den Befunden dieses Buchs ist eher das Gegenteil der Fall: Ein Großteil der sozialwissenschaftlichen Forschung in Deutschland ist im Kern eine ungebrochene Fortsetzung des mononationalen Blicks. Genau das meint die These vom »methodologischen Nationalismus«[420]: Die Grundraster des einheimischen Blicks werden aufgenommen und verdoppelt in der Axiomatik der sozialwissenschaftlichen Beobachterperspektive. So verfährt die amtliche Statistik auf der Grundlage von starren Gegensatzpaaren – »Inländer« versus »Ausländer« –, die der Dynamik der neuen Migrationsbewegungen und der im Zeitalter von Mobilität und Globalisierung entstehenden Mischverhältnisse, Zwischenkategorien, Mehrfachverbindungen immer weniger gerecht werden, ja diese verkennen und verfälschen (Kapitel 5). Die Migrationsforschung, die in den Bahnen und Anschauungsformen eines mononationalen Erfahrungshorizonts befangen bleibt, verfängt sich in ihren eigenen Vorurteilen und in den Fallen und Mißverständnissen der interkulturellen Kommunikation (Kapitel 6). Schließlich verfährt selbst die methodisch versierteste empirische Sozialforschung oft soziologisch naiv, weil sie die Machtverhältnisse zwischen Forschern und Erforschten, zwischen Mehrheitsgesellschaft und Minderheitsgruppen verkennt und deshalb die Masken nicht wahrnimmt, die die Befragten aufsetzen, um sich vor dem kontrollierenden Zugriff der Mehrheitsgesellschaft zu schützen (Kapitel 7).

Für die zukünftige Forschungspraxis, das folgt aus dem bisher Gesagten, reicht demnach eine immer weitere Verfeinerung und Ausdifferenzierung des hochspezialisierten methodischen Instrumentariums nicht aus. Immer wichtiger wird vielmehr, die »reflexive Wende«, die in der Ethnologie und Kulturanthropologie bereits Mitte der achtziger Jahre einsetzte, nun endlich auch in der Soziologie aufzunehmen. »Macht und Geschichte, die kulturelle Identität, disziplinäre Zugehörigkeiten, der gesellschaftliche Status der Ethnographin oder des Ethnographen schreiben sich unvermeidlich in den ethnographischen Text ein. Das fordert dazu auf, im Bewußtsein der Verstricktheiten und Bedingtheiten ethnographischer Praxis zu arbeiten.«[421] Was da formuliert wurde, gilt ebenso für den Soziologen oder die Soziologin, die sich mit Migranten und Minderheiten befassen. Eine soziale Sensibilisierung ist auch für sie unverzichtbar: Bevor die eigentlichen Untersuchungsfragen beginnen, müssen die Forscher sich zunächst einmal selber verorten im Gefüge der ethnischen Differenzierungen in Deutschland. Sie müssen sich das eine grundlegende Faktum bewußtmachen, das in der alltäglichen Lebenswelt verdeckt bleibt, weil da selbstverständlich und gewissermaßen natürlich erscheinend: daß sie Einheimische/Deutsche/Weiße sind, mithin Mitglied der Mehrheitsgesellschaft, mithin »denen da oben« in der Machthierarchie zugehörig (und dies ganz unabhängig davon, wie hoch oder niedrig ihr Einkommen, wie gesichert oder ungesichert ihre berufliche Stellung ist). Wie hat es in einer Untersuchung über weiße Frauen einmal eine der Befragten formuliert: Die weiße Hautfarbe ist ein »Privileg, das man genießt, aber nicht als solches wahrnimmt, eine Wirklichkeit, mit der man lebt und die gleichzeitig unerkannt ist«.[422] Es ist an der Zeit, daß die Sozialwissenschaftler hierzulande diese Einsicht endlich annehmen und auf ihre eigene Situation anwenden lernen. Sofern sie dies nicht tun, sofern sie sich der Aufgabe einer selbstkritischen, selbstreflexiven Soziologie verweigern – aus Zeitmangel, Desinteresse, Trägheit, was sonst auch immer –, betreiben sie, pointiert formuliert, eine Art Kulturkolonialismus, der methodisch fatale Folgen erzeugt. Die Forscher bleiben dann nämlich in den Selbstverständlichkeiten der Mehrheitskultur befangen. Sie bleiben im mononationalen, monokulturellen Weltbild befangen und im mononationalen, monokulturellen Entwurf von Identität. Sie verdrängen, nein: sie ahnen nicht einmal (und dies mit dem besten Gewissen einer sich als universal und objektiv begreifenden Sozialforschung), daß sie von einem ganz bestimmten Standort – nämlich eben als Einheimische, als Deutsche, als Mitglied der Mehrheitskultur – den Migranten und Minderheitsgruppen gegenübertreten und diese von daher betrachten; und, das ist nicht minder folgenreich, daß sie selbst von den Migranten und Minderheitsgruppen als Angehörige der Mehrheitsgesellschaft wahrgenommen und identifiziert werden.

Allgemeiner gesagt: Eine Soziologie, die sich selbst nicht als Teil der sozialen und politischen Dynamik im Verhältnis von Mehrheitsgesellschaft und Minderheitsgruppen sehen lernt, kann ihr eigenes Feld nicht begreifen. Sie ist blind für die Dynamik, die die wechselseitigen Zuschreibungen im Terrain von »Wir und die Anderen« bestimmt. Anders dagegen eine selbstreflexive Soziologie. Indem sie aus dem Schutz der Gewohnheiten heraustritt, ist sie offener dafür, die wechselseitigen Legenden und Mythen aufzuspüren, die das Verhältnis der Gruppen kennzeichnen. Indem sie Machthierarchien ins Blickfeld rückt, ist sie besser gewappnet, die auf der Kehrseite der Macht stets präsenten Ängste, Unsicherheiten, Irritationen zu erkennen.

Nur so lassen sich die Emotionen aufschlüsseln, aus denen die Frage »Wer gehört zu uns?« immer wieder neue Explosivkraft gewinnt.

Anmerkungen

Einleitung

1 Interview-Ausschnitt aus Nökel 2002, S. 120
2 Siehe ebd., passim
3 *Daten und Fakten zur Ausländersituation 2002*, S. 7
4 Siehe hierzu insbesondere Kapitel 4: »Im Irrgarten der Ausländerstatistik«
5 Siehe z. B. Schröder 2000; sowie Klärner 2000, Kapitel 3: »Der Einwanderungsdiskurs in der BRD«, S. 51 ff.
6 *Familien ausländischer Herkunft ... 2000*, S. 89
7 Ebd., S. 7
8 Kritisch hierzu Beck-Gernsheim 1999, S. 118 ff.
9 *Familien ausländischer Herkunft ... 2000*, S. 5 und S. 75
10 Mark Siemons: *Kultur als Kampfbegriff. Von Politik ist nicht die Rede: Zur Kritik der Türkei-Debatte.* In: *Frankfurter Allgemeine Zeitung*, 7. Dezember 2002
11 Giordano 1988, S. 243
12 Pries 2001, S. 15
13 Bodemann 2002, S. 12 f.
14 So zum Beispiel Ingrid Gogolin: Wo es um das Thema der Bildung und Erziehung Zugewanderter geht, »muß man sich ... auf einen Forschungsstand stützen, der ... lückenhaft bzw. historisch überlebt ist« (Gogolin 2000, S. 65). Ähnlich Leonie Herwartz-Emden: »... die wissenschaftlichen Ergebnisse betreffend Einwandererjugendliche in der Bundesrepublik [sind] lückenhaft. Mängel finden sich bereits in der theoretischen Erfassung der Themengebiete Jugend und Einwanderung; sie finden sich wieder in vielen praxisorientierten Veröffentlichungen für die Bildungs- und Beratungsarbeit ... Ethnisierungen werden relativ leichtfertig getroffen, ... und ethnische Identität wird, überspitzt formuliert, zu sozialarbeiterischen Zwecken konstruiert.« (Herwartz-Emden 1997b, S. 895 und S. 898)
15 Feridun Zaimoglu: *Planet Germany*. In: *SPIEGELreporter* Nr. 2/2000, S. 18-27; dort S. 24 und S. 27
16 Siehe hierzu auch die Unterscheidung zwischen nationalem und kosmopolitischem Blick bei Beck 2004

17 Soysal 2002, S. 124
18 Siehe hierzu zum Beispiel die Analyse des Bildes, das *Der Spiegel* entwirft, bei Schröder 2000
19 James 1993, S. 258
20 Ebd.
21 Zu dieser Diskrepanz siehe Pagenstecher 1996
22 Ebd., S. 167
23 Ähnliche Bedeutung hat das verbale Festhalten an der Rückkehrabsicht offensichtlich auch bei Migranten in anderen Ländern. Eine empirische Studie über karibische Einwanderer in New York, die dort den Rassismus der US-amerikanischen Gesellschaft erfahren, kommt zu folgendem Befund: »Afro-Caribbean immigrants have an exit option for responding to American racism. If the immigrants find their mobility blocked by insuperable racial barriers, they will likely maintain their transnational attachments and keep the ›myth of return‹ alive … When asked how they cope with American racism, many of the interview respondents spoke of this exit option. They repeatedly declared that if racial barriers proved too daunting they would return to their home countries … Even if Afro-Caribbean immigrants never resort to this exit option – and few actually ever do – it nonetheless informs their political thinking and their identity or view of themselves.« (Rogers 1997, S. 184 f.)
24 Pagenstecher 1996, S. 168
25 Wie im Binnenraum der Migrantenfamilien der Topos der Rückkehr als Verbindungsbrücke und Solidaritätsbasis zwischen den Generationen eingesetzt wird, hat Uli Bielefeld schon in den achtziger Jahren festgestellt. »Die Rückkehr ist für den Jugendlichen völlig selbstverständlich, aber ebenso hat sie nichts mit seinem konkreten Leben zu tun … Rückkehr ist ein Familienthema mit Bezug auf die Lebenssituation in der Bundesrepublik, es hat stabilisierende Funktionen für die Binnenstruktur der Familie und gibt über die Zieldefinition quasi die Durchhalteparole aus. Rückkehr ist aber keine reale Alternative, sondern in der Gruppe solidaritätsbildend und Gemeinsamkeit symbolisierend. Für die Eltern häufig noch reale Handlungsalternative, ist es für die Jugendlichen der hohe normative Druck, nicht den gemeinsamen Bezugspunkt aufzugeben, der sie an der Rückkehrvorstellung festhalten läßt.« (Bielefeld 1988, S. 158)
26 Kaya 2001, S. 82
27 Kohli 2000, S. 133
28 Bade/Oltmer 1999, S. 31
29 Jonker 1997, S. 353

30 Kaya 2001, S. 162
31 James 1993, S. 248
32 Siehe zum folgenden Alleyne-Dettmers 1997; Cohen 1993; James 1993
33 Alleyne-Dettmers 1997, S. 179
34 James 1993, S. 233 und S. 243
35 Portes/Rumbaut 2001, S. 148 und S. 284
36 Zum Beispiel Ingenhorst 1997, S. 202
37 Ebd., S. 195
38 Bade/Oltmer 1999, S. 31
39 Siehe zum folgenden Çağlar 1995
40 Ebd., S. 320
41 Gans 1979/1996; Waters 1990
42 Kirshenbaum 2000, S. 54
43 Çağlar 2001, S. 608 f.
44 So Schultz/Sackmann 2001, S. 44
45 Baumann 2002, S. 94
46 Ebd., S. 98
47 Miera 1997, S. 246
48 Hillmann 1996, S. 150
49 Zhou/Bankston 1994, S. 832
50 *Süddeutsche Zeitung*, 27./28. September 1969, zit. nach Dunkel/Stramaglia-Faggion 2000, S. 227
51 Miera 1997, S. 246; Claus Christian Malzahn: *Mieteks Fahrt ins Glück*, in: *Der Spiegel* Nr. 2/2003, S. 98 f.
52 Kim 1987, S. 233; Min 2001, S. 185
53 Gamburd 2000, S. 106
54 Schoeps u. a. 1999, S. 109 f.
55 Baumann 2002, S. 97 ff.
56 Stoller 2001, S. 245 f.
57 Jonker 1997, S. 358
58 Tietze 2001, S. 203
59 Kaya 2001, S. 158 f.
60 Siehe zu dieser Beschreibung Orleck 2001, S. 130
61 »The diaspora group aims to create its own interpretation and contextual understanding of how religious norms and practices can exist in the foreign socio-cultural environment ... Only such adapted forms and contextualized interpretations would ensure the heritage's continuity and its loyal and self-confident practice within the next generation. New interpretations are proposed, innovations are ventured and elements of tradition are selected and reinterpreted. Both politically and religiously, the diaspora group strives to gain an increased independence from the norms and expectations posed by the (former) home country.« (Baumann 2002, S. 105)

62 Ebd.
63 Schiffauer 1984, zit. nach Tietze 2001, S. 33
64 Tietze 2001, S. 8
65 Ebd., S. 119 f.
66 Ebd., S. 154
67 Karakaşoğlu 2002; Tietze 2002
68 Tietze 1997, S. 383
69 Kibria 1993, S. 7
70 Herwartz-Emden 1997a, S. 4
71 Westphal 1999, S. 127
72 Lanfranchi 1999, S. 147
73 Schiffauer 1991, S. 233
74 Zusammenfassend *Familien ausländischer Herkunft ...* 2000, S. 8 f.
75 Zur unterschiedlichen Gestaltung des Verhältnisses zwischen Eltern und Kindern heißt es zusammenfassend im Sechsten Familienbericht: »Nachhaltige und gravierende Unterschiede zwischen der deutschen Aufnahmegesellschaft und vielen Herkunftskulturen der Migrantenfamilien lassen sich insbesondere hinsichtlich des Verständnisses vom Zusammenleben der Generationen feststellen. Während das normative Leitbild der deutschen Mehrheitsgesellschaft zunehmend von einer lebenslangen Verpflichtung der Eltern und einer Stärkung der Kindesrechte bestimmt ist, ... werden Generationenbeziehungen in anderen Kulturen häufig durch eine relativ früh einsetzende lebenslange Verpflichtung der Kinder ... und vergleichsweise starke Elternrechte konstituiert.« (Ebd., S. 9)
76 Über typische Veränderungen der Beziehung zwischen den Ehepartnern in der Migrationssituation heißt es im Sechsten Familienbericht: »Mit der Migration sind häufig Umverteilungen in den ökonomischen, kognitiven, sozialen und zeitlichen Ressourcen der Ehepartner verbunden, die einen nachhaltigen Einfluß auf die Entscheidungsmacht und Aufgabenverteilung zwischen den Ehepartnern haben. Mit dem migrationsbedingten Kontextwechsel ist zumeist eine veränderte Berufstätigkeit, häufig eine erstmalige außerhäusliche Erwerbstätigkeit der Frau ... und eine Neuzusammensetzung sozialer Netzwerke mit veränderten Koalitionsmöglichkeiten verbunden.« (Ebd., S. 91)
77 Herwartz-Emden/Westphal 2000a, S. 248 f.; Straßburger 1999
78 Nökel 2002, S. 225 ff.
79 Straßburger 1999, S. 161; Aktaş 2000, S. 168 f.
80 Aktaş 2000, S. 169
81 Ebd.
82 Straßburger 1999, S. 160 f.
83 Mandel/Wilpert 1996
84 Pries 1996, S. 468

85 Vgl. zum Beispiel Pries 1997
86 Ong 1999, S. 110 ff.; Settles 2001
87 Hochschild 2000, S. 136
88 Hondagneu-Sotelo/Avila 1997, S. 567; siehe auch Raijman u. a. 2003
89 Gamburd 2000, S. 198 ff.
90 Hondagneu-Sotelo/Avila 1997, S. 567
91 Zur Kritik am Methodologischen Nationalismus siehe Beck 2002, Kapitel 2, S. 70 ff.

Kapitel 2
Das traurige Lied von der armen Ausländerfrau

92 Broyles-Gonzáles 1990, S. 111 ff.
93 Kureishi 1990, S. 141
94 United Nations Secretariat 1995, S. 1
95 Die Herausgeberin der Reihe war Susanne von Paczensky, das Buch erreichte neun Auflagen mit einer Gesamtauflage von 45 000 Exemplaren (Auskunft des Rowohlt Verlages).
96 Paczensky 1978, S. 7
97 So der Titel vom Baumgartner-Karabak/Landesberger 1978
98 Paczensky 1978, S. 9
99 Zum Beispiel Broyles-Gonzáles 1990; Schepker-Eberding 1996; Sökefeld 2002
100 Bründel/Hurrelmann 1995, S. 308. Die Autoren führen hier Fallschilderungen vor, wobei sie gleichzeitig behaupten, daß diese Fallbeispiele »die Ergebnisse der Literatur widerspiegeln«. (Ebd.)
101 Siehe Baumgartner-Karabak/Landesberger 1978, S. 4
102 Paczensky 1978, S. 7
103 Baumgartner-Karabak/Landesberger 1978, S. 110 f.
104 Siehe kritisch hierzu Schöttes/Treibel 1997, S. 109; Hillmann 1996, S. 46 f.
105 Siehe hierzu zum Beispiel die Kritik von Broyles-Gonzáles 1990, S. 111 ff.
106 Siehe hierzu die Kritik von Otyakmaz (1995, S. 14): Viele der Texte »stützen sich auf Berichte von MitarbeiterInnen des psychosozialen Bereichs. Zur Verifizierung der vertretenen Interpretationen werden häufig Fälle aus der Praxis herangezogen. Erstaunlicherweise wird dabei nicht problematisiert, daß die zum Beispiel in Beratungsstellen oder Frauenhäusern Arbeitenden fast ausschließlich mit Problemfällen aus der Gruppe der türkischen Frauen konfrontiert werden. Fälle aus der Beratungs- und Betreuungspraxis werden nicht als solche bewertet – was ihren Beispielcharakter eingrenzen

würde –, sondern gelten als exemplarische, repräsentative Fälle für die gesamte Gruppe türkischer Frauen in der Bundesrepublik ... Diese Art der Darstellung ... ist eindimensional. Deutsche Frauen in Frauenhäusern berichten wahrscheinlich von ähnlichen Gewalterfahrungen.«

107 Zu dieser Kritik siehe zum Beispiel Schöttes/Treibel 1997, S. 110
108 Siehe ebd. und Broyles-Gonzáles 1990
109 Schöttes/Treibel 1997, S. 111
110 Karakaşoğlu 2002
111 Schöttes/Treibel 1997, S. 111
112 Karakaşoğlu 2002
113 Zum Beispiel Herwartz-Emden 1997b, S. 897
114 Karakaşoğlu 2002
115 So zum Beispiel Broyles-Gonzáles (1990, S. 126 und S. 130): »Mit selbstzufriedener Genugtuung schildern Schriftsteller (fast alle von ihnen sind Frauen) herablassend jene, die sie für weniger glücklich als sich selbst halten, da sie ein Leben der Zwänge und Unzulänglichkeiten führen.« Will man aber dem Leben der türkischen Frauen gerecht werden, ist eine »Neufassung« dessen erforderlich, »was das Glück bzw. das Unglück einer Frau ausmacht. Dabei müßte von Analysekategorien ... ausgegangen werden, die sich von westlichen Voraussetzungen wesentlich unterscheiden ... Es ist ein Irrtum anzunehmen, die zentraleuropäischen Ansichten über Frauen und ihre Emanzipation besäßen universelle Geltung. Sie basieren auf der Erfahrung weißer Frauen aus dem privilegierten Mittelstand.«
116 Parekh 2000, S. 253 f.
117 Honegger/Heintz 1981
118 Parekh 2000, S. 254
119 Karakaşoğlu-Aydin 1998, S. 463; siehe auch Göle 1996, S. 88 ff.
120 Nökel 2002
121 Ebd., S. 13
122 Ebd., S. 20
123 Ebd.
124 Siehe ebd.; Göle 1996, S. 4 f.; Straßburger o. J.
125 Sunanda K. Datta-Ray: »*Hairdos signal chance in Singapore*«. In: *International Herald Tribune*, 17. Oktober 2002
126 Zur anhaltenden Kontroverse siehe zum Beispiel die unterschiedlich akzentuierten Positionen von Afary 1997, Ateş 2003 und Franks 2000
127 Franks 2000, S. 927
128 Vgl. Welz 2000, S. 11
129 Zu einschlägigen Statistiken siehe Kapitel 3: Die zweite Generation
130 Beck-Gernsheim 1995

131 Siehe Heine-Wiedemann u. a. 1992, S. 124 ff.
132 Heine-Wiedemann u. a. 1992; Lenz u. a. 1993; Niesner u. a. 1997; Niesner 2000
133 Siehe den Titel von Niesner u. a. 1997 und Niesner 2000
134 Graeme 1995
135 Ebd., S. 202
136 Ebd., S. 204
137 Beetz/Darieva 1997
138 Ebd., S. 387 und S. 386
139 Ebd., S. 403
140 Niesner u. a. 1997
141 Niesner 2000, S. 179
142 Niesner u. a. 1997, S. 44
143 Niesner u. a. 1997, S. 28 ff.; Niesner 2000, S. 167 f.; Heine-Wiedemann u. a. 1992, S. 135
144 Interview-Aussage in Niesner u. a. 1997, S. 28

Kapitel 3
Türkische Bräute und andere Opfergeschichten

145 Schiffer 2005
146 Siehe z. B. Korteweg/Yurdakul 2006
147 *Der Spiegel*, Nr. 47/2004
148 Otto Schily in: *Der Spiegel*, Nr. 4/2005, S. 59
149 »*Integration muss eine Einladung sein*«. Interview von Heribert Prantl mit Wolfgang Schäuble, in: *Süddeutsche Zeitung*, 22./23. 7. 2006
150 Hans Podiuk, Fraktionsvorsitzender der CSU München: »Wer Vorbehalte gegen die Gleichstellung der Frau hat, ist hier nicht erwünscht« (siehe *Süddeutsche Zeitung*, 24./25. 6. 2000). Ähnlich Joachim Herrmann, CSU-Fraktionsvorsitzender im Bayerischen Landtag: Er hält »das Frauenbild mancher Moslems in Deutschland für nicht vereinbar mit dem Grundgesetz« und fordert, »Ausländer, die die Gleichberechtigung der Frau ablehnten, dürften nicht mehr eingebürgert werden« (siehe *Süddeutsche Zeitung*, 24. 2. 2006).
151 Sonja Zekri: *Messer und Brot. Leidensgeschichten muslimischer Frauen haben Konjunktur*. In: *Süddeutsche Zeitung*, 14. 7.2006
152 Ebd.
153 Kelek 2005
154 Siehe oben, Kapitel 2
155 Kelek 2005, S. 255
156 Kelek 2005, S. 20
157 Kelek 2005, S. 258

158 Ebd.

159 Kelek 2005, S. 263

160 Kelek 2005, S. 236

161 Kelek 2005, S. 265

162 Ebd.

163 Kelek 2005, S. 260

164 Alexandra Senfft: *Abrechnung mit dem Islam. Necla Keleks Aufschrei: Muslimische Frauen in Deutschland.* In: *Frankfurter Allgemeine Zeitung*, 31. 5. 2005

165 Mariam Lau: *Gefährliche Gutmenschen.* In: *Die Welt*, 8. 2. 2006

166 So der Titel der Rezension von Hans-Peter Raddatz (in: *Die Welt*, 12. 2. 2005). Und die Überschrift ist von ihm durchaus nicht zufällig gewählt, sondern kann sich direkt auf eine Passage des Buches beziehen. Da schildert Kelek zunächst die türkische Parallelwelt, die sich nach ihrer Darstellung in deutschen Städten ausbreitet; und dann zitiert sie ihren kleinen Sohn, der nach einem Besuch in dieser Parallelwelt die Frage gestellt habe: »Mama, wann haben die Türken diese Stadt erobert?« (Kelek 2005, S. 213)

167 Cathrin Kahlweit: *Hinter geistigen Gittern. Vom Scheitern der Integration: Necla Kelek erhält heute den Geschwister-Scholl-Preis.* In: *Süddeutsche Zeitung*, 14. 11. 2005

168 So der Ausschreibungstext des Geschwister-Scholl-Preises, zit. nach Kahlweit 2005

169 Siehe den Titel von Razack 2004

170 Razack 2004

171 Zu anderen Interpretationen siehe z. B. Korteweg/Yurdakul 2006; Werner Schiffauer: *Schlachtfeld Frau. Die »Ehrenmorde« haben wenig mit dem Islam zu tun – und viel mit Selbstausgrenzung.* In: *Süddeutsche Zeitung*, 25. 2. 2005

172 Z. B. Akyün 2005; Acevit/Bingül 2005

173 Z. B. Akyün 2005, S. 181 ff.

174 Werner Schiffauer: *Die Ohnmacht der Eltern. Streitfall Kelek: Türkische Zwangsheiraten sind die Ausnahme.* In: *Süddeutsche Zeitung*, 9. 2. 2006; Gaby Straßburger: Statement für das Sachverständigengespräch des Landtags Nordrhein-Westfalen zum Thema »Zwangsheirat« am 15. 2. 2005

175 Mark Terkessidis/Yasemin Karakasoglu: *Gerechtigkeit für die Muslime!* In: *Die Zeit*, 1. 2. 2006

176 Korteweg/Yurdakul 2006

177 So Rupert Neudeck nach der Lektüre von Kelek: »Der Leser kann … nicht verstehen, weshalb die Bundesrepublik Menschen aufneh-

men muss und will, die hier in Deutschland gar nicht mit Deutschen leben wollen.« Buchvorstellung in: Deutschlandradio Berlin, 6. 3. 2005

178 *Familien ausländischer Herkunft* ... 2000, S. 89

Kapitel 4
Die zweite Generation – Zwischen den Kulturen verloren?

179 Park 1928, S. 881
180 Interview mit Feridun Zaimoglu in *SPIEGELreporter*, Heft 2/ 2000, S. 34 ff und in *Der Spiegel* Nr. 47/2000, S. 68
181 Siehe Statistisches Bundesamt 1995, S. 26
182 Eigene Berechnung nach Statistisches Bundesamt, Fachserie 1, Reihe 1, 2000, Tabelle 5.1: Eheschließungen nach der Staatsangehörigkeit der Ehepartner
183 Siehe Statistisches Bundesamt 1995, S. 29
184 Eigene Berechnung nach Statistisches Bundesamt, Fachserie 1, Reihe 1, 2000, Tabelle 5.6.1: Ehelich Lebendgeborene nach der Staatsangehörigkeit der Eltern, nichtehelich Lebendgeborene nach der Staatsangehörigkeit der Mutter
185 Zu den Mängeln und Unschärfen der offiziellen Statistik siehe unten, Kapitel 4: Im Irrgarten der Ausländerstatistik
186 Zur Geschichte solcher Zuordnungsversuche siehe zum Beispiel Beck-Gernsheim 1999, Kapitel 2: Der gesellschaftliche Zugriff auf gemischte Familien – zwei historische Beispiele
187 Singer 1999, S. 414 f.
188 Sollors 1997, Kapitel 8: »Excursus on the ›Tragic Mulatto‹: or, the Fate of a Stereotype«
189 Sterling A. Brown, zit. nach Sollors 1997, S. 224
190 Siehe Beck-Gernsheim 1999, Kapitel 2
191 Siehe oben S. 74
192 Park 1928, S. 893; siehe auch Park 1937/1961
193 Stonequist 1937/1961
194 Stonequist 1961, S. 148 und S. 159
195 Berkenkopf 1984
196 Bielefeld u. a. 1982
197 Harant 1987
198 Weische-Alexa 1982
199 Stratmann 1981
200 Bründel/Hurrelmann 1995, S. 299
201 Zydra 1990, S. 13
202 Mandel/Wilpert 1996, S. 479

203 Frank u. a. in Heitmeyer u. a. 1997a, S. 15 f.

204 Heitmeyer u. a. 1997a, S. 153

205 Ebd., S. 155; Hervorhebung im Original

206 Heitmeyer u. a. 1997b, S. 17

207 Da diese Fotomontage äußerst tendenziös ist – und viel darüber aussagt, wie *Der Spiegel* mit dem Migrationsthema umgeht –, ist es nicht unwichtig, die Details zu erfahren. Florian Sendtner hat die Hintergründe recherchiert und darüber in der *Süddeutschen Zeitung* berichtet: »Wer ist die Frau, die der *Spiegel* zur Allegorie des türkischen Nationalismus auserkor? Nachfrage beim Spiegel-Hausjustitiar Dietrich Krause: Ja, das sei sozusagen ein bedauerlicher Irrtum gewesen. Die junge Frau habe im Gegenteil ›für Integration‹ demonstriert und sei durch den Titel ›Gefährlich fremd‹ in einen ›falschen Kontext‹ geraten. Die Titelredaktion habe das Foto von einer Agentur übernommen und den ›konkreten Kontext‹ nicht gewusst.« Florian Sendtner fügt hinzu: »Wer je das Fotoarchiv einer Zeitung gesehen hat, weiß, dass es kaum ein Foto gibt, schon gar nicht von einer Agentur, auf dem nicht auf der Rückseite Angaben zu Ort, Zeit, Situation vermerkt sind.« Sendtner konnte dann auch den Kontext ausfindig machen: Im Mai 1993 wurde in Solingen auf das Haus einer türkischen Familie ein Brandanschlag verübt, bei dem fünf Menschen starben. In den folgenden Tagen entlud sich die Empörung der Solinger Türken in Demonstrationen, und von einer dieser Kundgebungen stammt das Foto der jungen Frau. Vier Jahre danach erhob sie *Der Spiegel* zur Symbolfigur für die fremden und gefährlichen Ausländer in Deutschland. Yasemin K., die Abgebildete, ging vor das Landgericht Hamburg und erwirkte eine nachträgliche Verfügung gegen den *Spiegel*, außerdem bekam sie ein kleines Schmerzensgeld vom *Spiegel* – dafür, daß er aus ihr eine türkische Nationalistin gemacht hatte, die halbwüchsigen Schlägern und Messerstechern den Weg bereitet. (Florian Sendtner: *Die geschwärzte Fremde. Wie die junge Türkin Yasemin K. über den »Spiegel« siegte, und was der Fall aussagt.* In: *Süddeutsche Zeitung*, 16. 5. 2000)

208 *Der Spiegel* Nr. 16/1997, S. 84

209 Ebd., S. 91

210 Ebd., S. 78, S. 93, S. 87, S. 91, S. 93

211 Iyer 1996, S. 11

212 Ebd., S. 9

213 Ebd., S. 12

214 Walcott, zit. nach Iyer S. 9

215 Ondatjee, zit. nach Iyer S. 10

216 Rushdie, zit. nach Iyer S. 10

217 Rushdie 1991, S. 394

218 Zachary 2000, S. 426 f.

219 Der Untertitel der deutschen Ausgabe von Zachary 2000 lautet: *Wettbewerbsvorteile kosmopolitischer Gesellschaften*; siehe auch den Untertitel der amerikanischen Originalausgabe, er lautet: *New Cosmopolitans and the Competitive Edge: Picking Globalism's Winners and Losers.*

220 Zachary 2000, S. 17

221 Ebd., S. 9 f. und S. 18

222 Bhagwati 2000

223 Zaimoglu 2000, S. 46

224 Spiegel-Gespräch mit Feridun Zaimoglu u. a., in: *Der Spiegel* Nr. 47/2000, S. 70

225 Interview mit Cem Özdemir u. a., in: *SPIEGEL*reporter Nr. 2/ 2000, S. 37

226 Interview-Aussage in Greve/Cinar 1997, S. 37

227 Otyakmaz 1995

228 Der Untertitel von Otyakmaz 1995 lautet: *Das Selbstverständnis junger türkischer Migrantinnen in Deutschland*

229 Otyakmaz 1995, S. 131 f.

230 Siehe unten, Kapitel 4: Im Irrgarten der Ausländerstatistik

231 Zum Beispiel Çağlar 1995; Leggewie 2000; Şen 1996

232 Römhild 2003, S. 42

233 Zum Beispiel *Deutsche Shell* 2000, Band 1, S. 157 ff. und Band 2, S. 9 ff.; Nauck 2000

234 Nökel 2002, S. 95

235 Karakaşoğlu 2000

236 Çağlar 2001, S. 608; Römhild 2003, S. 48 f.; Sauter 2000; Schultz/ Sackmann 2001, S. 43

237 Straßburger 2001, S. 163

238 Römhild 2003, S. 48

239 Ebd.

240 Çağlar 2001; Kaya 2001; Soysal 2002

241 Römhild 2003, S. 49

242 Çağlar 2001, S. 606 f.

243 Treibel 1999, S. 191

244 Karakaşoğlu-Aydin 2000, S. 21

245 Rakhkochkine 1997, S. 15

246 Zum Gebrauch von Ironie in transnationalen Gruppen, zum Beispiel bei Briten türkischer Herkunft, siehe Aksoy/Robins 2003

247 Interview-Ausschnitt mit Karakaşoğlu-Aydin 2000, S. 122

248 Interview-Ausschnitt aus Otyakmaz 1995, S. 100

249 Çağlar 2001; Soysal 2002

250 Römhild 2003, S. 42 ff.

251 Erikson 1980, S. 18

252 Keupp 1997, S. 34

253 Ebd., S. 11
254 Zusammenfassend zum Beispiel Pöhlmann 1999
255 Zum Beispiel Baumann 1996; Nagel 1994; Waters 1990
256 Zum Beispiel Nagel 1994, S. 152
257 Bhavnani/Phoenix 1994, S. 9
258 Levin Morales, zit. nach Benmayor/Skotnes 1994, S. 14
259 Zum Zusammenhang zwischen Anerkennung und Identität siehe
     Taylor 1992

Kapitel 5
Im Irrgarten der Ausländerstatistik

260 Dieses Kapitel basiert auf einem Vortrag bei der Tagung »Methodo-
     logical Nationalism«, London School of Economics, Juli 2002. Eine
     erste Fassung erschien in *Mittelweg 36*, Oktober/November 2002,
     S. 24-40; sie wurde für dieses Buch überarbeitet und wesentlich er-
     weitert.
261 Salt 2001, S. 324
262 Geißler 2001, S. 40
263 *Deutsche Shell* 2000
264 Siehe ebd., Band 1, S. 364-367
265 Ebd., S. 367
266 Ebd., S. 365
267 *Familien ausländischer Herkunft* ... 2000
268 Ebd., S. 4
269 Straßburger 2001
270 Ebd., S. 19
271 Ebd., S. 23
272 Für erste Ergebnisse siehe Römhild 2003
273 Ebd., S. 44 f.
274 Sauter 2000
275 Volker Zastrow: *Aus gegebenem Anlaß*. In: *Frankfurter Allgemeine
     Zeitung*, 1. November 2001
276 Siehe hierzu Klärner 2000
277 *Familien ausländischer Herkunft* ... 2000, S. 17
278 Ebd.
279 *Daten und Fakten zur Ausländersituation* 2002, S. 12 ff.
280 Ebd., S. 14 ff.
281 Straßburger 2001, S. 77
282 Karakaşoğlu-Aydin 2000, S. 103
283 *Familien ausländischer Herkunft* ... 2000, S. 175
284 Ebd.
285 Straßburger 2001, S. 76 f.

286 Ebd., S. 131
287 Leggewie 2000, S. 94 f.
288 *Bericht der Beauftragten der Bundesregierung für Ausländerfragen ... 2002*, S. 190; Karakaşoğlu 2000, S. 108; Leenen u. a. 1990
289 Leenen u. a. 1990, S. 762 und S. 764
290 Zum Beispiel Leggewie 2000, S. 97 ff.; Klein 2000, S. 306
291 Siehe hierzu zum Beispiel *Familien ausländischer Herkunft ... 2000*, S. 87
292 *Der Spiegel* Nr. 11/1998: *Gretna Green am Nordseedeich*, S. 167
293 Klein 2000; Straßburger 2000
294 Siehe die in Kapitel 2, Abschnitt 2 genannte Literatur zum Thema Heiratsmigrantinnen
295 Bielefeld 1988
296 Bade 1992, S. 393 und S. 401
297 Nuscheler 1995, S. 113 ff. und S. 122 ff.
298 *Bericht der Beauftragten der Bundesregierung für Ausländerfragen ... 2002*, S. 189
299 Hradil 1995, S. 292
300 Eine grundsätzliche Kritik des Entweder-Oder-Prinzips im methodologischen Nationalismus findet sich bei Beck 2002, z. B. S. 92, der statt dessen das Prinzip des methodologischen Kosmopolitismus einführt.
301 Eine noch genauere Feindifferenzierung würde man erhalten, wenn man nicht nur den Geburtsort der jeweiligen Person, sondern auch den ihrer Eltern erfragt. Gogolin führt dazu ein Beispiel aus den Niederlanden an – einer Einwanderungsnation, die zwar aufgrund ihrer kolonialen Vergangenheit eine etwas andere Migrationskonstellation als Deutschland aufweist, aber dennoch in vielerlei Hinsicht vergleichbar ist: »Würden Zuwanderer in den Niederlanden allein nach dem Kriterium ›Staatsbürgerschaft‹ statistisch erfaßt, so hätte die Gesamtzahl im Jahr 1990 ca. 642 000 betragen. Bei Verwendung des Kriteriums ›Geburtsland der zugewanderten Person‹ wären in demselben Jahr ca. 1 166 000 Zugewanderte verzeichnet worden. Wird das Kriterium ›Geburtsland des Vaters der zugewanderten Person‹ angelegt, so stiege die Zahl auf ca. 1 530 000. Böte das ›Geburtsland der Mutter der zugewanderten Person‹ das Kriterium, so wären ca. 1 664 000 Migranten zu verzeichnen. Verwendet man die Kategorie ›Geburtsland der zugewanderten Person und Vater und/oder Mutter‹, so hätte es 1990 in den Niederlanden ca. 2 224 000 Migranten gegeben.« (Gogolin 2000, S. 67)
302 Constanze von Bullion: »*Mehmet*« *darf zurück nach Deutschland*. In: *Süddeutsche Zeitung*, 17. 7. 2002
303 Arno Makowsky, in: *Süddeutsche Zeitung*, 17. 7. 2002
304 »*Das Urteil – eine falsche Weichenstellung*«. *Interview von Ekke-*

hard Müller-Jensch mit Günther Beckstein. In: *Süddeutsche Zeitung*, 18. 7. 2002

Kapitel 6
Was sind »italienische Zahlen«? Über interkulturelle Mißverständnisse und Fallen

305 Eine frühere Fassung dieses Kapitels erschien in *Leviathan*, Heft 1/2003, S. 72-91; sie wurde für dieses Buch überarbeitet und erweitert.

306 Siehe hierzu zum Beispiel Ostner 1995, S. 79

307 Said 1995, S. 5 und S. 7; Hervorhebung im Original

308 Ebd., S. 6; Hervorhebung im Original

309 Wenn ich im folgenden von interkultureller Kommunikation spreche, beziehe ich mich damit nicht – wie dies manche Vertreter der interkulturellen Kommunikationsforschung tun – auf einen polaren Kontrast klar voneinander abgehobener Kulturen. Vielmehr verstehe ich kulturelle Differenzen als *nicht-essentialistisch*, als *offen, dynamisch* und *historisch wandelbar*. Zu einem solchen »offenen« Kulturbegriff siehe zum Beispiel Galtungs Darstellung interkulturell variierender intellektueller Stile (Galtung 1983).

310 Maletzke 1996, S. 141

311 Jan Weiler: *La Mia Nuova Famiglia*. In: *Süddeutsche Zeitung*, Beilage »Magazin«, Nr. 10/19. April 2002

312 Hoffmann 1995, S. 118f.

313 Matthes 1993, S. 16f.

314 Thomas 1999, S. 100-102

315 Ebd., S. 92ff.

316 Klein 2001

317 Herwartz-Emden 2000a, S. 53

318 Schoeps u.a. 1999, S. 38

319 Strobl/Kühnel 2000, S. 68

320 Leenen u.a. 1990, S. 754

321 Karakaşoğlu-Aydin 1999, S. 168f.

322 *Deutsche Shell* 2000

323 Ebd., S. 364

324 Ebd., S. 364f.

325 Heitmeyer u.a. 1997a, S. 118; Hervorhebung im Original

326 Vgl. Kohli 1978, S. 23

327 Herwartz-Emden 2000a, S. 76

328 Gille u.a. 2000

329 Ebd., S. 157

330 Siehe oben, Kapitel 1: Wie traditionsorientiert sind Migranten?

331 Ebd.
332 Heitmeyer u.a. 1997a, S. 255
333 Ebd., S. 68, S. 77, S. 150f.
334 Ebd., S. 266
335 Ebd., S. 47
336 Bernhard Santel: *Töten für den Islam? Eine holzschnittartige Studie über junge Türken in Deutschland*. In: *Frankfurter Allgemeine Zeitung*, 13. Juli 1998.
337 Canan Topçu: *Zwischen zwei Welten*. In: *Die Zeit*, Nr. 15/6. April 2000, S. 9
338 Yasmine Berriane/Stephan Eichenseher: *Grenzgängerin*. In: *Süddeutsche Zeitung*, Beilage »jetzt«, Nr. 47/17. November 1997
339 Herwartz-Emden 2000b, S. 67
340 Kritisch hierzu Herwartz-Emden/Westphal 2000, S. 100.
341 Herwartz-Emden 2000b, S. 67
342 Ebd., S. 68
343 Alle Zitate ebd., S. 68-71
344 Kessler 1999, S. 140
345 Ebd., S. 141
346 Ebd., S. 147
347 Ebd., S. 148
348 Ebd., S. 149
349 McVey 1981, zit. nach Siddique 1992, S. 43
350 Matthes 1992, S. 93
351 Ebd., S. 97; Hervorhebung im Original
352 Ebd.

Kapitel 7
Machtverhältnisse und Masken

353 Dunbar in: Gates/McKay 1997, S. 896
354 Scott 1990, S. 13
355 Ebd., Kapitel 1: *Behind the Official Story*, S. 1ff.
356 Ebd., S. 3
357 Emile Guillaumin, zit. nach Scott 1990, S. 2
358 Zit. nach ebd., S. 3
359 Lunsford Lane, zit. nach Scott 1990, S. 2
360 Baldwin 1963, S. 61
361 Honegger/Heintz 1981
362 Scott 1990, S. 137
363 Ebd., S. 3
364 Lazarre 1996, S. XXI
365 Ebd., S. 32f.

366 Gordimer 2002, S. 93-95; Hervorhebung im Original

367 Younge 1999, S. 39

368 Friedländer 1998, S. 182

369 Ebd., S. 348

370 »Das Gesetz beschränkte die Aufnahme neuer jüdischer Schüler und Studenten in jeder einzelnen deutschen Schule oder Universität auf 1,5 Prozent der Gesamtzahl neuer Bewerber, wobei die Gesamtzahl jüdischer Schüler oder Studenten in jeder Institution 5 Prozent nicht übersteigen durfte. Kinder von Frontsoldaten aus dem Ersten Weltkrieg und solche, die aus Mischehen stammten, fielen nicht unter die Quote« (Friedländer 1998, S. 43).

371 Christine Burscheidt: »Bei uns gab es nur gute Kameradschaft«. Zwei Schülerinnen und eine Ehemalige unterhalten sich über ihre Erfahrungen am Luisengymnasium. In: Süddeutsche Zeitung, 22. Dezember 1997.

372 Festschrift »175 Jahre Städtisches Luisengymnasium«. Herausgegeben vom Luisengymnasium München 1997, Kapitel II, S. 2 f.

373 Victoria Neumüller: Das Luisengymnasium im Wandel der Zeiten. In: Süddeutsche Zeitung, Stadtanzeiger Ost, Nr. 93/22. April 1988

374 Battaglia 2000, S. 188 f.

375 Ebd., S. 196

376 Ebd., S. 188

377 Ebd., S. 202

378 Siehe zum folgenden Waters 1994, S. 219 f.; für ein ähnliches Beispiel, Amerikaner asiatischer Herkunft betreffend, siehe Ted W. Lieu: The Lady Saw a Stranger Instead of Her Defender. In: International Herald Tribune, 29. Juni 1999

379 Siehe oben, Kapitel 5: Interkulturelle Mißverständnisse

380 Jan Weiler, in: Süddeutsche Zeitung, Beilage »Magazin«, Nr. 10/19. April 2002

381 Scott hat Überlegungen dazu angestellt, in welchen Situationen die in der Machthierarchie unterlegenen Gruppen am ehesten von den in der öffentlichen Darstellung geforderten Masken abrücken; dies ist insbesondere im engsten Familienkreis der Fall, weil die Betroffenen da am wenigsten Sanktionen »von oben« zu erwarten haben, am meisten auf Solidarität hoffen können (Scott 1990, S. 25 f.).

382 R.S. Khare 1984, zit. nach Scott 1990, S. 30

383 Herwartz-Emden 2000a, S. 78; Hervorhebung im Original

384 Ebd., S. 19

385 Hart 2000, S. 6

386 Jens Hartmann: Alle Angaben ohne Gewähr. In: Hamburger Abendblatt, 21. Oktober 2002

387 Teitelbaum/Winter 1998, S. 171

388 Alibhai-Brown 2001, S. 79

389 Alibhai-Brown/Montague 1992; Alibhai-Brown 2001
390 Alibhai-Brown 2001, S. 77
391 Ebd., S. 79
392 Ebd., S. 80
393 Rosenblatt u. a. 1995, S. 12
394 Ebd.
395 Scott 1990, S. XIII
396 Hillmann 1996, S. 123
397 Ingenhorst 1997, S. 117
398 Konrad-Adenauer-Stiftung 2001, S. 1 f.
399 Anderson 2003
400 Irek 1998, S. 16 f.
401 Siehe zum folgenden Eckert u. a. 1999, S. 198
402 Becker 2001, S. 90 f.
403 Siehe zum folgenden Schiffauer 2000, S. 302
404 Interview-Ausschnitt aus Alibhai-Brown 2001, S. 80
405 Henriques 1953, zit. nach Patterson 1963, S. 32
406 Spittler 1990, zit. nach Kohli 1992, S. 298
407 Bade 2002, S. 56 f.
408 Ebd., S. 57
409 Ebd., S. 73 f.
410 Siehe Elwert 2002, S. 9
411 Ebd., S. 14
412 Roth 1985, S. 41

Kapitel 8
Ausblick: Anatomie und Kritik des nationalen Blicks

413 Şenocak 1993, S. 22
414 Siehe zum Beispiel McNeill 1986; Scott 1998
415 Als Fallstudie zur Situation der jüdischen Minderheit im neu entstehenden deutschen Nationalstaat siehe zum Beispiel Beck-Gernsheim 2003
416 Feuchtwanger 1993, S. 203
417 Beck 2004
418 Ang 2001, S. 180
419 Said 1984
420 Beck 2002, Beck 2004
421 Knecht/Welz 1992, zit. nach Becker 2001, S. 93
422 Frankenberg 1993

Literatur

Acevit, Ayşegül/Bingül, Birand (Hg.): Was lebst du? Jung, deutsch, türkisch – Geschichten aus Almanya. München: Knaur 2005

Afary, Janet: The War Against Feminism in the Name of the Almighty: Making Sense of Gender and Muslim Fundamentalism. In: New Left Review 1997, vol. 224, S. 89-110

Aksoy, Asu/Robins, Kevin: The Enlargement of Meaning. Social Demand in a Transnational Context. Manuskript, London 2003

Aktaş, Nurşen: Let's talk about sex. Erfahrungen und Eindrücke aus einer sozialpädagogischen Beratungsstelle. In: Iman Attia/Helga Marburger (Hg.): Alltag und Lebenswelten von Migrantenjugendlichen. Frankfurt: IKO-Verlag 2000, S. 157-171

Akyün, Hatice: Einmal Hans mit scharfer Soße. Leben in zwei Welten. München: Goldmann 2005

Alibhai-Brown, Yasmin: Mixed Feelings. The Complex Lives of Mixed-Race Britons. London: The Women's Press 2001

Alleyne-Dettmers, Patricia: »Tribal Arts«: A Case Study of Global Compression in the Notting Hill Carnival. In: John Eade (Hg.): Living the Global City. Globalization as Local Process. London und New York: Routledge 1997, S. 163-180

Anderson, Philip: »Daß Sie uns nicht vergessen«. Menschen in der Illegalität in München. Eine Studie im Auftrag des Münchner Stadtrats. München 2003 (Hektographiertes Manuskript)

Ang, Ien: On Not Speaking Chinese. Living Between Asia and the West. London und New York: Routledge 2001

Ateş, Seyran: Große Reise ins Feuer. Die Geschichte einer deutschen Türkin. Berlin: Rowohlt 2003

Bade, Klaus J.: Paradox Bundesrepublik: Einwanderungssituation ohne Einwanderungsland. In: Ders. (Hg.): Deutsche im Ausland, Fremde in Deutschland. Migration in Geschichte und Gegenwart. München: Beck 1992

Bade, Klaus J.: Historische Migrationsforschung. In: Oltmer, Jochen (Hg.): Migrationsforschung und interkulturelle Studien: Zehn Jahre IMIS. IMIS-Schriften Band 10. Osnabrück: Universitätsverlag Rasch, 2002, S. 55-74

Bade, Klaus J./Oltmer, Jochen: Einführung: Aussiedlerzuwanderung und Aussiedlerintegration. Historische Entwicklung und aktuelle Probleme. In: Dies. (Hg.): Aussiedler: deutsche Einwanderer aus Osteuropa. Osnabrück: Universitätsverlag Rasch, 1999, S. 9-51

Baldwin, James: Notes of an Native Son. New York: The Dial Press 1963

Battaglia, Santina: Verhandeln über Identität. Kommunikativer Alltag von Menschen binationaler Abstammung. In: Frieben-Blum, Ellen

u. a.: Wer ist fremd? Ethnische Herkunft, Familie und Gesellschaft. Opladen: Leske und Budrich 2000, S. 183-202

Baumann, Gerd: Contesting Culture. Discourses of identity in multi-ethnic London. Cambridge: Cambridge University Press 1999

Baumann, Martin: Migrant Settlement, Religion, and Phases of Diaspora. Exemplified by Hindu Traditions Stepping on European Shores. In: Migration, Heft 33/34/35, 2002, S. 93-117

Baumgartner-Karabak, Andrea/Landesberger, Gisela: Die verkauften Bräute. Türkische Frauen zwischen Kreuzberg und Anatolien. Reinbek: Rowohlt 1978

Beck, Ulrich: Macht und Gegenmacht im globalen Zeitalter. Neue weltpolitische Ökonomie. Suhrkamp: Frankfurt 2002

Beck, Ulrich: Der kosmopolitische Blick. Frankfurt: Suhrkamp 2004

Becker, Franziska: Ankommen in Deutschland. Einwanderungspolitik als biographische Erfahrung im Migrationsprozeß russischer Juden. Reimer Verlag 2001

Beck-Gernsheim, Elisabeth: Mobilitätsleistungen und Mobilitätsbarrieren von Frauen. Perspektiven der Arbeitsmarktentwicklung im neuen Europa. In: Berliner Journal für Soziologie, Heft 2/1995, S. 163-172

Beck-Gernsheim, Elisabeth: Juden, Deutsche und andere Erinnerungslandschaften. Frankfurt: Suhrkamp 1999

Beck-Gernsheim, Elisabeth: Namenspolitik. Zwischen Assimilation und Antisemitismus – zur Geschichte jüdischer Namen im 19. und 20. Jahrhundert. In: Armin Nassehi/Markus Schroer (Hg.): Der Begriff des Politischen. Sonderband Soziale Welt. Nomos: Baden-Baden 2003, S. 571-584

Beetz, Stephan/Darieva, Tsypylma: »Ich heirate nicht nur den Mann, sondern auch das Land.« Heiratsmigrantinnen aus der ehemaligen Sowjetunion in Berlin. In: Hartmut Häußermann/Ingrid Oswald (Hg.): Zuwanderung und Stadtentwicklung. Leviathan, Sonderheft 17, 1997, S. 386-405

Benmayor, Rina/Skotnes, Andor: Some Reflections on Migration and Identity. In: Dies. (Hg.): Migration and Identity. International Yearbook of Oral History and Life Histories, Band III. Oxford: Oxford University Press 1994, S. 1-8

Bericht der Beauftragten der Bundesregierung für Ausländerfragen über die Lage der Ausländer in der Bundesrepublik Deutschland. Berlin und Bonn 2002

Berkenkopf, Beatrice: Kindheit im Kulturkonflikt. Fallstudien über türkische Gastarbeiterkinder. Frankfurt: Extrabuch Verlag 1984

Bhagwati, Sandeep: Wir Niemandsländer. In: Haus der Kulturen der Welt (Hg.): Heimat Kunst. Berlin 2000, S. 29

Bhavnani, Kum-Kum/Phoenix, Ann: Shifting Identities, Shifting Racisms: An Introduction. In: Dies. (Hg.): Shifting Identities, Shifting Racisms. A Feminism & Psychology Reader. London u. a.: Sage 1994, S. 5-18

Bielefeld, Uli/Kreissl, Reinhard/Münster, Thomas: Junge Ausländer im Konflikt. Lebenssituationen und Überlebensformen. München: Juventa 1982

Bielefeld, Uli: Inländische Ausländer. Zum gesellschaftlichen Bewußtsein türkischer Jugendlicher in der Bundesrepublik. Frankfurt/New York: Campus 1988

Bodemann, Michal Y.: In den Wogen der Erinnerung. Jüdische Existenz in Deutschland. München: Deutscher Taschenbuch Verlag 2002

Broyles-Gonzáles, Yolanda: Türkische Frauen in der Bundesrepublik Deutschland. Die Macht der Repräsentation. In: Zeitschrift für Türkeistudien, 3. Jahrgang 1990, Heft 1, S. 107-134

Bründel, Heidrun/Hurrelmann, Klaus: Akkulturation und Minoritäten. Die psychosoziale Situation ausländischer Jugendlicher in Deutschland unter dem Gesichtspunkt des Belastungs-Bewältigungs-Paradigmas. In: Gisela Trommsdorf (Hg): Kindheit und Jugend in verschiedenen Kulturen: Entwicklung und Sozialisation in kulturvergleichender Sicht. Weinheim u. a.: Juventa Verlag 1995, S. 293-313

Çağlar, Ayşe Ş.: German Turks in Berlin: social exclusion and strategies for social mobility. In: New community, Jahrgang 21/Heft 3, Juli 1995, S. 309-323

Çağlar, Ayşe Ş.: Hyphenated Identities and the Limits of »Culture«. In: Tariq Modood/Pnina Werbner (Hg.): The Politics of Multiculturalism in the New Europe: Racism, Identity and Community. London und New York: Zen Books 1997, S. 169-183

Çağlar, Ayşe Ş.: Constraining metaphors and the transnationalisation of spaces in Berlin. In: Journal of Ethnic and Migration Studies, Band 27, Heft 4, Oktober 2001, S. 601-613

Cohen, Abner: Masquerade Politics. Explorations in the Structure of Urban Cultural Movements. Oxford/Providence: Berg 1993

Daten und Fakten zur Ausländersituation. Herausgegeben von der Beauftragten der Bundesregierung für Ausländerfragen, Bonn 2002

Deutsche Shell (Hg.): Jugend 2000. 13. Shell Jugendstudie. Band 1 und 2. Opladen: Leske und Budrich 2000

Dunkel, Franziska/Stramaglia-Faggion, Gabriella: »Für 50 Mark ein Italiener.« Zur Geschichte der Gastarbeiter in München. München: Buchendorfer Verlag 2000

Eckert, Roland/Reis, Christa/Wetzstein, Thomas A.: Bilder und Begegnungen: Konflikte zwischen einheimischen und Aussiedlerjugendlichen. In: Bade, Klaus J./Oltmer, Jochen (Hg.): Aussiedler: deutsche Einwanderer aus Osteuropa. IMIS-Schriften Band 8. Osnabrück: Universitätsverlag Rasch 1999, S. 191-205

Elwert, Georg: Unternehmerische Illegale. Ziele und Organisationen eines unterschätzten Typs illegaler Einwanderer. In: IMIS-Beiträge Nr. 19/2002, S. 7-209

Erikson, Erik H.: Identität und Lebenszyklus. Frankfurt: Suhrkamp 1980

Familien ausländischer Herkunft in Deutschland. Sechster Familienbericht. Herausgegeben vom Bundesministerium für Familie, Senioren, Frauen und Jugend. Berlin 2000

Feuchtwanger, Lion: Erfolg. Berlin–Weimar 1993

Frank, Helmut/Kruse, Kuno/Willeke, Stefan: Szenen: Muslimische Jugendliche in Deutschland. In: Wilhelm Heitmeyer/Joachim Müller/Helmut Schröder: Verlockender Fundamentalismus. Türkische Jugendliche in Deutschland. Frankfurt: Suhrkamp 1997, S. 14-23

Frankenberg, Ruth: White Women, Race Matters: The Social Construction of Whiteness. Minneapolis: University of Minneapolis Press 1993

Franks, Myfanwy: Crossing the borders of whiteness? White Muslim women who wear the hijab in Britain today. In: Ethnic and Racial Studies, volume 23/number 5, September 2000, S. 917-929

Frieben-Blum, Ellen u. a. (Hg.): Wer ist fremd? Ethnische Herkunft, Familie und Gesellschaft. Opladen: Leske und Budrich 2000

Friedländer, Saul: Das Dritte Reich und die Juden. Die Jahre der Verfolgung 1933-1939. München: Beck 1998

Galtung, Johan: Struktur, Kultur und intellektueller Stil. Ein vergleichender Essay über sachsonische, teutonische, gallische und nipponische Wissenschaft. In: Leviathan, Jahrgang 11, Heft 3/1983, S. 303-338

Gamburd, Michele Ruth: The Kitchen Spoon's Handle. Transnationalism and Sri Lanka's Migrant Housemaids. Ithaca und London: Cornell University Press 2000

Gans, Herbert J.: Symbolic Ethnicity: The Future of Ethnic Groups and Cultures in America. Erstveröffentlichung 1979, wiederabgedruckt in: Werner Sollors (Hg.): Theories of Ethnicity. A Classical Reader. Houndmills und London: Macmillan Press 1996, S. 425-459

Gates, Henry Louis/McKay, Nelli Y. (Hg.): The Norton Anthology of African American Literature. New York: W. W. Norton and Company 1997

Geißler, Rainer: Sind »Ausländer« krimineller als Deutsche? Anmerkungen zu einem vielschichtigen Problem. In: Gegenwartskunde 1/2001, S. 27-41

Gille, Martina u. a.: Bereit zur politischen Teilhabe: Orientierungen und Handlungsbereitschaften ausländischer Jugendlicher und junger Erwachsener in Deutschland, in: Sachverständigenkommission 6. Familienbericht (Hg.), Familien ausländischer Herkunft in Deutschland: Empirische Beiträge zur Familienentwicklung und Akkulturation. Opladen: Leske und Budrich 2000, S. 147-192

Giordano, Christian: »Miserabilismus« als Ethnozentrismus. Zur Kritik der Kulturkonfliktthese in der Migrationsforschung. In: Ina-Maria Greverus (Hg.): Kulturkontakt, Kulturkonflikt: zur Erfahrung des Fremden. 26. Deutscher Volkskundekongreß in Frankfurt vom 28. September bis 2. Oktober 1987. Frankfurt: Institut für Kulturanthropologie und Europäische Ethnologie der Universität Frankfurt am Main 1988, S. 243-249

Göle, Nilüfer: The Forbidden Modern Civilization and Veiling. Ann Arbor: The University of Michigan Press 1996

Gogolin, Ingrid: Bildung und ausländische Familien. In: Sachverständigenkommission 6. Familienbericht (Hg.): Familien ausländischer Herkunft in Deutschland: Lebensalltag. Materialien zum 6. Familienbericht, Band II. Opladen: Leske und Budrich 2000, S. 63-106

Gordimer, Nadine: The Pickup. London: Bloomsbury 2002

Graeme, Hugo J.: Migration of Asian Women to Australia. In: United Nations (Hg.): International Policies and the Status of Female Migrants. New York: United Nations Publication 1995, S. 192-220

Greve, Martin/Cinar, Tülay: Das türkische Berlin. Herausgegeben von der Ausländerbeauftragten des Senats, Berlin 1997

Harant, Sefan: Schulprobleme von Gastarbeiterkindern. In: Helga Reimann/Horst Reimann (Hg.): Gastarbeiter. Analyse und Perspektiven eines sozialen Problems. Zweite, völlig neu bearbeitete Auflage. Opladen: Westdeutscher Verlag 1987, S. 243-263

Hart, Mitchell B.: Social Science and the Politics of Modern Jewish Identity. Stanford: Stanford University Press 2000

Heine-Wiedemann, Dagmar u.a.: Umfeld und Ausmaß des Menschenhandels mit ausländischen Mädchen und Frauen. Schriftenreihe des Bundesministeriums für Frauen und Jugend, Band 8. Stuttgart: Kohlhammer 1992

Heitmeyer, Wilhelm/Müller, Joachim/Schröder, Helmut: Verlockender Fundamentalismus. Türkische Jugendliche in Deutschland. Frankfurt: Suhrkamp 1997 (1997a)

Heitmeyer, Wilhelm/Schröder, Helmut/Müller, Joachim: Desintegration und islamischer Fundamentalismus. Über Lebenssituation, Alltagserfahrungen und ihre Verarbeitungsformen bei türkischen Jugendlichen in Deutschland. In: Aus Politik und Zeitgeschichte, B 7-8/1997, S. 17-31 (1997b)

Herwartz-Emden, Leonie: Erziehung und Sozialisation in Aussiedlerfamilien. Einwanderungskontext, familiäre Situation und elterliche Orientierung. In: Aus Politik und Zeitgeschichte, B 7-8/97, 1997, S. 2-9 (1997a)

Herwartz-Emden, Leonie: Die Bedeutung der sozialen Kategorien Geschlecht und Ethnizität für die Erforschung des Themenbereichs Jugend und Einwanderung. In: Zeitschrift für Pädagogik, 43. Jahrgang 1997, Nr. 6, S. 895-913 (1997b)

Herwartz-Emden, Leonie: Daten und Datenanalyse: das Forschungs-
projekt FAFRA, in: Dies: (Hg.): Einwandererfamilien: Geschlechterverhältnisse, Erziehung und Akkulturation. Osnabrück: Universitätsverlag Rasch 2000, S. 53-83 (2000a)

Herwartz-Emden, Leonie: Adressatenspezifität bei Interviews und
Gruppeninterviews in der interkulturellen Forschung, in: Jean-Luc
Patry und Franz Riffert (Hg.): Situationsspezifität in pädagogischen
Handlungsfeldern. Innsbruck–Wien–München: Studienverlag 2000,
S. 55-80 (2000b)

Herwartz-Emden, Leonie/Westphal, Manuela: Akkulturationsstrate-
gien im Generationen- und Geschlechtervergleich bei eingewanderten
Familien. In: Sachverständigenkommission 6. Familienbericht (Hg.):
Materialien zum 6. Familienbericht, Band I, Opladen: Leske und Budrich 2000, S. 229-271 (2000a)

Herwartz-Emden, Leonie/Westphal, Manuela: Konzepte mütterlicher
Erziehung, in: Leonie Herwartz-Emden (Hg.): Einwandererfamilien:
Geschlechterverhältnisse, Erziehung und Akkulturation, Osnabrück:
Universitätsverlag Rasch 2000, S. 99-120 (2000b)

Hillmann, Felicitas: Jenseits der Kontinente. Migrationsstrategien von
Frauen nach Europa. Pfaffenweiler: Centaurus Verlagsgesellschaft 1996

Hochschild, Arlie Russell: Global Care Chains and Emotional Surplus
Value. In: Will Hutton/Anthony Giddens (Hg.): On the Edge. Living
with Global Capitalism. London: Jonathan Cape 2000, S. 130-145

Hoffmann, Eva: Ankommen in der Fremde. Lost in Translation. Frankfurt: Fischer 1995

Hondagneu-Sotelo, Pierrette/Avila, Ernestine: »I'm Here, But I'm
There«. The Meanings of Transnational Motherhood. In: Gender and
Society, Jahrgang 11, 1997, S. 548-571

Honegger, Claudia/Heintz, Bettina (Hg.): Listen der Ohnmacht. Zur
Sozialgeschichte weiblicher Widerstandsformen. Frankfurt: Europäische Verlagsanstalt 1981

Hradil, Stefan: Die Sozialstruktur Deutschlands im europäischen und
internationalen Vergleich. In: Bernhard Schäfers: Gesellschaftlicher
Wandel in Deutschland, Sechste Auflage. Stuttgart: Enke 1995, S. 286-
321

Ingenhorst, Heinz: Die Rußlanddeutschen. Aussiedler zwischen Tradition und Moderne. Frankfurt und New York: Campus 1997

Irek, Malgorzata: Der Schmugglerzug. Warschau–Berlin–Warschau.
Materialien einer Feldforschung. Berlin: Verlag Das Arabische Buch
1998

Iyer, Pico: The Empire Writes Back. Am Beginn einer neuen Weltlitera-
tur? In: Neue Rundschau, Heft 1/1996, S. 9-19

James, Winston: Migration, Racism and Identity Formation: The Caribbean Experience in Britain. In: Ders./Harris, Clive (Hg.): Inside

Babylon. The Caribbean Diaspora in Britain. London und New York: Verso 1993, S. 231-287

Jonker, Gerdien: Die islamischen Gemeinden in Berlin zwischen Integration und Segregation. In: Hartmut Häußermann/Ingrid Oswald (Hg.): Zuwanderung und Stadtentwicklung (Leviathan, Sonderheft 17). Wiesbaden: Westdeutscher Verlag, 1997, S. 347-364

Karakaşoğlu-Aydin, Yasemin: »Kopftuch-Studentinnen« türkischer Herkunft an deutschen Universitäten. Impliziter Islamismusvorwurf und Diskriminierungserfahrungen. In: Heiner Bielefeldt/Wilhelm Heitmeyer (Hg.): Politisierte Religion. Ursachen und Erscheinungsformen des modernen Fundamentalismus. Frankfurt: Suhrkamp 1998, S. 450-473

Karakaşoğlu-Aydin, Yasemin: Muslimische Religiosität und Erziehungsvorstellungen. Eine empirische Untersuchung zu Orientierungen bei türkischen Lehramts- und Pädagogik-Studentinnen in Deutschland. Frankfurt: IKO-Verlag für Interkulturelle Kommunikation 1999

Karakaşoğlu-Aydin, Yasemin: Studentinnen türkischer Herkunft an deutschen Universitäten. In: Iman Attia/Helga Marburger (Hg.): Alltag und Lebenswelten von Migrantenjugendlichen. Frankfurt: IKO-Verlag 2000, S. 101-126

Karakaşoğlu, Yasemin: Geschlechtsidentitäten (gender) unter türkischen Migranten und Migrantinnen in der Bundesrepublik. Beitrag zum 8. Deutsch-Türkischen Symposium der Körber-Stiftung, 19.-21. April 2002, Gästehaus Petersberg (Vortragsmanuskript)

Kaya, Ayhan: »Sicher in Kreuzberg«. Constructing Diasporas: Turkish Hip-Hop Youth in Berlin. Bielefeld: Transcript-Verlag 2001

Kelek, Necla: Die fremde Braut. Ein Bericht aus dem Inneren des türkischen Lebens in Deutschland. Köln: Kiepenheuer & Witsch 2005

Kessler, Judith: Identitätssuche und Subkultur. Erfahrungen der Sozialarbeit in der Jüdischen Gemeinde zu Berlin, in: Julius H. Schoeps u. a. (Hg.): Ein neues Judentum in Deutschland? Fremd- und Eigenbilder der russisch-jüdischen Einwanderer. Potsdam: Verlag für Berlin-Brandenburg 1999, S. 140-162

Keupp, Heiner: Diskursarena Identität: Lernprozesse in der Identitätsforschung. In: Ders./Renate Höfer (Hg.): Identitätsarbeit heute. Klassische und aktuelle Perspektiven der Identitätsforschung. Frankfurt: Suhrkamp 1997, S. 11-39

Kibria, Nazli: Family Tightrope. The Changing Lives of Vietnamese Americans. Princeton: Princeton University Press 1993

Kim, Illsoo: The Koreans: Small Business in an Urban Frontier. In: Nancy Foner (Hg.): New Immigrants in New York. New York: Columbia University Press 1987, S. 219-241

Kirshenbaum, Binnie: Als hielte ich deinen Atem an. Hamburg: Hoffmann und Campe 2000

Klärner, Andreas: Aufstand der Ressentiments. Einwanderungsdiskurs, völkischer Nationalismus und die Kampagne der CDU/CSU gegen die doppelte Staatsbürgerschaft. Köln: Papyrossa Verlag 2000

Klein, Olaf Georg: Ihr könnt uns einfach nicht verstehen! Warum Ost- und Westdeutsche aneinander vorbeireden. Frankfurt: Eichborn 2001

Klein, Thomas: Binationale Partnerwahl – Theoretische und empirische Analysen zur familialen Integration von Ausländern in der Bundesrepublik. In: Sachverständigenkommission 6. Familienbericht (Hg.): Familien ausländischer Herkunft in Deutschland. Empirische Beiträge zur Familienentwicklung und Akkulturation. Opladen: Leske und Budrich 2000, S. 303-341

Kohli, Martin: Erwartungen an eine Soziologie des Lebenslaufs. In: Ders. (Hg.): Soziologie des Lebenslaufs. Darmstadt und Neuwied: Luchterhand 1978, S. 9-31

Kohli, Martin: Lebenslauf und Lebensalter als gesellschaftliche Konstruktion: Elemente zu einem Vergleich. In: Matthes, Joachim (Hg.): Zwischen den Kulturen? Die Sozialwissenschaften vor dem Problem des Kulturvergleichs. Soziale Welt, Sonderband 8. Göttingen: Schwartz 1992, S. 283-303

Kohli, Martin: The Battleground of European Identity. In: European Societies, Jahrgang 2, 2000, S. 113-137

Konrad-Adenauer-Stiftung (Hg.): Arbeitspapier Nr. 53/2001, »Türken in Deutschland. Einstellungen zu Staat und Gesellschaft«. Sankt Augustin: Dezember 2001

Korteweg, Anna C./Yurdakul, Gökçe: Gender, Islam, and Immigrant Integration: Public Discourses on Honour Killing in the Netherlands and Germany. Eingereicht bei: Ethnic and Racial Studies, 2006

Kureishi, Hanif: The Buddha of Suburbia. London, Boston: Faber and Faber 1990

Lanfrachi, Andrea: Stagnation statt Wandel in Einwandererfamilien: Folge erlebter Diskriminierung sowie biographiegeleitete Wirklichkeitskonstruktion. In: Hansjosef Buchkremer u. a. (Hg.): Die Familie im Spannungsfeld globaler Mobilität. Zur Konstruktion ethnischer Minderheiten im Kontext der Familie. Oldenburg: Leske und Budrich, 1999, S. 143-160

Lazarre, Jane: Beyond the Whiteness of Whiteness. Memoir of a White Mother of Black Sons. Durham and London: Duke University Press 1996

Leenen, Wolf Rainer/Grosch, Harald/Kreidt, Ulrich: Bildungsverständnis, Plazierungsverhalten und Generationenkonflikt in türkischen Migrantenfamilien. In: Zeitschrift für Pädagogik, 36. Jahrgang, Heft 5/1990, S. 753-771

Leggewie, Claus: Integration und Segregation. In: Klaus J. Bade/Rainer

Münz (Hg.): Migrationsreport 2000. Fakten–Analysen–Perspektiven. Frankfurt/New York: Campus 2000, S. 85-107

Lenz, Ilse u.a.: Internationaler Frauenhandel. Eine Untersuchung über Prostitution und Frauenhandel in Nordrhein-Westfalen und die Interventionsmöglichkeiten von Institutionen und Frauengruppen. Herausgegeben vom Ministerium für die Gleichstellung von Frau und Mann des Landes Nordrhein-Westfalen. Düsseldorf 1993

Maletzke, Gerhard: Interkulturelle Kommunikation. Zur Interaktion zwischen Menschen verschiedener Kulturen. Opladen: Westdeutscher Verlag 1996

Mandel, Ruth/Wilpert, Czarina: Migration zwischen der Türkei und Deutschland: Ethnizität und kulturelle Zwischenwelten. In: Robert Hettlage (Hg.), Annali di Sociologica/Soziologisches Jahrbuch (Band 10, 1994-I-II). Milano/Berlin: Duncker 1996, S. 467-485

Matthes, Joachim: The Operation Called »Vergleichen«, in: Ders. (Hg.): Zwischen den Kulturen? Die Sozialwissenschaften vor dem Problem des Kulturvergleichs. Sonderband 8, Soziale Welt. Göttingen: Schwartz 1992, S. 75-99

Matthes, Joachim: Verständigung über kulturelle Grenzen hinweg: Gelingen und Scheitern. Erlanger Universitätsreden, Nr. 41, 1993

McNeill, William H.: Polyethnicity and National Unity in World History. Toronto u.a.: University of Toronto Press 1986

Mecheril, Paul/Teo, Theo (Hg.): Andere Deutsche. Zur Lebenssituation von Menschen multiethnischer und multikultureller Herkunft. Berlin: Dietz 1994

Miera, Frauke: Migration aus Polen. Zwischen nationaler Migrationspolitik und transnationalen sozialen Räumen. In: Hartmut Häußermann/Ingrid Oswald (Hg.): Zuwanderung und Stadtentwicklung (Leviathan Sonderheft 17). Wiesbaden: Westdeutscher Verlag, 1997, S. 232-254

Min, Pyong Gap: Koreans: A »Institutionally Complete Community« in New York. In: Nancy Foner (Hg.): New Immigrants in New York. Completely revised and updated edition. New York: Columbia University Press 2001, S. 173-199

Münz, Rainer/Ulrich, Ralf: Die ethnische und demographische Struktur von Ausländern und Zuwanderern in Deutschland. In: Richard Alba u.a. (Hg.): Deutsche und Ausländer: Freunde, Fremde oder Feinde? Empirische Befunde und theoretische Erklärungen. Westdeutscher Verlag: Wiesbaden 2000, S. 11-54

Nagel, Joane: Constructing Ethnicity: Creating and Recreating Ethnic Identity and Culture. In: Social Problems, vol. 41/no. 1, 1994, S. 152-176

Nauck, Bernhard: Eltern-Kind-Beziehungen in Migrantenfamilien – ein Vergleich zwischen griechischen, italienischen, türkischen und vietnamesischen Familien in Deutschland. In: Sachverständigenkommission 6. Familienbericht (Hg.): Familien ausländischer Herkunft in Deutschland: Empirische Beiträge zur Familienentwicklung und Akkulturation. Opladen: Leske und Budrich 2000, S. 347-392

Niesner, Elvira u. a.: Ein Traum vom besseren Leben. Migrantinnenerfahrungen, soziale Unterstützung und neue Strategien gegen Frauenhandel. Opladen: Leske und Budrich 1997

Niesner, Elvira: Mythos und Wirklichkeit auf einem bikulturellen Heiratsmarkt. In: Ellen Frieben-Blum u. a. (Hg.), Wer ist fremd? Ethnische Herkunft, Familie und Gesellschaft. Opladen: Leske und Budrich 2000, S. 163-181

Nökel, Sigrid: Die Töchter der Gastarbeiter und der Islam. Zur Soziologie alltagsweltlicher Anerkennungspolitiken. Eine Fallstudie. Bielefeld: Transcript Verlag 2002

Nuscheler, Franz: Internationale Migration. Flucht und Asyl. Opladen: Leske und Budrich 1995

Oguntoye, Katharina u. a. (Hg.): Farbe bekennen. Afro-deutsche Frauen auf den Spuren ihrer Geschichte, Berlin: Orlanda Frauenverlag 1986

Ong, Aihwa: Flexible Citizenship. The Culturel Logics of Transnationality. Duke University Press: Durham und London 1999

Orleck, Annelise: Soviet Jews: The City's Newest Immigrants Transform New York Jewish Life. In: Nancy Foner (Hg.): New Immigrants in New York. Completely revised and updated edition. New York: Columbia University Press 2001, S. 111-140

Ostner, Ilona: Frauenforschung, in: Bernhard Schäfers (Hg.): Grundbegriffe der Soziologie, 4. Auflage, Opladen: Leske und Budrich 1995, S. 78-80

Otyakmaz, Berrin Özlem: Auf allen Stühlen. Das Selbstverständnis junger türkischer Migrantinnen in Deutschland. Köln: ISP-Verlag 1995

Paczensky, Susanne von: Vorwort. In: Andrea Baumgartner-Karabak/Gisela Landesberger: Die verkauften Bräute. Türkische Frauen zwischen Kreuzberg und Anatolien. Reinbek: Rowohlt 1978, S. 7-9

Pagenstecher, Cord: Die »Illusion« der Rückkehr. Zur Mentalitätsgeschichte von »Gastarbeit« und Einwanderung. Soziale Welt, Jahrgang 47, 1996, S. 149-179

Parekh, Bhikhu: Rethinking Multiculturalism. Cultural Diversity and Political Theory. Houndsmills: Macmillan Press 2000

Park, Robert E.: Human Migration and the Marginal Man. In: The American Journal of Sociology, vol. XXXIII/no. 6, Mai 1928, S. 881-893

Park, Robert E.: Introduction. In: Everett V. Stonequist: The Marginal Man. A Study in Personality and Culture Conflict. New York: Russell and Russell 1961, S. XIII-XVIII (Originalausgabe 1937)

Patterson, Sheila: Dark Strangers. A Sociological Study of the Absorption of a Recent West Indian Migrant Group in Brixton, South London. London: Tavistock Publications 1963

Pöhlmann, Karin: Multikulturelle Identität als Spezialfall der Identitätsentwicklung. Habilitationsvortrag, gehalten an der Universität Erlangen-Nürnberg, 6. Dezember 1999 (Manuskript)

Portes, Alejandro/Rumbaut, Rubén: Legacies. The Story of the Immigrant Second Generation. Berkeley u. a.: University of California Press/Russell Sage Foundation 2001

Pries, Ludger: Transnationale Räume. Theoretisch-empirische Skizze am Beispiel der Arbeitswanderungen Mexiko – USA. In: Zeitschrift für Soziologie, 25, Heft 6, 1996, S. 456-472

Pries, Ludger (Hg.): Transnationale Migration. Sonderband 12 der Sozialen Welt. Baden-Baden: Nomos 1997

Pries, Ludger: Migration und Integration in Zeiten der Transnationalisierung. In: Migration und soziale Arbeit, Heft 1/2001, S. 14-19

Raijman, R./Schammah, S./Kemp, A.: International Migration, Domestic and Care Work: Undocumented Latina Migrant Women in Israel. Manuskript: Tel Aviv 2003

Rakhkochkine, Anatoli: Neue Heimat – neue Zukunft. Eine soziologisch-pädagogische Studie über die Integration der Kinder aus den GUS-Staaten. In: Aus Politik und Zeitgeschichte, B 7-8, 1997, S. 10-16

Razack, Sherene H.: Imperilled Muslim Women, Dangerous Muslim Men and Civilised Europeans: Legal and Social Responses to Forced Marriages. In: Feminist Legal Studies, Jahrgang 12, 2004, S. 129-174

Rogers, Reuel: »Black Like Who?« Afro-Caribbean Immigrants, African Americans, and the Politics of Group Identity. In: Nancy Foner (Hg.): Islands in the City. West Indian Migration to New York. Berkeley u. a.: University of California Press 2001, S. 163-193

Römhild, Regina: Globalisierte Heimaten. Kulturanthropologische Beobachtungen in der Alltagskultur. In: Hans-Peter Burmeister (Hg.): Die eine und die andere Kultur. Interkulturalität als Programm. 46. Loccumer Kulturpolitisches Kolloquium. Rehburg-Loccum: Loccumer Protokolle 2003, S. 41-52

Rosenblatt, Paul C./Karis, Terri A./Powell, Richard C.: Multiracial Couples. Black & White Voices. Thousand Oaks–London–New Delhi: Sage 1995

Roth, Joseph: Juden auf Wanderschaft. Köln: Kiepenheuer & Witsch 1985

Rushdie, Salman: Imaginary homelands. New York: Vikas 1991

Said, Edward W.: Orientalismus. Wien: Ullstein 1981

Salt, John: Europas Migrationsfeld. In: Zeitschrift für Bevölkerungswissenschaft, Jahrgang 26, Heft 3-4/2001, S. 295-325

Sauter, Sven: Wir sind »Frankfurter Türken«. Adoleszente Ablösungsprozesse in der deutschen Einwanderungsgesellschaft. Frankfurt: Brandes und Apsel 2000

Schepker, Renate/Eberding, Angela: Der Mädchenmythos im Spiegel der pädagogischen Diskussion. Ein empirisch fundierter Diskussionsbeitrag zu Stereotypien über Mädchen türkischer Herkunft. In: Zeitschrift für Pädagogik, 42. Jahrgang, 1996, Nr. 1, S. 111-126

Schiffauer, Werner: Die Migranten aus Subay. Türken in Deutschland: Eine Ethnographie. Stuttgart: Klett-Cotta 1991

Schiffauer, Werner: Die Gottesmänner. Türkische Islamisten in Deutschland. Frankfurt: Suhrkamp 2000

Schiffer, Sabine: Der Islam in deutschen Medien. In: Aus Politik und Zeitgeschichte, Nr. 20/2005, S. 23-30

Schoeps, Julius H. u. a.: Jüdische Zuwanderer aus der GUS – zur Problematik von soziokultureller und generationsspezifischer Integration. Eine empirische Studie des Moses Mendelssohn-Zentrum 1997-1999. In: Julius H. Schoeps u. a. (Hg.): Ein neues Judentum in Deutschland? Potsdam: Verlag für Berlin-Brandenburg, 1999, S. 13-139

Schöttes, Martina/Treibel, Annette: Frauen–Flucht–Migration. Wanderungsmotive von Frauen und Aufnahmesituation in Deutschland. In: Ludger Pries (Hg.): Transnationale Migration. Soziale Welt, Sonderband 12. Baden-Baden: Nomos Verlagsgesellschaft 1997, S. 85-117

Schröder, Stefanie: Fremdheit als Konstrukt. Das Bild des türkischen Gastarbeiters in ausgewählten Titelgeschichten des Nachrichtenmagazins »Der Spiegel«. Magisterarbeit: Universität Erlangen 2000

Schultz, Tanjev/Sackmann, Rosemarie: »Wir Türken …«. Zur kollektiven Identität türkischer Migranten in Deutschland. In: Aus Politik und Zeitgeschichte, B 43/2001, S. 40-45

Scott, James C.: Domination and the Arts of Resistance. Hidden Transcripts. New Haven und London: Yale University Press 1990

Scott, James C.: Seeing Like a State. How Certain Schemes to Improve the Human Condition Have Failed. New Haven und London: Yale University Press 1998

Şen, Faruk: Die Folgen zunehmender Heterogenität der Minderheiten und der Generationenaufspaltung. In: Wilhelm Heitmeyer/Rainer Dollase (Hg.): Die bedrängte Toleranz. Frankfurt: Suhrkamp 1996, S. 261-270

Şenocak, Zafer: Atlas des Tropischen Deutschlands. Berlin: Babel Verlag 1993

Settles, Barbara H.: Conflicts between Family Strategies and State Policy in a Global Society. In: Journal of Comparative Family Studies, Vol. 32/2001, S. 147-166

Siddique, Sharon: Anthropologie, Soziologie und Cultural Analysis, in: Joachim Matthes (Hg.): Zwischen den Kulturen? Die Sozialwissenschaften vor dem Problem des Kulturvergleichs. Sonderband 8, Soziale Welt. Göttingen: Schwartz 1992, S. 37-47

Singer, Israel, J.: Die Familie Karnovski. Frankfurt: Fischer 1999

Smith, Zadie: White Teeth. Penguin Books 2001

Sökefeld, Martin: Das Paradigma kultureller Differenz: Zur Forschung und Diskussion über Migranten aus der Türkei in Deutschland. Vortrag an der Universität Hamburg, 11. April 2002 (Vortragsmanuskript)

Sollors, Werner: Neither black nor white yet both. Thematic Explorations of interracial literature. New York und Oxford: Oxford 1997

Soysal, Levent: Beyond the »Second Generation«. Rethinking the Place of Migrant Youth Culture in Berlin. In: Daniel Levy/Yfaat Weiss (Hg.): Challenging Ethnic Citizenship. German and Israeli Perspectives on Immigration. New York und Oxford: Berghahn Books 2002, S. 121-136

Statistisches Bundesamt (Hg.): Im Blickpunkt: Ausländische Bevölkerung in Deutschland. Stuttgart: Metzler Poeschel 1995

Stoller, Paul: West Africans: Trading Places in New York. In: Nancy Foner (Hg.): New Immigrants in New York. Completely revised and updated edition. New York: Columbia University Press 2001, S. 229-249

Stonequist, Everett V.: The Marginal Man. A Study in Personality and Culture Conflict. New York: Russell and Russell 1961 (Originalausgabe 1937)

Straßburger, Gaby: Kopftuchverbot und islamische Identität. Türkische Mädchen der Milli Görü in Frankreich. Manuskript o. J. (überarbeitete Fassung eines Vortrages, der am 6. 2. 1996 am Orientkolleg der Ruhruniversität Bochum gehalten wurde).

Straßburger, Gaby: »Er kann deutsch und kennt sich hier aus«. Zur Partnerwahl der zweiten Migrantengeneration türkischer Herkunft. In: Gerdien Jonker (Hg.): Kern und Rand. Religiöse Minderheiten aus der Türkei in Deutschland. Berlin: Verlag Das Arabische Buch, 1999, S. 147-167

Straßburger, Gaby: Evaluation von Integrationsprozessen in Frankfurt am Main. Studie zur Erforschung des Standes der Integration von Zuwanderern und Deutschen in Frankfurt am Main am Beispiel von drei ausgewählten Stadtteilen, im Auftrag des Amtes für multikulturelle Angelegenheiten der Stadt Frankfurt am Main. Bamberg: Europäisches Forum für Migrationsstudien 2001

Stratmann, K. W. (Hg.): Integrationsprobleme ausländischer Jugendlicher: Sozialisationstheoretische und bildungspolitische Überlegungen und ihre pädagogische Umsetzung. Beiheft 2 der Zeitschrift für Berufs- und Wirtschaftspädagogik, Wiesbaden 1981

Strobl, Rainer/Kühnel, Wolfgang: Dazugehörig und ausgegrenzt. Analysen zu Integrationschancen junger Aussiedler. Weinheim und München: Juventa 2000

Taylor, Charles: Multiculturalism and the Politics of Recognition. Princeton: Princeton University Press 1992

Teitelbaum, Michael S./Winter, Jay: A Question of Numbers. High Migration, Low Fertility, and the Politics of National Identity. New York: Hill & Wang 1998

Thomas, Alexander: Kultur als Orientierungssystem und Kulturstandards als Bauteile. In: IMIS-Beiträge, Heft 10/1999, Universität Osnabrück, S. 91-132

Tietze, Nikola: Moslemische Handlungsstrategien bei jungen Erwachsenen. Ein Vergleich zwischen einer deutschen und einer französischen Stadt. In: Hartmut Häußermann/Ingrid Oswald (Hg.): Zuwanderung und Stadtentwicklung (Leviathan, Sonderheft 17). Wiesbaden: Westdeutscher Verlag 1997, S. 365-385.

Tietze, Nikola: Islamische Identitäten. Formen muslimischer Religiosität junger Männer in Deutschland und Frankreich. Hamburg: Hamburger Edition 2001

Tietze, Nikola: Individualisierung und Pluralisierung im Islam der Diaspora. Muslimische Religiositätsformen in Deutschland und Frankreich. In: Sozialer Sinn, Heft 2/2002, S. 223-240

Treibel, Annette: Migration in modernen Gesellschaften. Soziale Folgen von Einwanderung, Gastarbeit und Flucht. Zweite, völlig neubearbeitete und erweiterte Auflage 1999. Weinheim und München: Juventa 1999

United Nations Secretariat: The International Migration of Women: An Overview. In: United Nations (Hg.): International Policies and the Status of Female Migrants. New York: United Nations Publication, S. 1-10

Waters, Mary C.: Ethnic Options. Choosing Identities in America. Berkeley u.a.: University of California Press 1990

Waters, Mary C.: Ethnische Identität als Option. In: Honneth, Axel (Hg.): Pathologien des Sozialen. Die Aufgaben der Sozialpsychologie. Frankfurt: Fischer Taschenbuch Verlag 1994

Weische-Alexa, Pia: Soziokulturelle Probleme junger Türkinnen in der Bundesrepublik Deutschland. Köln: Selbstverlag 1982

Welz, Gisela: Multiple Modernities and Reflexive Traditionalisation. A Mediterranean Case Study. In: Ethnologica Europaea, Band 30, Heft 1, 2000, S. 5-14

Westphal, Manuela: Familiäre und berufliche Orientierungen von Aussiedlerinnen. In: Klaus J. Bade/Jochen Oltmer (Hg.): Aussiedler: deutsche Einwanderer aus Osteuropa. Osnabrück: Universitätsverlag Rasch 1999, S. 127-149

Younge, Gary: No Place Like Home. A Black Briton's Journey through the American South. London: Picador 1999

Zachary, G. Pascal: Die neuen Weltbürger. Wettbewerbsvorteile kosmopolitischer Gesellschaften. München: Econ 2000

Zaimoglu, Feridun: Kanack-Attack ist vielleicht deutscher, als manche es wahrhaben wollen. Interview-Ausschnitte. In: Haus der Kulturen der Welt (Hg.): Heimat Kunst. Berlin 2000, S. 46f.

Zhou, Min/Bankston, Carl L.: Social Capital and the Adaption of the Second Generation: The Case of Vietnamese Youth in New Orleans. In: International Migration Review, Band XXVIII/Heft 4, Winter 1994, S. 821-845

Zydra, Johannes: Kreuzberg SO 36 – Entwicklungen in einem Berliner Bezirk. In: Heribert Kentenich u. a. (Hg.): Zwischen zwei Kulturen. Was macht Ausländer krank? Zweite, erweiterte Auflage. Mabuse-Verlag 1990, S. 11-13

Generation Global
im suhrkamp taschenbuch

Martin Albrow. Das globale Zeitalter. Zweite, aktualisierte Ausgabe. Aus dem Englischen von Frank Jakubzik. st 3868. 336 Seiten

Ulrich Beck (Hg.). Generation Global. Ein Crashkurs. st 3866. 220 Seiten

Ulrich Beck. Schöne neue Arbeitswelt. st 3871. 220 Seiten

Ulrich Beck. Was ist Globalisierung? Irrtümer des Globalismus – Antworten auf Globalisierung. st 3867. 270 Seiten

Elisabeth Beck-Gernsheim. Wir und die Anderen. Kopftuch, Zwangsheirat und andere Mißverständnisse. Zweite, aktualisierte und völlig neu überarbeitete Ausgabe. st 3872. 250 Seiten

Ulrich Beck / Edgar Grande. Das kosmopolitische Europa. st 3873. 420 Seiten

Mary Kaldor. Neue und alte Kriege. Organisierte Gewalt im Zeitalter der Globalisierung. Aus dem Englischen von Michael Adrian. Zweite, aktualisierte und völlig neu überarbeitete Ausgabe. st 3869. 279 Seiten

Daniel Levy / Natan Sznaider. Erinnerung im globalen Zeitalter: Der Holocaust. Zweite, aktualisierte Ausgabe. st 3870. 260 Seiten

Ulrich Beck (Hg.)

Generation Global

Ein Crashkurs.
st 3866. 267 Seiten

Für den Crashkurs *Generation Global* hat Ulrich Beck
Beiträge international renommierter Koryphäen aus verschiedensten wissenschaftlichen Disziplinen und Journalismus versammelt. In alphabetischer Reihenfolge: Elisabeth Beck-Gernsheim, Seyla Benhabib, Barbara Ehrenreich, André Gorz, David Held, Mary Kaldor, Navid
Kermani, Daniel Levy, Heribert Prantl, Roger Silverstone
und Natan Sznaider. Der gemeinsame Tenor lautet: Wir
müssen die Welt im Miteinander gestalten, im Gegeneinander wird sie zerstört. Das ist die Lage der *Generation
Global*.

Ulrich Beck, Jahrgang 1944, lehrt Soziologie in München
und London.

Ulrich Beck

Was ist Globalisierung?

Irrtümer des Globalismus –
Antworten auf Globalisierung.
st 3867. 268 Seiten

»Ulrich Becks Buch dient als Warnung *und* als Anleitung, den gefährlichen sozialen, politischen, wirtschaftlichen und kulturellen Fehlentwicklungen der Globalisierung entgegenzutreten. So nützt das Buch allen, die für die zukünftige Gestaltung unserer Gesellschaft verantwortlich sind; es nützt auch allen, die das Reizwort ‚Globalisierung' hinterfragen, entschärfen und verstehen wollen. Denn früher oder später wird jeder mit dem Thema konfrontiert – als Verbraucher, als politisch engagierter Mitbürger oder als Arbeitsloser.« *Norddeutscher Rundfunk*

NF 596/1/3.07

Martin Albrow

Das globale Zeitalter

Zweite, aktualisierte Ausgabe.
Aus dem Englischen von Frank Jakubzik.
st 3868. 384 Seiten

Historische Veränderungen machen sich erst spät bemerkbar. Wir erleben gerade ein Beispiel: Die Moderne
liegt längst hinter uns, und keiner hat's gemerkt. Martin
Albrow beobachtet den Anbruch einer neuen Epoche:
Das globale Zeitalter.

Martin Albrow erhielt für dieses Buch den angesehenen
Europäischen Amalfi-Preis 1997 für Soziologie und Sozialwissenschaften der Universität Rom. Er ist Professor
emeritus für Sozialwissenschaften am Rocehampton In-
stitute in London.

NF 594/1/3.07

Mary Kaldor

Neue und alte Kriege

Organisierte Gewalt im Zeitalter
der Globalisierung.

Aus dem Englischen von
Michael Adrian und Bettina Engels.
Zweite, aktualisierte und neu überarbeitete Auflage.
st 3869. 278 Seiten

»Die überragenden Stärken des Werkes liegen in der Analyse der Entwicklungen innerhalb von zerfallenden Staaten im Zeichen der Globalisierung. Genau dies macht das Buch zu einem Muss für jeden, der sich mit den Ursachen von Kriegen im 21. Jahrhundert beschäftigen will.«

Zeitzeichen

NF 600/1/3.07

Daniel Levy/Natan Sznaider

Erinnerung im globalen Zeitalter: Der Holocaust

Zweite, aktualisierte Ausgabe.
st 3870. 278 Seiten

Durch eine vergleichende Analyse der Debatten in den USA, Israel und Deutschland zeigen die Autoren die Möglichkeiten und Grenzen kosmopolitischer, vom öffentlichen Gedächtnis an den Holocaust getragener Erinnerungen auf. Von diesen Möglichkeiten wird die Friedfertigkeit oder Kriegshäufigkeit des 21. Jahrhunderts abhängen.

Ulrich Beck

Schöne neue Arbeitswelt

st 3871. 238 Seiten

Der Traum der Vollbeschäftigung ist ausgeträumt. Trotz aller angeblichen Besserungen auf dem Arbeitsmarkt: Milliardengewinne sind kein Hinderungsgrund für Massenentlassungen. Ulrich Beck stellt die brisante Frage: Wie wird ein sinnvolles Leben jenseits der Vollbeschäftigungsgesellschaft möglich?

Ulrich Beck, Jahrgang 1944, lehrt Soziologie in München und London.

NF 601/1/30.07

Ulrich Beck/Edgar Grande

Das kosmopolitische Europa

st 3873. 420 Seiten

Europa neu denken – das ist das Thema des Buches, und diese Aufgabe ist dringender denn je. Denn der kosmopolitische Blick auf Europa, in Begriffe gefaßt, kann Wege aufzeigen, wie die europäische Blockade überwunden werden kann.

»Das wichtige Buch sollte nicht nur von möglichst vielen Bürgern, Politikern, Journalisten und Wissenschaftlern gelesen werden. Es sollte auch die sozialwissenschaftliche Grundlagenforschung beflügeln.«
Frankfurter Allgemeine Zeitung

NF 598/1/3.07